## DU MÊME AUTEUR

*Gestion, mode d'emploi,* Marabout, 2001.
*Bases de données : Access, là où Excel s'arrête*, Eyrolles, 2007.


33, rue Linné
75005 Paris - FRANCE

E-mail : infos@leduc-s.com
web : www.leduc-s.com
ISBN : 978-2-84899-142-9

THIERRY CAPRON

# PC TRUCS

WORD

EXCEL

OUTLOOK

WINDOWS VISTA



LEDUC.S
EDITIONS

# SOMMAIRE

# INTRODUCTION

**Vous aider à gagner du temps pour travailler mieux. C'est la seule ambition de cet ouvrage.**

**Ici, pas d'exposé assommant, pas de démonstration théorique, pas de langage d'informaticien, pas de pinaillage de spécialiste sur telle ou telle option du sous-menu Tartempion.**

**Mais des trucs. Encore des trucs. Toujours des trucs. Des bidouilles, des astuces, des recettes pour mieux exploiter les logiciels que vous utilisez tous les jours et que vous pensez connaître.**

**100 % utiles. Collectés durant des années par mon expérience professionnelle et testés auprès de stagiaires en bureautique qui vous ressemblent.**

**Avec un mot d'ordre : apprendre zen, parler précis et technique sans se prendre la tête.**

**Bon clic !**

## Conventions

Tout mot souligné dans le texte fait référence à un élément technique du logiciel dont il est question : Menu, Option de menu, Bouton, Outil, Boîte de dialogue, Option...
Le caractère ≥ permet de lier entre elles les options des menus déroulants ; par exemple, Fichier ≥ Ouvrir fait référence à l'option Ouvrir du menu Fichier.
Tous les trucs et manipulations sont décrits pour Vista/Office 2007. Lorsqu'une manipulation est spécifique à Windows XP ou à Office 2003, nous la signalons par une flèche (**→ XP**, **→ 2003**).

Nous avons opté pour la terminologie française des touches. Pour s'y retrouver, voici un petit tableau de correspondance des terminologies anglo-saxonnes et françaises des touches :

| Clavier anglo-saxon | Clavier français |
|---|---|
| SHIFT | MAJ |
| CAPS LOCK | VERR MAJ |
| DEL | SUPPR |
| PG UP | PG. PREC. |
| PG DN | PG. SUIV. |
| ESC | ECHAP |
| BKSP | RET. ARR |
| PRTSC | IMP ÉCRAN |

# Conventions relatives à certaines touches spéciales utilisées dans ce livre

Par souci de simplicité et afin d'éviter tout risque de confusion, nous avons décidé d'appeler certaines touches spéciales du clavier par leur nom au lieu de mettre les symboles qu'elles contiennent.

- La touche matérialisée par deux flèches superposées allant dans des directions opposées située juste à gauche de la touche A s'appelle la touche **TAB**.
- La touche qui contient une flèche pointant vers la gauche placée juste au-dessus de la touche Entrée s'appelle la touche **RETOUR ARRIÈRE**.
- La touche pointant vers la gauche en faisant un angle à 45 degrés juste au-dessus de la touche Fin s'appelle la touche **ORIG**.
- La touche comportant un petit cadenas s'appelle la touche **VERR MAJ**.
- La touche comportant une flèche pointant vers le haut striée de trois petits traits juste à droite de la touche ORIG s'appelle la touche **PAGE PREC** et celle juste en dessous de celle-ci pointant vers le bas la touche **PAGE SUIV**.
- Les touches contenant une grosse flèche pointant vers le haut au-dessus des touches Ctrl sont les touches **MAJ**.

Les combinaisons de touches sont indiquées par le signe + (par exemple, CTRL + X ). Rappelons à ce sujet que les touches MAJ, CTRL et ALT n'ont aucun effet tant qu'une autre touche n'est pas utilisée conjointement ; la façon la plus sûre de les utiliser est donc de les enfoncer (et de les maintenir enfoncées) avant d'enfoncer la ou les autres touches de la combinaison.

# WINDOWS :
## LES BONNES PRATIQUES VISTA ET XP

« Qui n'est pas à l'aise sous Windows ferait bien de s'en préoccuper. »

Windows, dans toutes ses versions, est un logiciel simple à utiliser, visuel et intuitif. Enfin, à la mode Microsoft... Les trucs que nous allons vous proposer ci-dessous vont vous permettre d'améliorer vos habitudes de travail dans trois directions :

- Trouver les bonnes pratiques en matière d'organisation de votre travail (section Méthodes)
- Régler une fois pour toutes les options de personnalisation (section Personnalisation)
- Accélérer les manipulations de base, celles que vous faites au minimum vingt fois par jour (section Aller plus vite)

Et nous terminerons par une revue des principaux termes que vous rencontrerez dans le monde merveilleux de l'informatique (section Késaco ?).
En considérant que l'application de ces conseils pourra vous faire gagner au bas mot 30 minutes par jour (et au moins autant d'énervement), imaginez ce que cela va représenter en fin d'année... Vous pouvez réserver dès à présent ce voyage auquel vous renonciez depuis si longtemps !

# I.

# LA COMPUTER - ATTITUDE

Ne croyez jamais celui qui vous dit : *C'est la faute de l'ordinateur.* C'est en général celle de l'opérateur. Un ordinateur n'est jamais qu'une machine, perfectionnée certes, mais une machine, incapable de faire du bien comme du mal.

Donc, face à une machine aussi butée que peuvent l'être certains adjudant-chefs, adapter son comportement est essentiel.

# Osez !

Un ordinateur, ce n'est qu'une machine, que diable ! Et ce n'est pas elle qui va commander ! En informatique, rien n'est irréversible, hormis renverser son café sur l'ordinateur ou faire quelques boulettes énormes comme Format C: (qui efface tout le disque dur, est-ce plaisant ?), mais il faut vraiment le faire exprès. Les fichiers ne disparaissent pas comme ça du disque. Et quand bien même cela arriverait, si vous maintenez vos sauvegardes à jour (voir p. 24 et suivantes), ça n'aura aucune incidence.

Et puisque c'est en forgeant qu'on devient forgeron, c'est en Excellant qu'on devient Excellent. Essayez de nouvelles manipulations, de nouvelles techniques, de nouvelles méthodes. Soyez curieux, regardez par le trou de la serrure, soyez inventif ! Explorez les menus, essayez les formules, informez-vous, testez, défrichez ! Il n'y a que du plus à attendre.

# Baladez votre souris et cliquez

Le meilleur moyen pour savoir si on peut cliquer pour faire quelque chose est de promener son curseur sur l'écran et de regarder à quel moment il se transforme en Lien. N'hésitez jamais à cliquer sur le lien, juste pour voir, parce que vous ne risquez rien : lors d'un clic, l'ordre n'est transmis que quand on relâche le clic :

**TRUC**

**J'AI CLIQUÉ OÙ IL NE FALLAIT PAS...**

Si vous avez cliqué par erreur sur un bouton ou un menu, NE RELÂCHEZ PAS LE CLIC ; glissez votre curseur en dehors du menu ou du bouton et relâchez seulement alors le clic.

Dans le même ordre d'idée :

**TRUC**

**AYEZ LE RÉFLEXE CLIC DROIT**

Le Clic droit, effectué sur n'importe quoi, engendre ce qu'on appelle un Menu contextuel qui donne accès aux principales opérations qui sont autorisées en fonction de là où l'on est. Un bon Windowiste se reconnaît à un majeur musclé.

# Parlez bit

Certains voudraient faire croire qu'un ordinateur est intelligent. Mais non. Il n'y a rien de plus bête qu'un ordinateur. S'il ne vous comprend pas, c'est parce que c'est lui qui est bête. Pas vous.

Essayez donc de rentrer dans son langage, dans sa logique (car il est toujours très logique, il ne faut pas confondre logique et intelligence), dans sa démarche, tentez d'autres approches, essayez de contourner les difficultés car ce n'est jamais lui qui cédera.

- Regardez votre écran, lisez les menus, observez l'affichage. Et vous serez étonné de constater que la réponse à (presque) toutes vos questions s'y trouve déjà...
- Prenez toujours le temps de réfléchir avant de répondre aux questions de l'ordinateur. Si l'ordinateur vous pose une question, ce n'est pas forcément pour vous embêter, c'est aussi parce que de votre réponse va dépendre la sienne, et ça vous évitera de perdre du temps. Et ça peut aussi vous éviter de faire de grosses bêtises !

**MINI TEST**

**AI-JE TOUT FAIT POUR ME FAIRE COMPRENDRE DE MON ORDINATEUR ?**

- Est-ce que je sais clairement moi-même ce que je veux faire ?
- Est-ce que je peux le formuler simplement (en deux mots, pas un roman)?
- Ai-je recherché un moyen simple pour le faire comprendre à mon ordinateur ?

# Libres, gratuits et performants

Dans ce monde vénal plein de $, €, £ et autres ¥, des logiciels totalement gratuits et très performants, ça vous dit ?

Ces produits sont dits « libres », par opposition aux « commerciaux ». Deux parmi eux attirent l'attention et tiennent à juste titre la vedette, tant ils fonctionnent bien, voire même bien mieux que les logiciels payants qu'ils remplacent avantageusement : la suite bureautique OpenOffice et le navigateur Mozilla Firefox.

Tous ceux qui les ont essayés les ont adoptés. On vous aura prévenu.

TRUC

**LA SUITE BUREAUTIQUE OPENOFFICE**

Gratuite et épatante, elle est totalement compatible avec Microsoft Office et offre pratiquement les mêmes fonctionnalités, et parfois même plus, notamment la possibilité de générer des fichiers .pdf (Acrobat). Avec elle on peut tout faire : du Word (avec Writer), de l'Excel (avec Calc et Math), de l'Access (avec Base), du PowerPoint (avec Impress) et du dessin (avec Draw). Que demande le peuple ?
De plus, l'esprit assez inhabituel dans lequel cette suite a été développée, tout en confraternité et en désintéressement, est aussi assez remarquable pour être souligné et encouragé. www.openoffice.org

TRUC

**LE NAVIGATEUR MOZILLA FIREFOX**

Que dire qui ne l'a pas déjà été sur le navigateur Internet qui renvoie ses concurrents, IE en tête, dans les oubliettes du passé ?

- Une sécurité à toute épreuve.
- Un confort de navigation inégalé (blocage automatique des vilaines pop-up publicitaires, mise en mémoire des codes d'accès aux sites sécurisés, excellente gestion des cookies indésirables).
- Une ergonomie en amélioration constante.
- Des modules optionnels en pagaille !

Que du bonheur, on vous dit !
http://www.mozilla-europe.org/fr/products/firefox/

# Sésame ouvre-toi

J'ai une conception bien à moi du mot de passe informatique. Je considère qu'il doit en fait avoir le même rôle que le verrou des toilettes : il n'est pas là pour être inviolable, mais simplement pour rappeler à celui qui arrive qu'il ne doit pas entrer.

**TRUC**

**UN SEUL MOT DE PASSE ET AVEC PARCIMONIE**

Je n'utilise personnellement qu'un seul mot de passe, très simple pour qui me connaît, toujours le même, aussi bien pour ouvrir ma session que pour accéder à quelques rares fichiers. Je l'ai communiqué à mes proches.

Comme ils savent à quoi il sert, ils n'en abusent pas. Le jour où je l'oublierai, ils seront là pour me le rappeler. Quant aux étrangers, ceux qui n'ont vraiment pas à se balader dans mes fichiers, ils l'ignorent et je suis tranquille.

Encore un mot. Même si vous ne voulez pas de mots de passe, les autres vont vous les imposer ! Fournisseurs d'accès, codes Windows, codes d'utilisateurs de logiciels... L'informatique est prolixe en codes confidentiels. Je vous propose à cet effet de créer un document Word pour les collecter.

**TRUC**

**UN DOCUMENT TOUT PLEIN DE MOTS DE PASSE**

Créez donc un document Word avec tous vos mots de passe, clés Wep, codes Internet, mots de passe e-mail, clés d'utilisation de logiciels... À cela deux avantages, au moins :

- vous ne risquez plus de les perdre ;
- vous n'aurez qu'à les copier-coller à chaque fois que nécessaire, vous évitant ainsi de pénibles manipulations.

Et vous pourrez même le protéger par un autre mot de passe !

# 2.

# ORGANISEZ VOS DOSSIERS ET FICHIERS

Thème particulièrement important et copieux. Face à la facilité avec laquelle on peut multiplier fichiers et dossiers sur un disque, la libido compulsive des lapins d'Australie semble bien sage. Bromure, ordre, méthode et bon sens s'imposent car vous ne pourrez jamais compter sur la Providence pour s'y retrouver à votre place !

- Une arborescence de dossiers nickel

- Des noms de fichiers qui causent

- Un ménage fait régulièrement

# Des réflexes basiques

Deux trucs de base pour éviter les pièges les plus grossiers :

TRUC

**ENREGISTREZ TOUS VOS FICHIERS DANS MES DOCUMENTS**

- Vous saurez où les chercher.
- Vous n'en oublierez aucun quand vous sauvegarderez Mes documents.

TRUC

**AUCUN FICHIER SUR LE BUREAU**

- D'abord parce que s'il est enregistré sur le Bureau, il n'est pas dans Mes documents, merci Monsieur de La Palice.
- Ensuite pour éviter de le confondre avec un raccourci et de le supprimer par erreur. Rien ne ressemble en effet plus à une icône de raccourci qu'une icône de fichier (voir Figure 1). Seul le premier (le raccourci) se supprime sans effacer le fichier !

Figure 1 : icônes de fichier et de raccourci

# Définissez l'arborescence de Mes documents

On doit bien parcourir une quinzaine de fois par jour son arborescence de dossiers pour y rechercher tel ou tel fichier (arborescence : structure des dossiers, sous-dossiers, sous-sous-dossiers, etc., comme un jeu de poupées russes). Autant dire le temps colossal que vous allez gagner si vous prenez le temps de l'organiser efficacement : n'oubliez jamais que votre disque dur peut stocker autant de fichiers que la Très Grande Bibliothèque le peut de livres.

En général, au début, vous n'avez pas trop de fichiers, et vous mettez tout en vrac dans Mes documents. Et petit à petit vous créez des dossiers, au feeling, un coup par-ci un coup par-là, sans vrai plan, et votre arborescence part dans tous les sens, un peu à la manière dont grandit une ville sans plan d'urbanisme. Il est temps de réagir.

## Comment classer ?

### Pas de méthode miracle

Tout classement est le résultat d'un compromis. Si vous vendez des scoubidous et des yoyos à des clients, vous pouvez très bien classer vos factures par clients d'abord (à gauche) ou par produits (à droite), voir Figure 2 :

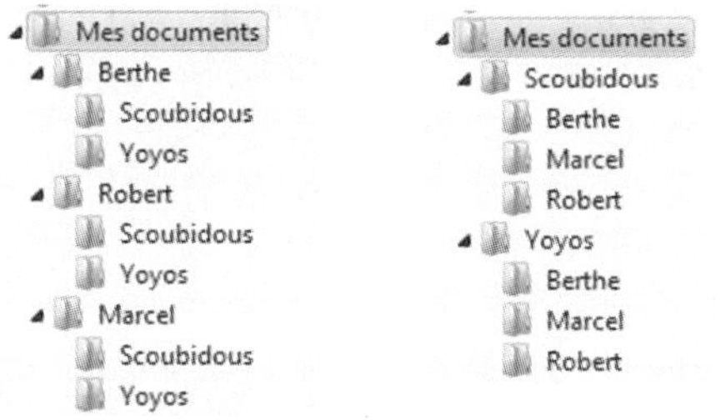


Figure 2 : deux types d'organisation d'arborescence de dossiers

Vous ne pouvez pas avoir l'un et l'autre, il va falloir choisir la solution qui vous convient le mieux, en fonction de votre méthode de travail, de votre organisation, de vos contraintes. Ce choix n'est pas simple, car on peut toujours trouver des arguments qui vont dans un sens et dans l'autre. La bonne question à se poser est probablement : quelle organisation va me faire gagner le plus de temps et me permettre de partir ce soir de bonne heure ? La motivation, rien de tel !

### Pas de dossiers trop volumineux

C'est-à-dire avec trop de fichiers (ou dossiers) à l'intérieur, sauf si vous tenez absolument à finir la journée avec un mal de crâne pas croyable. Moi, mes limites sont atteintes dès une trentaine de fichiers/dossiers par dossier.

### Pas trop d'imbrications

C'est-à-dire une profondeur d'arborescence (le nombre de niveaux de poupées russes) raisonnable. Ça veut dire quoi, raisonnable ? Je dirais cinq ou six, mais c'est vraiment à vous de voir. Cela dit :

**MÉTHODE**

**PRIVILÉGIEZ LE NOMBRE DE FICHIERS DANS UN DOSSIER PAR RAPPORT AU NOMBRE DE DOSSIERS IMBRIQUÉS**

Il est plus rapide de faire des allers-retours dans une arborescence que de s'esquinter les yeux à chercher un fichier parmi 200. Par conséquent, pour éviter d'avoir trop de fichiers par dossier, préférez créer des sous-dossiers même au risque d'avoir une arborescence un peu profonde.

### Une arborescence personnalisée

Votre arborescence doit être celle qui vous correspond le mieux, et non celle qu'on vous a dit d'adopter. Parce qu'au moment d'enregistrer un fichier, il faut que la petite voix qui va s'exprimer et va vous dire : « C'est ici qu'il faut mettre ce fichier » soit la vôtre et non celle d'un autre. Sinon vos fichiers seront rangés au petit bonheur la chance.

## Dessinez votre arborescence

Testez donc sur un papier différentes organisations.

TRUC

**CETTE ARBORESCENCE ME FAIT-ELLE GAGNER LE PLUS DE TEMPS DANS LE PLUS DE CAS ?**

En d'autres termes, quelle organisation optimise dans 80 % des cas le nombre de dossiers, sous-dossiers que j'ai à ouvrir pour y accéder ?

## Appliquez cette arborescence et tenez-vous-y

Toute la difficulté est dans la seconde partie de la proposition.

Si vous vous apercevez que vous avez de plus en plus tendance à rechercher des fichiers là où ils ne sont pas et à les enregistrer là où il n'était pas prévu qu'ils le soient, c'est le signe que votre organisation de fichiers n'est plus adéquate. Il va donc falloir la changer, et plus vous attendrez, plus ce sera pénible.

## Un exemple parmi d'autres

La Figure 3 représente une partie de l'arborescence que j'utilise pour mes données professionnelles :

Figure 3 : un exemple d'arborescence sous Vista

J'ai partiellement développé le dossier « Doc ped » pour Documentation Pédagogique qui contient les éléments dont je me sers pour mes formations, ainsi que d'autres dossiers (dont certains compressés parce que je n'y accède guère).

Vous remarquez que le dossier « Livres et autres » ne contient plus que le dossier « Livres » (hormis d'autres dossiers compressés). C'est idiot, mais cela s'explique par le fait qu'il existait avant un dossier « Autres » que j'ai supprimé depuis. Il faudrait que je remonte le dossier « Livres » d'un niveau pour être plus efficace (les informaticiens sont les plus mal informatisés).

**TRUC**

**NUMÉROTEZ VOS DOSSIERS POUR MODIFIER L'ORDRE D'AFFICHAGE**

Pour les obliger à s'afficher dans cet ordre et non par ordre alphabétique comme sur la figure 3.

# Utilisez des noms concis et parlants

Le DOS (l'ancêtre de Windows) n'acceptait chichement que 8 caractères (avec des noms ésotériques comme BCCCVA.doc), Windows en autorise beaucoup trop (avec des noms fleuves comme Bonjour Chéri Comment Ça Va Aujourd'hui.doc). Le premier est incompréhensible, l'autre ingérable.

## Concis

En clair, pas plus de 30 caractères grand maximum. Éludez articles, conjonctions et autres fariboles, préférez parler SMS que Proust, tant pis pour la culture.

## Parlants

C'est-à-dire des noms qui aident VRAIMENT à retrouver le fichier. L'explorateur affiche les fichiers en les triant de A à Z ou l'inverse, il faut utiliser intelligemment cette particularité.

Prenons l'exemple de comptes rendus d'assemblées générales. Tous les ans, vous vous occupez des convocations et des comptes rendus pour les AG et les AGE, exceptionnelles. Vous avez choisi de ranger tous ces documents dans le même dossier. Vous n'avez donc que le nom du fichier pour vous y retrouver.

Chaque document :

- est soit une convocation, soit un compte rendu (type du document) ;
- concerne soit une AG, soit une AGE (nature de l'assemblée) ;
- concerne 2007, 2008 ou 2009, etc. (année).

Chaque nom de document devra donc comprendre son type, sa nature, son année. Dans l'ordre que vous voudrez :

- si vous mettez le type en premier, vous aurez d'abord toutes les convocations, puis les comptes rendus (ou l'inverse) ;
- si vous mettez la nature en premier, vous aurez d'abord toutes les AG, puis les AGE (ou l'inverse) ;
- si vous mettez l'année en premier, vous aurez d'abord 2006, puis 2007, etc. (ou l'inverse).

Si en plus vous utilisez des abréviations simples (et toujours les mêmes évidemment), vous serez le roi du pétrole.
La Figure 4 propose une solution, avec la nature en 1, le type en 2 et l'année en 3.

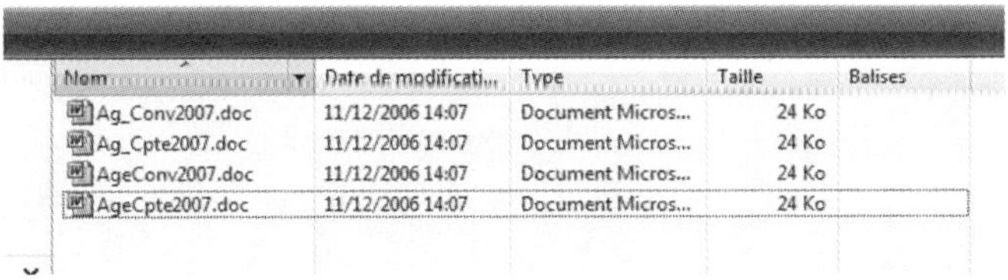

| Nom | Date de modificati... | Type | Taille | Balises |
|---|---|---|---|---|
| Ag_Conv2007.doc | 11/12/2006 14:07 | Document Micros... | 24 Ko | |
| Ag_Cpte2007.doc | 11/12/2006 14:07 | Document Micros... | 24 Ko | |
| AgeConv2007.doc | 11/12/2006 14:07 | Document Micros... | 24 Ko | |
| AgeCpte2007.doc | 11/12/2006 14:07 | Document Micros... | 24 Ko | |

Figure 4 : des noms de fichiers concis et parlants

TRUC

**DES NOMS DE FICHIERS ET DOSSIERS CONCIS ET PARLANTS**

- Usez des abréviations : « Ag » pour Assemblée générale, « Conv » pour Convocation.
- Alignez les abréviations. Les fichiers apparaissent dans l'explorateur les uns en dessous des autres, en colonne. C'est donc plus lisible si visuellement les mêmes éléments apparaissent bien alignés à la verticale. C'est pourquoi j'ai abrégé « Convocation » et « Compte rendu » par « Conv » et « Cpte » avec le même nombre de caractères, 4. Pour rallonger « Ag » à 3 caractères comme « Age », j'ai ajouté un « _ ». C'est beaucoup plus lisible.
- Mélangez majuscules et minuscules et oubliez les espaces. Utilisez les majuscules pour séparer les mots comme dans « ManuscritPCTrucsPourLeduc.doc ». Avec l'habitude, c'est très pratique.
- Évitez les é, è, à, ù, et autres ô... Normalement ça ne pose pas de problème. Jusqu'au moment où ça en pose, et alors on est bien embêté.
- Nommez les années AAAA (par exemple 2007) et non AA (07). Vous vous rappelez peut-être du bug de l'an 2000 ? Inutile de recommencer, même si 2100 paraît bien loin !

# Faites le ménage régulièrement

## La chasse au « sapeu »

Si vous bricolez, vous conservez certainement des tas de trucs et de machins au motif que ça peut servir. Oui, « sapeu » (ça peut) servir. Mais ça sert très rarement, sauf si vous prenez la peine de les classer et de les regarder régulièrement.

C'est encore pire en informatique, du fait que vous n'avez même pas de contrainte de place. Vous pouvez en entasser à l'infini, jusqu'au jour où, à bout de nerfs, vous jetez tous ces « sapeu » qui n'ont servi à rien (et avec eux quelques fichiers bien utiles, zut alors c'est trop bête).

En dehors d'une discipline de fer, j'ai deux trucs pour m'en sortir :

TRUC

**SUPPRIMEZ LES « SAPEU » PÉRIMÉS**

J'affiche de temps à autre mes fichiers dans l'explorateur, non par ordre alphabétique, mais par date de dernière modification. Ça peut aider à retrouver ceux qui ne servent pas souvent.

TRUC

**DISTINGUEZ VOS « SAPEU » POTENTIELS**

Je crée souvent (essentiellement avec Word) des documents qui vont me servir un certain temps mais dont je n'aurai plus besoin dans trois mois : une lettre à Untel ou un message à Trucmuche. Je les enregistre parce que, si Untel ou Trucmuche n'a rien reçu, je peux les ressortir sans avoir à les recréer. J'utilise alors un nom mnémotechnique, « Temp1, 2, 3... » pour *temporaire* ou « Suppr1, 2, 3... » pour *à supprimer*. De temps à autre, je lance une recherche de ces fichiers et je les immole.

## Créez des archives compressées

Dans chaque dossier où c'est nécessaire, je crée un dossier compressé dans lequel je conserve des fichiers :

- soit que je veux conserver pour des raisons juridiques ou sentimentales ;
- soit que je veux conserver au cas où.

J'y glisse régulièrement les « sapeu » que je ne peux me résoudre à supprimer.

**TRUC**

**GÉREZ DES DOSSIERS COMPRESSÉS**

- Pour en créer un, sélectionnez l'élément dans l'explorateur, puis Clic droit > Envoyer vers > Dossier compressé. Pensez bien à supprimer les fichiers d'origine et éventuellement à renommer le dossier compressé qui porte par défaut le nom du premier dossier ou fichier sélectionné.
- Pour rajouter un élément dans un dossier compressé existant, glissez-le dedans et supprimez-le.
- Si vous double-cliquez sur un dossier compressé, vous avez accès à ce qu'il contient, mais uniquement en mode lecture seule, vous ne pouvez que consulter. Si vous voulez vraiment récupérer le fichier, sélectionnez le dossier compressé puis Clic droit > Extraire tout.

## Ne tolérez aucun doublon

Des doublons, ce sont des fichiers qui ont un frère jumeau quelque part sur le disque.

- Les plus faciles à chasser sont ceux qui ont le même nom et le même contenu.
- Les plus vicieux sont ceux qui ont soit le même nom mais pas le même contenu, soit le même contenu mais pas le même nom. À fuir comme la peste !

## Passez le balai de temps à autre

Malgré toute votre attention, il faudra prendre votre courage à deux mains et passer de temps en temps un coup de balai salutaire. Il n'y a pas de sot métier, il n'y a que de sottes gens.

# 3.

# VOS DONNÉES EN LIEU SÛR

Comment ne pas être effaré par l'insouciance de ceux qui achètent de superbes ordinateurs pour leur confier leurs travaux, leurs souvenirs, voire leurs amours, sans se préoccuper un instant de savoir ce qui se passerait si un malheur survenait...

Eh oui ! Les sources de désagrément avec les ordinateurs sont légion : café renversé, panne, voleurs indélicats qui ne prennent même pas la peine de renvoyer les données par mail...

N'hésitez donc pas à sauvegarder deux fois plutôt qu'une. Sinon vous n'aurez que vos yeux pour pleurer vos données envolées...

- Sauvegardes régulières

- Sauvegardes ponctuelles

- Sauvegardes fiables

# Vue d'ensemble des sauvegardes

J'ai récemment fait un sondage parmi la sympathique population d'étudiants d'une école de commerce à qui je dispense des cours de bureautique. Lesquels d'entre vous ont sauvegardé récemment leurs données sur un DVD, leur ai-je demandé tout de go. Réponse : pas plus de 10 % !

Revenons encore une fois sur les risques que vos données courent tous les jours :

- Si votre disque dur tombe en panne ou attrape un virus, vos données sont perdues (sauf si vous trouvez un bricolo surdoué qui pourra parfois les récupérer moyennant finance, sans avoir manqué de se gausser de votre imprévoyance : ah le nul, il a même pas fait de sauvegarde).
- Et si vous vous faites voler votre ordinateur, tout est vraiment perdu.

La seule façon de se prémunir de ces risques, c'est de prendre des sauvegardes de ses données, c'est-à-dire une copie de ces données, fidèle, complète et à jour (le plus possible) sur un support amovible que vous rangez en lieu sûr pour le récupérer en cas de besoin.

**INFO**

**OÙ WINDOWS ENREGISTRE-T-IL TOUT CE QUI VOUS CONCERNE ?**

Par « tout ce qui vous concerne », il faut entendre vos fichiers (documents, classeurs, présentations, photos, musiques, vidéos...), vos données personnelles Outlook (courriers, contacts, tâches...) et enfin vos paramètres Windows (bureau, utilisateurs, raccourcis, favoris...).

- Vous êtes maître de l'endroit où vous stockez vos fichiers. Vous savez qu'il faut les enregistrer exclusivement dans Mes documents. Une bonne chose de faite.
- Ça se complique pour les données personnelles Outlook. Elles sont éparpillées un peu partout, Bill seul sait où.
- Et pareil pour les paramètres Windows...

Conscients que tout ceci manque de clarté, les joyeux lurons de Microsoft ont réfléchi à des solutions pour résoudre ce problème de sauvegarde. Ils sont arrivés successivement à plusieurs solutions (et vous verrez que ce n'est pas nécessairement plus limpide) :

- Pour XP, ils ont conçu l'assistant Transfert de fichiers et de paramètres pour tout ce qui est fichiers et paramètres, et l'assistant Exportation de données personnelles pour tout ce qui concerne les données Outlook.

- Avec Vista, ils ont modernisé cet assistant Transfert de fichiers et de paramètres en y incluant les données personnelles Outlook (rendant inutile l'assistant Exportation de données personnelles). Et en plus, sur certaines versions, ils ont rajouté un assistant Statut et configuration de la sauvegarde.

Plusieurs cas sont donc à envisager :

- Vous disposez de Vista avec l'assistant Statut et configuration de la sauvegarde. Consultez les chapitres « Transfert de fichiers et paramètres (Vista) » et « Assistant Statut et configuration de la sauvegarde ».
- Vous disposez de Vista sans l'assistant Statut et configuration de la sauvegarde. Consultez les chapitres « Transfert de fichiers et de paramètres (Vista) ».
- Si vous restez fidèle à XP, voyez les chapitres « Transfert de fichiers et paramètres (XP) », « Assistant Données personnelles Outlook » et « Sauvegarde manuelle ».

## Transfert de fichiers et de paramètres (Vista)

Cette évolution Vista de son équivalent XP gère vos fichiers, vos données personnelles et vos paramètres, c'est-à-dire tout.

C'est la solution idéale, simple et pratique à mettre en œuvre. Cet assistant est disponible par Démarrer > Tous les programmes > Accessoires > Outils système. Il peut servir à :

- Transférer toutes les données d'un ordinateur à un autre (d'où son nom).
- Enregistrer toutes les données sur un DVD (lors d'une sauvegarde) ou lire ces données préalablement transférées par cet assistant sur DVD (lors d'une récupération de données).

Il suffit de répondre avec attention aux questions posées et de prévoir du temps, des DVD ou des câbles de transfert.

## Assistant Statut et configuration de la sauvegarde

Cet outil, comme le précédent, s'occupe de tout. Il n'est disponible que dans certaines versions de Vista.

Il se trouve également dans Démarrer > Tous les programmes > Accessoires > Outils système. S'il n'y est pas, c'est que vous n'avez pas payé assez cher.

Il permet de gérer intelligemment des sauvegardes automatiques et sécurisées de vos données et de les récupérer en cas de problème. Un indispensable, à mon avis plus performant que l'outil précédent.

# Transfert de fichiers et de paramètres (XP)

C'est l'ancêtre de celui actuellement présent sous Vista. Contrairement à ce dernier, il ne gère que les fichiers et les paramètres, mais pas les données personnelles Outlook (allez savoir pourquoi). Il nécessite donc de faire tourner en plus l'assistant Données personnelles Outlook (voir p. 283).

Il fonctionne à peu près de la même façon que son équivalent Vista. Prévoyez également du temps et des DVD.

# Assistant Données personnelles Outlook

Il n'est utile de l'utiliser que sous XP ou si vous voulez gérer vos sauvegardes manuellement. Cet assistant fonctionne, comme vous vous y attendiez, sous Outlook. Consultez donc le chapitre correspondant (voir p. 283 et suivantes).

# Sauvegarde manuelle

C'est la solution que continuent à adopter certains brontosaures, comme votre serviteur, qui préfèrent garder le contrôle de cette opération. Cette préférence est plus à mettre sur le compte d'habitudes acquises que d'avantages réels.

Si cela vous chante, le mode opératoire est globalement le suivant :

- Identifiez précisément l'ensemble des données à sauvegarder ainsi que leur emplacement ; formalisez-le dans un tableau de ce type :

### TABLEAU DE MES SAUVEGARDES

| Données | Emplacement sur le disque | N° du DVD | Sauvegarde réalisée le: | |
|---|---|---|---|---|
| | | | Jeu Rouge | Jeu Bleu |
| Mes fichiers (*) | Mes documents | 1 | 15/03/2007 | 31/03/2007 |
| Mes images 2004 | Mes images | 2 | 15/03/2007 | 31/03/2007 |
| Mes images 2005 | Mes images | 3 | 15/03/2007 | 31/03/2007 |
| Ma musique | Ma musique | 4 | 15/03/2007 | 31/03/2007 |
| ... | ... | ... | ... | ... |

(*) J'ai créé dans Mes fichiers un dossier « Paramètres et données personnelles » dans lequel je place les sauvegardes de Mes paramètres (créées à partir de l'assistant Transfert de fichiers et de paramètres) et de Mes données personnelles Outlook (créées à partir de l'assistant Données personnelles Outlook). Je dispose ainsi de toutes mes données (fichiers, paramètres et données personnelles) dans mes jeux de sauvegarde.

Réalisez enfin vos sauvegardes sur les différents DVD numérotés sur les deux jeux de couleur comme détaillé p. 29.

# Bonnes pratiques complémentaires

Quelle que soit la méthode parmi les précédentes que vous ayez choisie, les conseils qui suivent restent d'actualité.

## Utilisez des supports de sauvegarde amovibles

Certains sauvegardent leurs données en les copiant à un autre endroit de leur disque dur. C'est totalement idiot, parce que si leur ordinateur tombe en panne ou tombe au fond du puits qu'ils avaient pourtant promis de boucher, la sauvegarde tombe aussi. Réalisez IMPÉRATIVEMENT vos sauvegardes sur support amovible.

**MATOS**

**LES SUPPORTS AMOVIBLES DE STOCKAGE**

Il y en a de deux types, les CD, DVD et les clés USB.

- Les CD et DVD sont économiques et très bien adaptés à la sauvegarde. N'oubliez quand même pas que, pour sauvegarder 8 Go de données, ce qui n'a rien d'exceptionnel si vous avez des images, des vidéos ou des photos, vous aurez besoin de 14 CD (de 600 Mo chacun), de 2 DVD simple couche (de 4,5 GO chacun) ou d'un seul DVD double couche (de 9 Go chacun). Oubliez donc le CD si votre machine grave les DVD. J'utilise personnellement des DVD-RW que j'efface avant chaque nouvelle sauvegarde.
- Les clés USB sont très pratiques, mais d'une capacité encore limitée (de l'ordre du Go) et surtout plus chères au Go stocké que les DVD. Réservez-les aux sauvegardes ponctuelles pour lesquelles elles sont tout à fait adaptées.

## Sauvegardez à intervalles réguliers

Réalisez vos sauvegardes en gravant vos DVD à intervalles réguliers. À quelle fréquence ? Difficile à dire. Une fois par mois, ça ne paraît pas assez. Une fois par jour, ça paraît trop. C'est à vous de déterminer cette fréquence idéale, compromis entre la nécessité d'avoir des sauvegardes à jour et la contrainte qu'il y a à les réaliser. Dès que vous avez fixé cette périodicité, tenez-vous-y sérieusement tout en restant souple.

MÉTHODE

**SAUVEGARDES EXCEPTIONNELLES EN CAS D'IMPORTANTES MODIFICATIONS**

- Vous avez sué sang et eau à terminer le budget de votre entreprise à 2 heures du mat'.
- Vous rentrez tout bronzé du Cap Nord avec de beaux souvenirs et plein de photos.

À votre place, je n'attendrais pas la semaine prochaine pour faire ma sauvegarde, ce serait trop bête de tout perdre !

## Conservez vos sauvegardes en sûreté

Autre grand classique de la bévue sauvegardesque, ranger ses sauvegardes dans la mallette de son portable. Comme ça le voleur aura et l'ordinateur et les sauvegardes. Merci pour lui. Rangez plutôt vos sauvegardes à un autre endroit, n'importe où à vrai dire, mais ni sur, ni dans ou à côté de votre ordinateur.

## Maintenez deux jeux de sauvegarde en parallèle

Imaginons un scénario catastrophe. Vous ne disposez que d'un jeu de DVD de sauvegarde, et votre ordinateur tombe en panne précisément au moment où vous gravez ce DVD. Résultat : vous n'avez plus de sauvegarde (car votre DVD n'est plus lisible, le processus de gravure ayant été interrompu brutalement), et vous n'avez plus accès à votre disque dur. Dur dur...

Improbable ? Pas tant que ça. Et de toute façon le propre d'une assurance est de prévoir le pire. Personnellement, j'ai résolu le problème ainsi :

TRUC

**GÉREZ DEUX JEUX DE SAUVEGARDE EN ALTERNANCE**

J'ai créé deux jeux de sauvegarde, un marqué d'un gros point rouge, l'autre d'un gros point bleu. Je les utilise alternativement, le rouge les semaines paires, le bleu les semaines impaires. Si par malheur un jour le scénario catastrophe se déroule alors que j'utilise le jeu bleu, je peux toujours me rabattre sur le rouge. Malin !

## Faites des sauvegardes ponctuelles sur clé USB

Vous travaillez sur quelque chose de particulièrement important, mais vous ne voulez pas vous embêter à réaliser une sauvegarde complète ?

Prenez donc par exemple une clé USB et enregistrez-y une copie de sécurité. C'est ce que je fais en ce moment en écrivant ce livre, je sauvegarde tous les midis et tous les soirs une copie de mon répertoire de travail sur clé que je conserve en sûreté. Et je suis zen...

**TRUC**

**ENVOYEZ UN FICHIER SUR UNE CLÉ USB**

Dans l'explorateur, sélectionnez l'élément (fichier ou dossier), et Clic droit > Envoyer vers > Nom de la clé.

**TRUC**

**ENLEVEZ UNE CLÉ USB**

Évitez de l'enlever à la hussarde. Pour l'enlever proprement, cliquez sur son icône dans la Zone de notification (en bas à droite de la barre des tâches, à côté de l'horloge) puis cliquez sur le message Retirez... en toute sécurité. Attendez confirmation et allez-y.

# 4.

# LES PLANTAGES

Scénario d'info-fiction : votre ordinateur ne répond plus, il est tombé dans le coma, il ne veut plus rien savoir. Bon, bien entendu, sous Windows qui est réputé être le plus infaillible (hum...) des systèmes d'exploitation, c'est hautement improbable ; mais ça vous arrivera quand même un jour, faisons-en le pari.

Dans ce cas, relax. Si vous faites régulièrement vos enregistrements et sauvegardes, le mal sera minime, voire nul. Qui plus est, Windows lui-même, qui connaît bien ses faiblesses, a été programmé par ses géniteurs pour s'autorécupérer dans certains cas, tel le Phénix.

Sinon ? On vous avait prévenu !

- Évitez les plantages

- Évitez leurs conséquences

# Évitez les plantages

Le plus simple est évidemment de prévenir les plantages. Il y a deux ou trois trucs à connaître sur le sujet.

## TRUC

**NE PAS TRAVAILLER INUTILEMENT SUR PLUSIEURS FICHIERS OU APPLICATIONS À LA FOIS**

Plus vous avez de fichiers ou d'applications ouverts en même temps, plus vous augmentez les probabilités de plantage. C'est évident, mais je vois tellement de stagiaires qui lancent en même temps Word, Excel, Photoshop et MSN que je me demande s'ils ne jouent pas les provocateurs.
Soyez donc rigoureux à ce sujet. N'ouvrez en parallèle que ce qui est strictement nécessaire, vous vous en trouverez bien mieux.

## MATOS

**SI LES PLANTAGES DEVIENNENT SYSTÉMATIQUES**

C'est évidemment signe qu'il faut faire quelque chose.

- Commencez donc par réparer ou réinstaller soit le logiciel fautif, soit, solution radicale, carrément Windows. Pensez dans ce cas à bien prendre la sauvegarde de tous vos fichiers et informations personnelles. Voyez à ce sujet p.24 et suivantes.
- Libérez de l'espace sur votre disque.
- Rachetez de la mémoire vive pour augmenter l'espace de travail de Windows.

Sinon, changez de matériel ou même allez brûler un cierge à la Bonne Mère.

## GÉNÉREUX

**DONNEZ UNE NOUVELLE VIE À VOTRE VIEILLE MACHINE**

Votre ordinateur ne fonctionne plus bien, il se traîne, il est poussif ? Ou, plus simplement, vous voulez vous faire plaisir et vous en racheter un tout beau tout neuf ? Ne le jetez surtout pas, vendez-le ou, bien mieux, donnez-le ! À votre belle-mère (de toute façon comme elle n'y comprend rien ce sera toujours assez beau pour elle) ou, plus sérieusement, à vos enfants, à votre école, à une association, que sais-je..., ils n'ont peut-être pas les mêmes exigences que vous et seront tout heureux de récupérer du matériel ! Si vous n'avez pas d'idées et que vous parlez anglais, allez donc faire un tour du côté de http://rethink.ebay.com/.

# Évitez les conséquences fâcheuses des plantages

Tout ce que vous risquez si votre machine se plante, c'est d'avoir à refaire ce que vous aviez commencé. Il y a une technique très simple pour s'en prémunir :

## TRUC

**ENREGISTREZ ENREGISTREZ ENREGISTREZ ENREGISTREZ ENREGISTREZ ENREGISTREZ ENREGISTREZ ENREGISTREZ ENREGISTREZ**

Cliquez compulsivement sur la disquette d'enregistrement, utilisez toutes les possibilités d'enregistrement automatique de votre logiciel et faites régulièrement vos sauvegardes.

Si un plantage se produit, ça n'aura aucune conséquence puisque vos documents seront enregistrés et vos sauvegardes à jour.

# Conduite à tenir en cas de plantage

Ci-dessous quelques conseils, du plus cool au plus radical.

## Appelez au secours

Si vous travaillez en entreprise ou en réseau, appelez donc votre informaticien chéri pour qu'il vous dise une fois pour toutes ce qu'il faut faire dans ce cas ! Notez par écrit sa réponse et faites-le signer.

## Attendez un peu

Mais pas plus de 5 minutes. Profitez-en pour faire une petite pause, l'ordinateur ça fatigue les yeux, il me semble bien qu'il reste un peu de poulet au frigo.

### ECHAP

Une ou plusieurs pressions sur ECHAP peuvent parfois (rarement) suffire.

### ALT + CTRL + SUPPR

Ces trois touches simultanées donnent accès à un menu vous permettant de choisir entre différentes options, dont le Gestionnaire de tâches. Celui-ci (Figure 5) liste les applications ouvertes sur votre machine et vous permet, par le bouton Fin de tâche, de fermer celle qui pose problème. Il arrive que cela fonctionne.

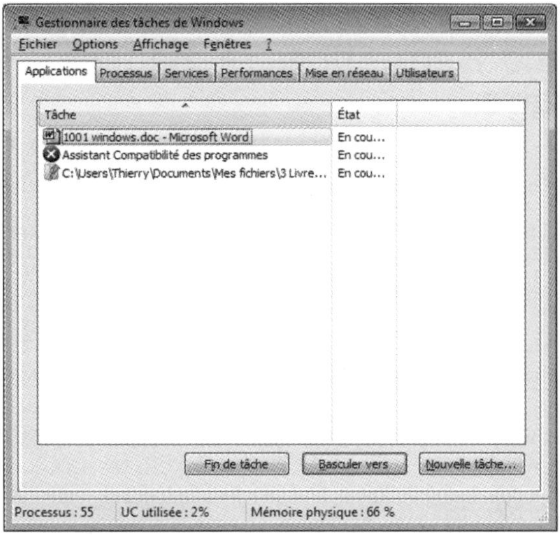


Figure 5 : le Gestionnaire de tâches

**→ XP : ALT + CTRL + SUPPR ouvre directement le Gestionnaire de tâches sans passer par l'étape intermédiaire.**

## Rebootez

Si vous êtes tout seul sur la plage, faites une prière à saint Bill, patron des Windowistes, et rebootez (relancez) votre machine, voyez votre manuel (en général avec l'interrupteur ou en maintenant le bouton de démarrage enfoncé pendant plus de 5 secondes). Voire même, enlevez la prise (et la batterie s'il le faut). Mais c'est un cas extrême qui ne devrait pas se présenter, car révélateur d'un dysfonctionnement majeur.

Si tout ça ne fonctionne pas, il ne reste guère que l'exorcisme ou, plus simplement, le grand ménage de printemps (voir chapitre suivant).

# 5.

# LE GRAND MÉNAGE DE PRINTEMPS

Si votre ordinateur se plante trop régulièrement, s'il n'accepte plus d'exécuter les ordres les plus simples, s'il est devenu instable, si vos applications les plus banales ne fonctionnent plus, ou tout simplement s'il est devenu si lent que la moindre des manipulations peut prendre des heures et met systématiquement vos nerfs à rude épreuve, il est probablement temps de formater votre disque dur et de tout y réinstaller comme au premier jour. Vous verrez, c'est très efficace, vous n'allez pas reconnaître votre bonne vieille bécane.

- Tout sauvegarder

- Tout réinstaller

Pour vous aider, cette check-list détaille l'ensemble des opérations à réaliser pour préparer cette opération simple, mais qui peut avoir des conséquences très fâcheuses si elle est mal menée. En effet, la réinstallation va effacer TOUS les fichiers de votre disque dur. Il faut donc IMPÉRATIVEMENT vous assurer que vous avez TOUT sur CD, DVD ou autre.

## CHECK-LIST AVANT LA RÉINSTALLATION (IL FAUT RÉPONDRE OUI À CHAQUE QUESTION)

| | | | |
|---|---|---|---|
| Est-ce que je dispose ? | Du DVD de réinstallation fourni avec mon ordinateur, contenant Windows et tous les logiciels ? | Oui | Non |
| | Des DVD de tous mes logiciels ? | Oui | Non |
| | D'une copie sur DVD de tous mes logiciels téléchargés ? | Oui | Non |
| | De tous les pilotes (drivers) de mes périphériques ? | Oui | Non |
| Ai-je créé... | Une sauvegarde sur DVD de tous mes fichiers (voir p. 24)? | Oui | Non |
| | Une sauvegarde sur DVD de mes données personnelles Outlook (voir p. 283) ? | Oui | Non |
| | Une sauvegarde sur DVD de mes paramètres Windows (voir p. 24) ? | Oui | Non |
| Ai-je noté soigneusement tous mes paramètres de connexion et adresses e-mail ? | | Oui | Non |

En ce qui concerne la réinstallation proprement dite, comptez une bonne demi-journée tout compris (pas de travail véritable, mais de présence attentive et d'immobilisation de votre ordinateur).

### TRUC

**RÉINSTALLEZ VOS LOGICIELS, FICHIERS, DONNÉES PERSONNELLES ET PARAMÈTRES WINDOWS**

- Rétablissez votre ordinateur à son état d'origine à l'aide du DVD fourni par le fabricant.
- Rétablissez vos connexions Internet, réinstallez votre logiciel antivirus et téléchargez tout de suite les définitions de virus les plus récentes.
- Réinstallez tous vos logiciels.
- Réinstallez toutes vos données par l'assistant de sauvegarde Vista.

Normalement, c'est fini !

→ **XP** (OU PAS D'UTILITAIRE DE SAUVEGARDE VISTA) : il vous faudra réinstaller manuellement toutes vos sauvegardes de fichiers, ainsi que vos données personnelles Outlook (voir p. 283) et vos paramètres Windows (voir p. 24 et s.).

# 6.

# RESPONSABLE

**Pas de chef ! Avec votre PC, vous faites ce que vous voulez !**

**Autant la liberté est grisante, autant elle entraîne des obligations de responsabilité si vous ne voulez pas voir cette liberté se changer en cauchemar...**

**- Enregistrez régulièrement**

**- Administrez sa machine**

**- Etc.**

## Des bons réflexes d'enregistrement

Que celui qui n'a JAMAIS effacé par mégarde un fichier important se signale, il mérite toutes nos félicitations. À moins qu'il ne soit un fieffé menteur. Quelques règles simples permettent de l'éviter :

- Quand vous travaillez sur un nouveau fichier (document, classeur, présentation...), pensez TOUJOURS à immédiatement l'enregistrer.
- Si vous faites partie des distraits qui oublient d'enregistrer régulièrement leurs fichiers, pensez à valider l'option de vos logiciels qui permet les enregistrements automatiques (voir p. 91 (Word) et 177 (Excel)).
- Il est fréquent d'utiliser un fichier existant pour en faire un autre. Par exemple, vous utilisez la lettre à M. Machin pour en faire une autre à Mme Truc. Le piège est d'ouvrir le document, d'apporter les modifications et d'enregistrer. Dans ce cas, le fichier portera le nom de l'ancien (lettre à Machin) mais contiendra le contenu destiné à Truc. Seule parade :

**TRUC**

**FAITES DU NEUF AVEC DU VIEUX**

Dès que vous utilisez un fichier existant pour en faire un autre, commencez TOUJOURS par le renommer avec Enregistrer sous. Vous allez ainsi conserver l'ancien avec son nom d'origine.

## Gérez vos programmes

Un programme n'est pas qu'un simple fichier. Comme un roi, il se déplace avec sa cour. Mieux vaut bien le soigner.

**INFO**

**INSTALLEZ ET DÉSINSTALLEZ UN PROGRAMME**

On appelle Installation la procédure par laquelle on transfère un programme de son support d'origine sur le disque dur de l'ordinateur pour qu'il fonctionne.

L'installation est une procédure assez complexe. Elle va d'abord tester la compatibilité du programme avec votre système. Elle va ensuite placer tout un tas de fichiers un peu partout sur votre disque : dans le dossier *Program Files*, bien sûr, mais aussi dans des dossiers dont vous n'avez même pas idée, notamment dans Windows et dans les bibliothèques système. Elle va ensuite vérifier que tout fonctionne et, dans certains cas, se connectera à Internet pour effectuer votre inscription.

Cela veut dire qu'il vaut mieux prendre des précautions dans les cas importants : en effet, pour des raisons indéterminées et imprévisibles, des conflits peuvent surgir à la suite d'une installation et votre ordinateur peut devenir instable.

Autre conséquence, la Désinstallation d'un programme ne peut s'effectuer que par une procédure spéciale, et jamais par un simple effacement d'un dossier ou de fichiers.

Les règles à suivre en la matière sont simples :

**TRUC**

**GÉREZ VOS PROGRAMMES**

- Sauvegardez vos données avant toute installation ou désinstallation.
- L'installation d'un programme démarre automatiquement à l'insertion du DVD ou après un double-clic sur le programme s'il a été téléchargé. Si ce n'est pas le cas, recherchez manuellement le programme d'installation (nommé en général Setup ou Install).
- Installez toujours si vous le pouvez le logiciel dans le dossier Program files.
- Pour la désinstallation, passez TOUJOURS par l'option Programmes, Désinstaller un programme du Panneau de configuration (Ajouter/supprimer des programmes pour XP).

Encore une chose : Windows affecte normalement à tout type de fichier (reconnu par son extension) un programme par défaut pour l'ouvrir. Il peut arriver que Windows n'arrive pas à faire ce choix ou tout simplement que ce choix ne vous convienne pas (par exemple, il s'obstine à ouvrir vos fichiers vidéos avec Media Player alors que vous préférez QuickTime).

**TRUC**

**AFFECTEZ UN PROGRAMME À UN TYPE DE FICHIER**

Utilisez à cet effet l'option Démarrer > Programmes par défaut > Configurer les programmes par défaut.

Et pour conclure sur ce sujet, un avertissement sans frais aux pirates de tout poil :

**PIRATAGE**

**C'EST DU VOL**

Et c'est donc un délit. Et ça peut vous valoir pas mal d'ennuis (incompatibilité, virus, etc.). Sans compter que c'est moralement indéfendable : que diriez-vous si quelqu'un piratait votre salaire ?

## Révision des 15 000

Un ordinateur, c'est comme une voiture. On peut très bien s'en servir sans jamais ouvrir le capot. Mais faire les entretiens réguliers et les vidanges, ça évite de tomber en panne bêtement.

**INFO**

**LES BIZARRERIES DE WINDOWS**

Windows fonctionne parfois de façon déconcertante.

- Imaginez que votre disque dur ressemble aux rayonnages d'une bibliothèque. Dès qu'un fichier est supprimé, il disparaît du rayon, mais les autres livres ne bougent pas. Ce qui fait que dès qu'un nouveau fichier est créé, Windows va essayer de le caser dans le premier espace qu'il va trouver. Si le fichier est trop gros, il va le couper en plusieurs bouts, une partie dans le premier trou, et la suite après tous les autres livres. Et ainsi de suite. Au bout d'un certain temps, tous vos fichiers vont ainsi se trouver « saucissonnés » en plein de petits bouts, et il mettra ainsi de plus en plus de temps à les lire.
- De plus, il a l'habitude de créer tout un tas de fichiers quand il travaille. Ce ne serait pas grave s'il n'oubliait pas de les supprimer après : il ne pense même pas à vider ses poubelles tout seul !

**TRUC**

**GÉREZ VOTRE SYSTÈME**

- Lancez de temps à autre (tous les mois ?) les utilitaires Défragmenteur de disque et Nettoyage de disque (Démarrer > Tous les programmes > Accessoires > Outils système). Profitez-en pour vous dégourdir les jambes, ça peut être long !
- Gardez toujours environ 20 % du disque libre pour que Windows ait l'espace pour travailler confortablement : que diriez-vous si votre bureau était encombré de tout un tas de dossiers ?

# 7.

# EN VRAC...

**Un peu de tout, certes... mais qui peut être très utile !**

- **Jouez les perroquets avec F4**
- **Travaillez sans souris**

# Travaillez à la chaîne

La même action est répétée à l'infini à chaque pression sur F4 tant qu'on ne donne pas d'autre ordre à l'ordinateur. Saisissez par exemple *Ce livre est vraiment excellent*, chaque pression sur F4 répétera cette évidence.

**METHODE**

**TRAVAILLEZ À LA CHAÎNE AVEC F4 POUR GAGNER DU TEMPS**

Prenons un premier exemple sous Excel. Imaginons que vous deviez insérer une ligne au-dessous de chaque ligne d'un tableau existant. Vous pouvez très bien répéter autant de fois qu'il le faudra les instructions Insérer > Ligne.

Mais il y a mieux : faites Insérer > Ligne une première fois, puis descendez au-dessous et pressez F4, et ceci indéfiniment tant que vous en avez besoin (si vous voulez essayer, les frappes de touches à répéter après avoir inséré la première ligne sont en fait ↓ ↓ F4).

Autre exemple sous Word. Vous avez un texte dont vous devez passer une partie en gras, une autre en italique et une autre en gras et en italique. Une mauvaise façon de faire consiste à passer les modifications au fil du texte, un coup en gras, un autre en italique, etc. : même avec les raccourcis clavier, ça va être long et pénible.

La bonne pratique consiste à travailler par lots : d'abord les mots en gras (sélectionnez le premier, passez-le en gras, puis passez tous les autres mots à cette moulinette avec F4), puis ceux en italique.

Pour les mots en gras et italique, pour amorcer la chaîne de F4, modifiez le premier mot (Format > Police, options Gras et Italique). Vous mettez ainsi en mémoire deux opérations en une seule, et F4 va les répéter (ce phénomène fonctionne tant que les opérations que vous réalisez sont disponibles dans la même option du menu).

Elle est pas belle, la vie ?

# Impression d'écran

La touche IMP ÉCRAN (impression d'écran) rend des tas de services, dès lors qu'on a compris qu'elle n'imprime pas, du moins directement.

Elle ne fait que prendre une copie d'écran et elle la place dans le presse-papiers. Il suffit ensuite d'ouvrir un quelconque logiciel (traitement de texte, présentation ou, mieux, un logiciel de traitement de l'image comme Photoshop ou assimilé) et de coller ce presse-papiers par CTRL + V. Et vous obtenez l'image de votre écran quand vous avez appuyé sur Impr écran ; il vous suffit ensuite d'enregistrer le fichier comme bon vous semble.

À quoi cela peut-il servir ?

- À écrire un livre comme celui-ci.
- À garder des traces de vos surfs sur Internet (comptes, virements, achats...).

TRUC

**IMPRESSION D'ÉCRAN**

[IMP ÉCRAN] copie dans le presse-papiers l'image de l'écran pour collage ultérieur dans n'importe quelle application.

La combinaison [ALT] + [IMP ÉCRAN] ne copie que la fenêtre active.

# Des menus sans souris

Saviez-vous que vous pouvez parcourir les menus Microsoft (Windows, Word, Excel, PowerPoint) dans leur intégralité uniquement au clavier ? Voilà une nouvelle qu'elle est bonne pour les membres du collectif antisouris...

[ALT] (ou [F10]) fait apparaître très clairement des lettres qu'il suffit de taper pour accéder aux options. Avec un peu de mémoire, vous allez vite retenir les principales combinaisons, celles dont vous vous servez le plus souvent. La Figure 6 obtenue sous Word indique que, après avoir appuyé sur [ALT], [F] donne accès au menu du bouton Office, [3] enregistre et [M] donne accès au menu Mise en page.

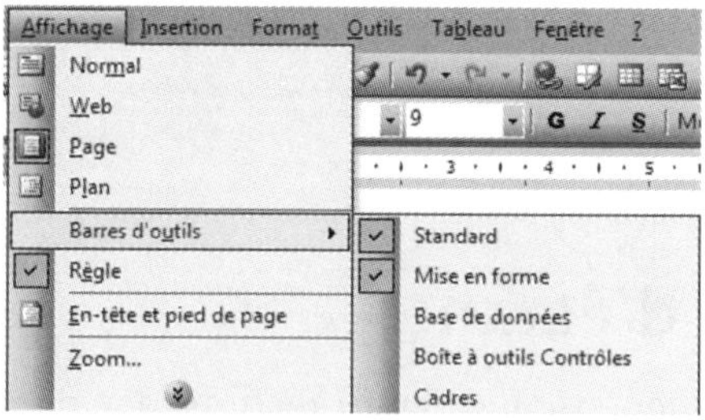


Figure 6 : naviguer dans les menus au clavier

→ **XP :** le principe est globalement le même, sauf qu'il faut entrer les lettres qui sont soulignées dans les options des menus ([ALT] [T] pour Format, [O] pour Police par exemple). On peut aussi utiliser les flèches de déplacement.

# Accédez au Setup

Ce logiciel mystérieux s'exécute au démarrage de l'ordinateur. Il permet de régler deux ou trois paramètres, notamment souvent la possibilité de mettre un mot de passe avant d'accéder à Windows. Ça peut être bien pour les anxieux.

TRUC

**ACCÉDEZ AU SETUP**

Observez bien votre écran au tout démarrage. Un message du style *Appuyez sur* F2 *pour accéder au Setup* (ou quelque chose d'équivalent) va fugitivement apparaître. Suivez les instructions (en faisant attention quand même).

# 8.

# UN PARAMÉTRAGE AUX PETITS OIGNONS

Le panneau de configuration est un des lieux favoris de tous les bricoleurs du dimanche (Démarrer > Panneau de configuration), tant les occasions de s'y rendre de gré (pour s'amuser avec les paramétrages du bureau) ou de force (parce que tel ou tel périphérique ne fonctionne plus) sont nombreuses. La mouture Vista regroupe de manière assez efficace des options qui étaient disséminées çà et là sous les versions Windows précédentes.

Nous compléterons cette approche par quelques mots sur la barre des tâches.

- Virus et assimilés
- Plusieurs fenêtres à l'écran
- Une souris qui obéit au doigt et à l'œil
- Etc.

La Figure 7 détaille le nouveau look de ce Panneau de configuration. Détaillons-en l'essentiel.

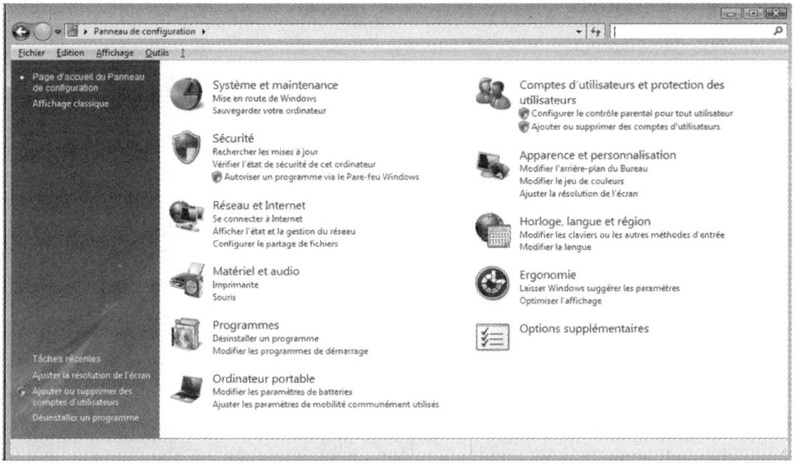


Figure 7 : le panneau de configuration Vista, centrale de pilotage de Windows

# Sécurité

Ce centre de sécurité (Panneau de configuration > Sécurité > Vérifier l'état de sécurité de cet ordinateur) regroupe l'essentiel en la matière. Tous ses indicateurs doivent être verts, sauf éventuellement Mise à jour automatique :

- Le Pare-feu (empêchant certaines intrusions malveillantes venant de l'extérieur) doit IMPÉRATIVEMENT être activé.
- Tout téléchargement, comme toute tâche paramétrée automatiquement, tombe toujours au mauvais moment. Si, comme moi, vous souhaitez garder le contrôle des mises à jour Windows et que l'option Mise à jour automatique est activée, cliquez sur le volet de gauche sur Mise à jour Windows (ou Windows Update), puis sur Modifier les paramètres, et sélectionnez Ne jamais rechercher les mises à jour (non recommandé). Pour télécharger tranquillement ces mises à jour au moment où vous le souhaitez, Panneau de configuration > Sécurité > Rechercher les mises à jour.
- Protection contre les programmes malveillants (antivirus) doit aussi être « vert », ainsi qu'Autres paramètres de sécurité.

## ⚠ ATTENTION : PAS D'ANTIVIRUS

La Figure 8 montre que je n'ai actuellement pas d'antivirus actif, ce qui est très déconseillé... C'est promis, je vais m'en occuper !

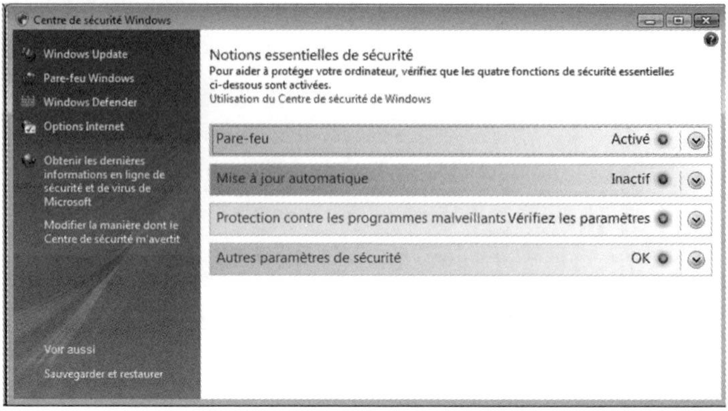


Figure 8 : le centre de sécurité doit être au vert, sauf...

**→ XP : le centre de sécurité ne comprend que les options Pare-feu, Mise à jour automatique et Antivirus. L'ensemble des conseils reste valable ; pour rechercher manuellement les dernières mises à jour Windows, cliquez sur Rechercher les dernières mises à jour sur Windows Update dans la zone Ressources.**

# Autres paramètres

## Système et maintenance

- Fenêtre Mise en route de Windows : décochez la case Exécuter au démarrage au bas de la page si vous ne voulez pas voir réapparaître cette horripilante boîte de dialogue !
- Sauvegarder votre ordinateur : contient les options décrites au paragraphe consacré aux sauvegardes (voir p. 24 et suivantes).

**→ XP : Ces deux options ne sont pas disponibles.**

## Réseau et Internet

Tout ce qu'il faut pour paramétrer vos connexions Web et mail.

## Matériel et audio

Pour intervenir manuellement si par mégarde Windows ne reconnaissait pas immédiatement vos périphériques USB. Permet aussi de régler quelques paramètres de votre souris (vitesse du double-clic, options de visualisation, effets d'animation, souris pour gauchers).

→ **XP : cette option s'appelle Imprimantes et autres périphériques.**

## Programme

L'option Désinstaller un programme est le passage obligé pour supprimer un programme de votre ordinateur.

→ **XP : cette option s'appelle Ajouter ou supprimer des programmes.**

## Ordinateur portable

Contient des options intéressantes pour gérer vos paramètres de batteries et pour synchroniser vos dossiers et fichiers (afin de s'assurer de bien disposer sur le portable et sur l'ordinateur de bureau des mêmes versions à jour des données présentes sur les deux ordinateurs).

→ **XP : non disponible.**

## Comptes d'utilisateurs et protection des utilisateurs

Permet de gérer les personnes qui sont autorisées à travailler sur votre machine, ainsi qu'à paramétrer des limitations d'accès Internet en fonction du contrôle parental

## Apparence et personnalisation

Pour changer le look général de Windows, les écrans de fond et de veille. Une des salles les plus visitées de ce panneau de configuration.

→ **XP : cette option s'appelle Apparence et thèmes.**

## Horloge, langue et région

Comme son nom l'indique...

→ **XP : cette option s'appelle Options régionales, date, heure et langue.**

## Ergonomie

Pour accéder aux fonctions dédiées aux personnes déficientes visuelles ou manuelles.

→ **XP : cette option s'appelle Options d'accessibilité.**

## Options supplémentaires

L'option Courrier permet de paramétrer vos adresses e-mail afin de pouvoir les utiliser pour envoyer et recevoir du courrier électronique (option Comptes de messagerie). Voir p. 272

→ **XP : aller sous Outlook pour paramétrer ces comptes de messagerie (voir p. 272).**

# Barre des tâches

C'est la barre qui apparaît tout en bas de votre moniteur. Vous accédez à ses paramétrages par un Clic droit sur une zone vierge de la barre, option Propriétés. La Figure 9 détaille les réglages conseillés, mais il s'agit une fois encore de préférences personnelles. Faites des essais et prenez ce qui vous plaît.

Figure 9 : le paramétrage de la barre des tâches

Par ailleurs, notez bien les possibilités d'affichage des fenêtres côte à côte, empilées ou en cascade.

TRUC

**AFFICHEZ PLUSIEURS FENÊTRES À L'ÉCRAN**

Un Clic droit sur une zone vierge de la barre des tâches permet d'afficher les différentes fenêtres ouvertes côte à côte, empilées ou en cascade (en cascade, mosaïques horizontales ou verticales sous XP).

# 9.

# ACCÉDEZ PLUS VITE À UN PROGRAMME OU UN FICHIER

**Rationaliser la façon dont vous allez accéder à vos programmes, dossiers et fichiers, est vraiment le type même de manipulation simple et efficace qui fait gagner un maximum de temps.**

**- La Zone de lancement rapide**

**- Des raccourcis sur le Bureau**

**- Des raccourcis clavier pour des programmes**

**- Etc.**

# Par le menu Démarrer et la Barre des tâches

Tous les programmes sont accessibles par Démarrer > Tous les programmes. S'ils sont nombreux, vous allez vite vous arracher les cheveux ! Heureusement, vous disposez de plusieurs possibilités.

## Ajoutez un programme dans la barre de lancement rapide

C'est la zone qui apparaît dans la barre des tâches en bas de votre écran, tout à côté du bouton Démarrer (Figure 10). Elle est toujours visible et très facile d'accès. Placez-y uniquement les programmes dont vous vous servez très fréquemment (pour ne pas dire tout le temps), Internet Explorer, Outlook ou autre.

Si elle ne s'affiche pas, Clic droit sur une zone vierge de la barre des tâches, et sélectionnez les options Propriétés puis Afficher la zone de lancement rapide.

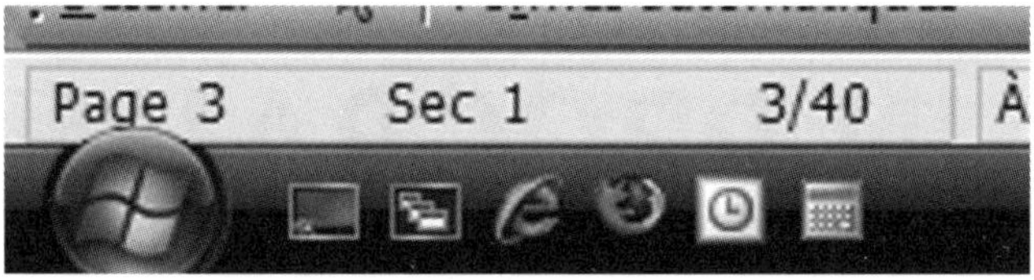


Figure 10 : la zone de lancement rapide. De gauche à droite : un bouton pour afficher directement le bureau (bien plus pratique que de fermer toutes les fenêtres), un autre pour basculer d'application en application, puis des boutons pour aller sur Internet, lire ses mails et ouvrir la calculatrice.

Pour y insérer un programme, Clic droit sur le programme, puis Ajouter à la barre de lancement rapide.

## ATTENTION

Si un double chevron >> apparaît à côté de la dernière icône de droite (Figure 11), c'est que la zone n'est pas assez large. Clic droit sur une zone libre de la barre des tâches, désélectionnez l'option Verrouiller la barre des tâches, puis glissez la partie hachurée juste à droite des >> jusqu'à avoir tout affiché ; reverrouillez ensuite la barre des tâches.

Figure 11 : il faut élargir la zone de lancement rapide

**→ XP : il n'est pas possible d'envoyer directement un programme dans la barre de lancement rapide. Il faut créer un raccourci vers ce programme sur le bureau (sélectionner le programme, puis Clic droit > Envoyer vers > Bureau (créer un raccourci)) et glisser ce raccourci dans la zone de lancement rapide.**

Pour intégrer comme dans la Figure 11 la calculatrice dans cette zone de lancement rapide :

TRUC

**INTÉGREZ LA CALCULATRICE DANS LA BARRE DE LANCEMENT RAPIDE**

La calculatrice se trouve dans Démarrer > Tous les programmes > Accessoires > Calculatrice. Intégrez-la dans la zone de lancement rapide comme décrit précédemment. Très pratique pour des petits calculs. Pour copier son résultat dans n'importe quelle application, faites CTRL + C dans la calculatrice puis CTRL + V dans l'application souhaitée, Word ou Excel.

## Ajoutez un programme dans le menu Démarrer

C'est l'option à utiliser pour les programmes dont vous n'avez l'utilité que périodiquement, par exemple votre logiciel antivirus ou votre logiciel de traitement d'image (inutile d'encombrer la zone de lancement rapide pour eux). Sélectionnez le programme par Démarrer > Tous les programmes, puis Clic droit > Ajouter au menu Démarrer.

## Affichez la liste des derniers programmes utilisés

Un Clic droit sur le bouton Démarrer offre la possibilité d'afficher la liste des derniers programmes et documents utilisés : sélectionnez à cet effet les deux options du pavé Confidentialité (Figure 12) :

Figure 12 : la personnalisation du menu Démarrer

Vous pouvez de plus accéder à d'autres options très intéressantes en cliquant sur le bouton Personnaliser (Figure 13), par exemple le nombre de derniers programmes récents à afficher (en bas de la boîte de dialogue). Parcourez également la liste déroulante d'options, certains paramétrages pourront vous intéresser, en particulier le Tri des programmes par ordre alphabétique.

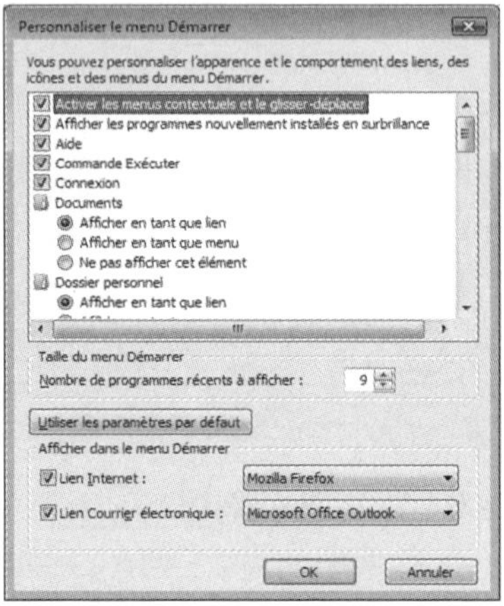


Figure 13 : d'autres options de personnalisation du menu Démarrer

**→ XP : bien évidemment, l'endroit où vous allez trouver ces réglages est légèrement différent sous XP (merci, Bill). La boîte de dialogue Personnaliser le menu Démarrer comporte dans ce cas deux onglets, Général et Avancé. Les options essentielles restent les mêmes.**

# Par le Bureau

Le Bureau Windows est parfait pour accueillir tous les raccourcis vers d'autres programmes, dossiers et/ou fichiers.

TRUC

**CRÉEZ UN RACCOURCI SUR LE BUREAU**

Sélectionnez l'élément souhaité, puis Clic Droit > Envoyer vers > Bureau (créer un raccourci).

## ATTENTION

Attention quand même : si vous créez trop de raccourcis, vous allez passer plus de temps à chercher le bon qu'à chercher ce à quoi il fait référence. Il est donc conseillé de les trier par thèmes, et de les regrouper par dossiers sur le Bureau. J'ai créé personnellement sur mon bureau un dossier « Système » (dans lequel j'ai regroupé les raccourcis vers les utilitaires de gestion de mon ordinateur), un dossier « Photo et vidéo » (avec tous les raccourcis utiles vers mes logiciels de traitement d'image et de montage vidéo) et un dossier « Leduc » qui contient tous les raccourcis vers ce qui concerne cet ouvrage modeste et génial.

TRUC

**REGROUPEZ LES RACCOURCIS DU BUREAU PAR DOSSIERS**

Pour créer un dossier, Clic droit sur une zone vierge du bureau, puis Nouveau > Dossier. Glissez-y tous les raccourcis que vous souhaitez. Pour renommer ce dossier, F2.

TRUC

**AMÉLIOREZ L'APPARENCE DES RACCOURCIS DU BUREAU**

Pour changer les icônes des raccourcis, sélectionnez le raccourci, puis Clic droit > Personnaliser, onglet Personnaliser, bouton Changer d'icône. Pour les aligner ou non sur une grille invisible, Clic droit sur une zone vierge du bureau, puis Affichage > Aligner sur la grille (ou non). Pour les trier automatiquement ou non, Clic droit sur une zone vierge du bureau, puis Affichage > Réorganisation automatique (ou non).

## ATTENTION À L'UTILISATION IRRÉFLÉCHIE DU RACCOURCI !

Si vous avez compris que le raccourci ne stocke pas l'information en elle-même, mais qu'il ne sait que la retrouver (et encore, à la condition que l'information soit bien présente là où le raccourci s'y attend), vous avez tout compris.

- Ne créez jamais de raccourci vers un support amovible (CD, clé USB). Ça n'a en effet d'intérêt que si vous disposez du support en question avec vous.
- N'envoyez jamais un raccourci en pièce jointe d'un mail. Votre destinataire ne pourra pas s'en servir, car l'élément auquel il fait référence est resté chez vous ! C'est un peu comme si vous envoyiez une enveloppe vide.

## Par les programmes concernés

Sous Word, Excel, PowerPoint ou même la plupart des logiciels de l'univers Windows, le menu Fichier donne toujours accès directement aux derniers fichiers que vous avez ouverts par leur intermédiaire. Si ce n'est pas le cas, allez donc régler le paramètre correspondant qui se trouve en général pour chaque logiciel dans bouton Options (Outils > Options chez XP).

Vous aurez aussi la possibilité, pour accélérer l'accès à vos fichiers, de modifier le dossier par défaut dans lequel Word ou Excel les stockent. Par défaut, le dossier Mes documents (les vôtres, pas les miens) est utilisé. Si vous avez l'habitude par exemple de trouver tous vos documents Word dans le dossier « Mes documents/Sous-dossier /Sous-sous-dossier », il va falloir ouvrir à chaque fois « Sous-dossier » et « Sous-sous-dossier » pour y accéder. Vite énervant, non ? Sauf si vous paramétrez ce dossier comme Dossier par défaut.

Voyez pour ces deux derniers points les chapitres consacrés aux paramétrages de base pour Word p. 96.

### ATTENTION NE JAMAIS ENREGISTRER VOS FICHIERS SUR LE BUREAU

On peut être tenté de stocker ses fichiers directement sur le Bureau, comme ça on les a directement sous la main. C'est une mauvaise pratique, parce qu'on risque de les effacer par mégarde et de les oublier lors des sauvegardes régulières qu'il est vivement conseillé de faire de temps à autre (voyez p. 24 et suivantes).

## Avec un raccourci clavier

Sélectionnez le programme souhaité dans le menu Démarrer, puis Clic droit > Propriétés, onglet Raccourci, puis, dans la zone Touche de raccourci, tapez la touche souhaitée (qui sera toujours combinée à CTRL + ALT ) et validez. Sur la Figure 14, j'ai associé Word au raccourci CTRL + ALT + W en tapant W dans la zone Touche de raccourci.

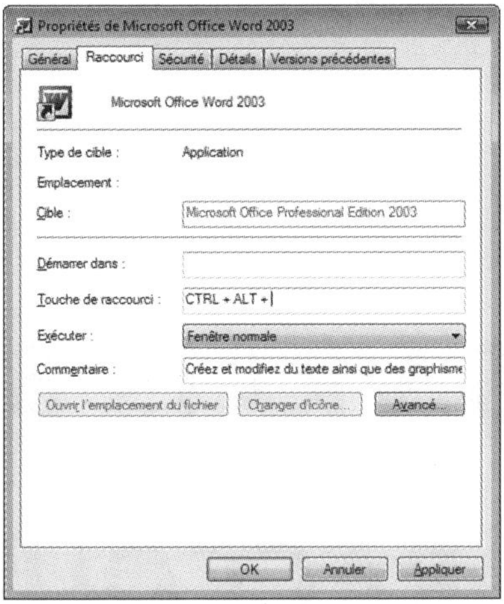


Figure 14 : un raccourci pour un programme

## ATTENTION

Cette manipulation peut entrer en conflit avec d'autres raccourcis. Préférez la Zone de lancement rapide.

# 10.

# LES VRAIS BONS RACCOURCIS

Parmi les manipulations les plus efficaces pour aller plus vite, il y a les raccourcis clavier. Si vous n'en êtes pas encore un adepte convaincu, il faut impérativement vous convertir : vous n'imaginez pas le temps que vous allez gagner en faisant quelques infidélités à la souris !

En voici une sélection par grands thèmes et qui concernent l'environnement Windows. Ceux qui concernent plus spécifiquement Word ou Excel seront abordés dans les chapitres concernés.

À vos claviers !

- La trilogie du raccourci
- Répétez la dernière action
- Sélectionnez de-ci de-là
- Etc.

Commençons notre sélection par les indispensables des indispensables à se tatouer sur le dessus des mains pour les apprendre par cœur (ou plus simplement à punaiser à côté de votre écran).

## RACCOURCIS CLAVIER WINDOWS : BEST OF

| | | |
|---|---|---|
| [CTRL] + [C]<br>[CTRL] + [X]<br>[CTRL] + [V] | Copie<br>Coupe<br>Colle | La trilogie. Si vous ne vous en servez pas, inutile de venir pleurer si vous faites encore ce soir des heures sup. |
| [CTRL] + [S] | Enregistre | S pour Save. |
| [CTRL] + [Z] | Annule la dernière action | Un must. Permet de revenir en arrière quand on a fait une bêtise ! Z comme... Zorro ! |
| [F4] | Répète la dernière action | Méconnu ! remplace avantageusement [CTRL] + [Y]. |
| [F10] ou [ALT] | Active les menus | Pour naviguer dans les menus sans souris. |
| [Windows] + [E] | Ouvre l'explorateur Windows | Pour gérer fichiers et dossiers. |
| [ALT] + [TAB] | Bascule de programme ouvert en programme ouvert ou de fichier ouvert en fichier ouvert | Beaucoup plus pratique que de cliquer sur la barre des tâches ! 3 étoiles au guide Michelin ! |
| [ALT] + [F4] | Ferme l'application en cours ou ferme Windows | Propose le cas échéant d'enregistrer le fichier en cours. |
| [F2] | Renomme l'élément sélectionné | Bien mieux que Clic Droit > Renommer. |
| [CTRL] + [ALT] + [SUPPR] | Sous XP, affiche le Gestionnaire de tâches qui permet de fermer séparément les applications. Sous Vista, permet d'afficher différentes options de gestion de l'activité de l'ordinateur, dont ce Gestionnaire de tâches | À utiliser en dernier recours quand votre machine est plantée. |

Voici maintenant nos raccourcis pour naviguer dans les boîtes de dialogue, ses onglets et ses options :

## RACCOURCIS CLAVIER WINDOWS : BOÎTES DE DIALOGUE

| | |
|---|---|
| CTRL + TAB | Avance dans les onglets |
| CTRL + MAJ + TAB | Recule dans les onglets |
| TAB | Avance dans les options |
| MAJ + TAB | Recule dans les options |
| ←, ↓, ↑ ou → | Sélectionne un bouton si l'option active est un groupe de boutons d'option |
| RET. ARR | Affiche les dossiers parents si un dossier est sélectionné dans la boîte de dialogue Enregistrer sous ou Ouvrir |

Pour l'Explorateur ou même pour du texte.

## RACCOURCIS CLAVIER WINDOWS : SÉLECTION D'ÉLÉMENTS

| | | |
|---|---|---|
| Clic, puis MAJ + Clic | Sélectionne tout entre les clics (ou désélectionne si déjà sélectionné) | Cliquez sur le premier élément. Maintenez MAJ enfoncé en cliquant sur le dernier élément. |
| CTRL + Clic | Ajoute un élément à une sélection ou enlève un élément sélectionné d'une sélection | Maintenez CTRL enfoncé tout en cliquant sur les éléments à sélectionner (ou à désélectionner). |

Et voici enfin pour la route une sélection pêle-mêle de raccourcis aux diverses utilités.

## RACCOURCIS CLAVIER WINDOWS : LES INCLASSABLES

| | |
|---|---|
| CTRL + A | Sélectionne tout |
| CTRL + O | Ouvre un fichier existant |
| CTRL + N | Crée un nouveau fichier |
| CTRL + P | Imprime |

| | | |
|---|---|---|
| CTRL + K | Insère un lien hypertexte | |
| F1 | Affiche l'aide | |
| F6 | Parcourt les éléments d'écran d'une fenêtre ou du bureau | |
| F7 | Grammaire et orthographe | |
| MAJ à l'insertion d'un CD/DVD | Empêche la lecture automatique du CD | |
| Windows ou CTRL + ECHAP | Affiche le menu Démarrer | |
| Windows + M | Réduit toutes les fenêtres | |
| Windows + F | Recherche un fichier ou un dossier | |
| CTRL + F4 | Ferme le fichier en cours (document, classeur ou présentation) | Propose le cas échéant d'enregistrer. |
| IMP ÉCRAN | Copie l'écran dans le presse-papiers | Pour collage par CTRL + V dans une autre application (document ou logiciel traitement image par exemple). |
| ALT + IMP ÉCRAN | Copie la fenêtre en cours dans le presse-papiers | Pour collage par CTRL + V dans une autre application (document ou logiciel traitement image par exemple). |

# II.

# MANIPULEZ FICHIERS ET DOSSIERS

**Dans le hit-parade des manipulations les plus fréquentes, figurent en bonne place les manipulations de fichiers et de dossiers par l'Explorateur. Cette interface graphique visuelle vous permet d'effectuer simplement et de manière intuitive les principales manipulations : création, copie, déplacement, changement de nom... Une petite revue des bonnes et mauvaises pratiques en la matière s'impose.**

**- Un explorateur efficace et lisible**

**- Copiez et déplacez des dossiers**

**- Affichez les extensions**

# Accédez à l'explorateur

Comme toujours, il y a de multiples façons d'accéder à ce programme. ⊞ + E est la plus rapide. Si vous ne disposez pas de la touche ⊞, Démarrer > Ordinateur.

→ **XP : Faites donc Démarrer > Poste de travail ou ⊞ + E.**

# Réglez l'affichage de l'explorateur

## L'organisation générale de l'explorateur

Soyons franc : l'explorateur sous Vista déconcerte quelque peu l'utilisateur tout fraîchement débarqué d'XP. Mais, passé un petit temps d'adaptation, on s'aperçoit vite que cette nouvelle mouture est bien plus facile à utiliser que la précédente, notamment pour naviguer dans les dossiers.

Pour obtenir le meilleur affichage qui rappelle étrangement, au graphisme près, la version XP (Figure 16), sélectionnez Organiser > Disposition > Barre de menus et Volet de navigation (Figure 15).

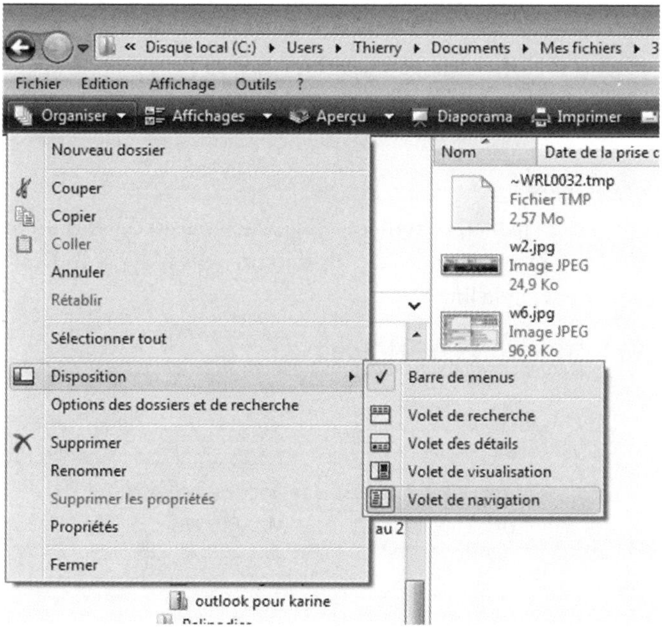


Figure 15 : paramétrer l'affichage de l'explorateur Vista

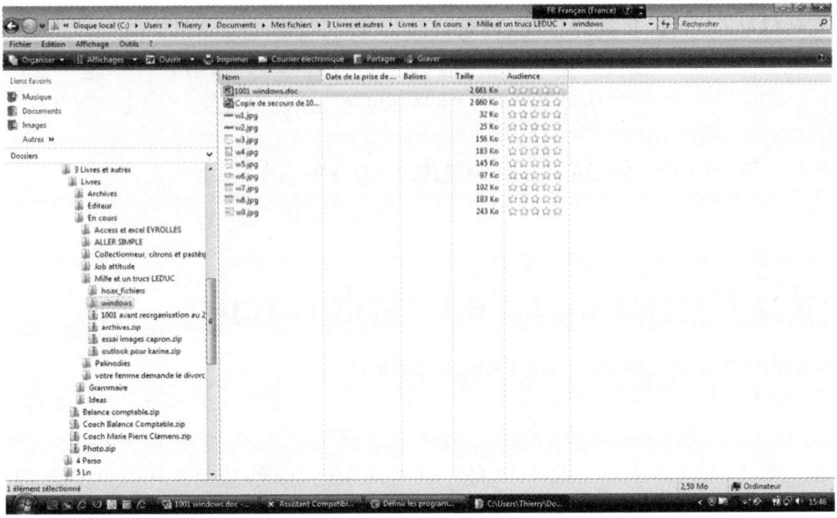

Figure 16 : l'explorateur Vista ressemble à celui d'XP, avec un volet à gauche montrant l'organisation générale de vos dossiers et un volet à droite en montrant le contenu

Organiser > Disposition propose d'autres options d'affichage. Aucun ne paraît productif dans le cadre d'une activité professionnelle, mais vous pouvez essayer.

**→ XP : pour obtenir un affichage comparable, ouvrez l'explorateur et cliquez sur le bouton Dossiers.**

## Affichez les extensions

L'extension du nom d'un fichier, ce sont les trois caractères précédés d'un point et qui suivent le nom du fichier proprement dit. Ils déterminent le type du fichier et donc quels programmes peuvent le lire.

### LES PRINCIPALES EXTENSIONS DE FICHIERS

| | | |
|---|---|---|
| Texte | .txt | Texte brut de décoffrage |
| | .rtf | Texte amélioré (Rich Text Format) |
| | .doc | Document Word |
| | .dot | Modèle Word |
| Tableurs | .xls | Classeur Excel |
| Présentation | .ppt | Présentation Powerpoint |
| Base de données | .mdb | Base Access |

| | | |
|---|---|---|
| Multimédia | .bmp, .jpg, .tif | Images |
| | .wav, .mid, .mp3 | Sons |
| | .avi, .mpg, .mov | Vidéos |
| Web | .htm | |
| Système | .exe, .com | À ne modifier, supprimer, déplacer ou renommer sous aucun prétexte |
| Divers | .zip | Compressé |

Par défaut, l'explorateur n'affiche pas les extensions. C'est dommage, les afficher permet aux esprits avisés de mieux s'y retrouver dans ses fichiers. Organiser > Options de dossiers et de recherche, onglet Affichage, décochez l'option Masquer les extensions des fichiers dont le type est connu (Figure 17).

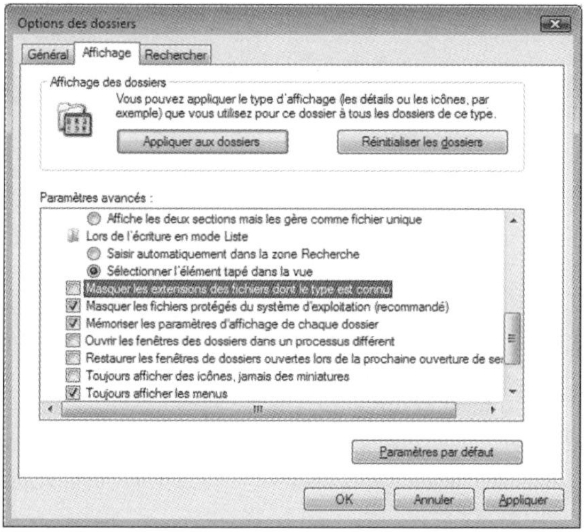


Figure 17 : afficher les extensions de fichier

Le seul inconvénient à afficher ces extensions serait le risque de les modifier ou de les supprimer par inadvertance, ce qui aurait pour effet de les rendre inutilisables. Heureusement Windows est bien fait et Vista empêche cette modification. Vous êtes donc tranquille !

**→ XP : l'option correspondante se trouve dans Poste de travail, menu Outils > Option des dossiers > Affichage, et cherchez l'option correspondante dans la liste déroulante.**

### Des listes, pas d'icônes

À moins que vous ne travailliez dans une agence photo, l'affichage sous forme d'icônes est encombrant et inutile. Choisissez donc le mode d'affichage qui vous offre le maximum d'informations et de possibilités de tri, Affichage > Détail.

# Utilisation de l'explorateur

## Une nouveauté Vista : la barre de navigation dans l'arborescence des dossiers

Vista propose une très sympathique barre en haut d'écran pour faciliter nos déplacements dans l'arborescence de nos dossiers (Figure 18).

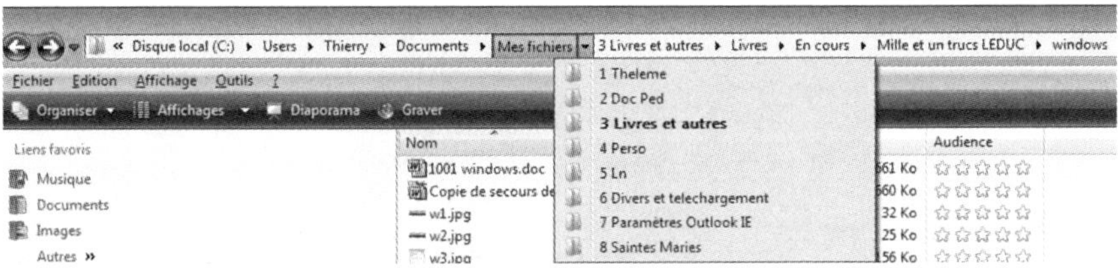


Figure 18 : la barre de navigation dans les dossiers

- Elle affiche le chemin complet du dossier dans lequel vous vous trouvez.
- Vous pouvez naviguer dans la profondeur de l'arborescence et remonter directement à n'importe quel dossier parent.
- Vous pouvez aussi, en sélectionnant la flèche à côté de chaque niveau de dossier, choisir un autre dossier de même niveau (c'est ce que j'ai fait pour le dossier Mes fichiers dans la Figure 18).

À l'usage, gageons que cette nouveauté vous fera gagner beaucoup de temps (les mêmes manipulations sous XP sont plus compliquées).

## Une autre nouveauté Vista : des possibilités de tri dans l'explorateur plus étendues

En choisissant l'affichage des détails des fichiers, Vista peut afficher les éléments que vous souhaitez. Il suffit pour cela de faire un Clic droit (Figure 19) dans la ligne des en-têtes et de sélectionner ou non certaines informations à afficher. Vous pouvez à votre gré trier les colonnes en cliquant sur leur en-tête.

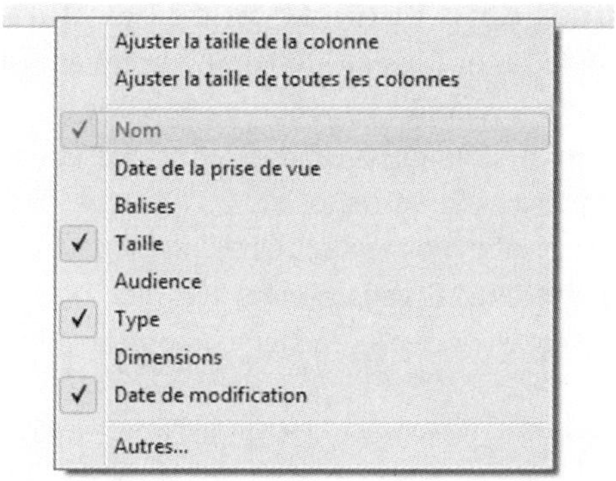


Figure 19 : le choix des informations à afficher dans l'explorateur Vista (nom, taille, type et date de dernière modification)

**→ XP : la manipulation reste la même, avec une ergonomie semblable.**

Mais ce n'est pas tout. Vista fait encore des siennes ! Approchez maintenant votre pointeur du coin droit de chaque en-tête de colonne. Vista fait apparaître une flèche, sur laquelle vous allez cliquer et découvrir d'autres possibilités d'affichage et de sélection (Figure 20) :

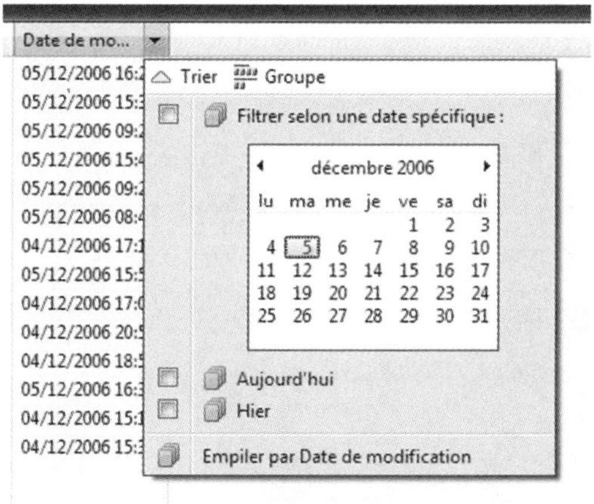


Figure 20 : n'afficher que certains types de fichiers avec l'explorateur Vista

**→ XP : Non disponible.**

## Autres bonnes pratiques dans l'utilisation de l'explorateur

- Pour développer ou réduire un dossier, utilisez de préférence la partie gauche de l'explorateur en cliquant respectivement sur les boutons ▷ ou ◀ (ou ⊞ ou ⊟ pour XP) à côté du nom du dossier. Si un dossier ne possède aucun de ces signes, c'est qu'il ne possède pas de sous-dossier.
- N'utilisez que le « copier-coller » ou le « couper-coller » pour copier ou déplacer des dossiers et des fichiers. Même si vous pouvez très bien le faire à la souris, c'est dangereux parce que c'est vite fait de « lâcher » un dossier ou un fichier ailleurs que là où on le souhaitait.

# 12.

# KÉSACO ?

**Petit tour de piste pour bien se fixer les idées et pouvoir parler d'un air entendu comme le vendeur de tout à l'heure, celui qui vous a vendu votre ordinateur en vous assénant plein de termes incompréhensibles sans prendre la peine de vous les expliquer !**

- **Hard et Soft pour tous publics**
- **Hz et Go**
- **Mort et vif**
- **Entrée/sortie**
- **Etc.**

L'informatique est faite de matériel (hardware) et de logiciel (software).

Le matériel se compose de l'unité centrale proprement dite et de ses périphériques. Ils communiquent entre eux par des ports (bus). L'USB (Universal Serial Bus) est maintenant le standard en la matière, il existe en deux vitesses, USB et USB2 (plus rapide que USB mais compatible avec lui, à la vitesse de l'USB). Tout ordinateur doit posséder pour le confort d'utilisation plusieurs ports USB (au moins trois). Il existe aussi des ports spécifiques pour le réseau, la vidéo et le modem. Le port parallèle, jadis utilisé pour les imprimantes, a quasiment disparu.

L'unité centrale se compose schématiquement du processeur, de la mémoire vive, de la mémoire cache (tout ceci monté sur la carte mère) et de la mémoire morte.

Le processeur est le cœur du système. C'est lui qui calcule et traite l'information. Sa performance est fonction de son modèle et de sa vitesse, mesurée en GHz (1 gigahertz = 1 000 000 000 de hertz) ; la vitesse standard oscille actuellement autour de 2 GHz mais, comme toute l'informatique, évolue très vite (voir les tableaux des capacités en fin de chapitre).

Le processeur utilise la Mémoire vive, ou mémoire de travail (RAM), pour effectuer son travail. Cette mémoire vive, très rapide, n'est pas permanente car elle s'efface en l'absence d'alimentation électrique. Sa capacité se mesure en multiples d'octet — un octet représentant la capacité de stockage nécessaire pour un caractère ou signal informatique. La norme est actuellement d'environ 1 à 2 Go (1 gigaoctet = 1 000 000 000 de caractères), avec les mêmes remarques sur l'évolution rapide que précédemment. Il est possible d'améliorer les capacités de calcul de sa machine en ajoutant très simplement sur la carte mère des Barrettes de mémoire (voir les tableaux des capacités en fin de chapitre).

La Mémoire cache, encore plus rapide, a pour but d'accélérer les transferts d'information entre le processeur et la RAM ; très chère, elle est beaucoup plus petite que cette dernière, de l'ordre de 512 Ko.

Ces mémoires vives (RAM) peuvent être assistées par une Mémoire vidéo, éventuellement avec accélérateur graphique, pour des capacités d'affichage améliorées, spécialement pour les jeux.

L'ensemble des mémoires vives (RAM) étant volatil, il est nécessaire de disposer de Mémoire de masse pour assurer le stockage des informations et donc leur pérennité.

Elles sont internes ou externes.
Les Mémoires de masse internes sont constituées par les Disques durs, intégrés au boîtier de l'ordinateur. Ces disques servent à stocker les programmes nécessaires au fonctionnement de la machine, ainsi que l'ensemble des données de ses utilisateurs. Leur capacité tourne actuellement autour de 100 Go (voir le tableau des capacités de stockage en fin de chapitre).

Les Mémoires de masse externes sont représentées par les CD, DVD, clés USB et Disques durs externes. Les CD et DVD sont les supports privilégiés des sauvegardes des données qu'il est vivement conseillé de réaliser de temps à autre pour éviter tout risque de perte de données en cas de défaillance logicielle ou matérielle. Les clés USB sont parfaitement adaptées aux transferts de données et aux sauvegardes ponctuelles de travaux particulièrement importants. Les disques durs externes serviront aux gros consommateurs d'espace de stockage (photos, musiques, vidéos, ou professionnels). Ces mémoires de masse sont répertoriées par l'unité centrale sous forme de lecteurs logiques, numérotés A:, B:, C:, D:, etc. en fonction du nombre de ces mémoires installées.

Ces mémoires de masse constituent un cas particulier de Périphériques, qui sont ces accessoires que l'on installe autour de l'unité centrale (encore que cette distinction ait moins de pertinence avec la généralisation des ordinateurs portables).

Il existe des Périphériques d'entrée (qui servent à entrer de l'information dans l'ordinateur), de sortie (qui sortent cette information de l'ordinateur) et d'entrée/sortie qui font les deux.

Parmi les Périphériques d'entrée, citons : le clavier, la souris, le joypad, les lecteurs de CD, DVD, les scanners...

Parmi les Périphériques de sortie, citons : le moniteur, l'imprimante, les enceintes...
Parmi les Périphériques d'entrée/sortie, citons donc les disques durs, les clés USB, les graveurs de CD, DVD...

Ajoutons à cette liste les Périphériques de communication que sont les Modems et qui permettent de transférer de l'information d'un ordinateur à un autre via un réseau. Ce réseau peut être local (LAN : Local Area Network) ou étendu (WAN : Wide Area Network) ; Internet est un WAN, alors qu'un Intranet d'entreprise sera un LAN. Un ordinateur personnel peut communiquer avec un réseau par un Modem (MOdulateur

DEModulateur) via une ligne téléphonique à bas débit, par un Modem ADSL à haut débit ou par WiFi à haut débit sans fil. Dans un contexte professionnel, les ordinateurs sont reliés en réseau par des Cartes réseaux avec des Routeurs spécifiques chargés de gérer les flux d'information.

Tout périphérique nécessite pour fonctionner avec un ordinateur, en plus d'un port de communication comme cela a déjà été dit, d'un programme spécifique appelé Pilote (Driver). Ce pilote, avec les dernières versions de Windows, est normalement installé automatiquement à la première connexion du périphérique. Si ce n'est pas le cas, il faut lancer la procédure d'installation à l'aide des assistants prévus à cet effet.

L'ajout de périphériques peut provoquer dans certains cas des Conflits avec ceux déjà présents et qui pourront nécessiter la suppression du périphérique fautif.

Les Logiciels sont de trois types essentiels : le logiciel de base, le Logiciel d'exploitation et les Logiciels d'application (ou Applicatif).

Le logiciel de base (BIOS : Basic Input Output System) est le logiciel qui est chargé en premier à chaque démarrage de l'ordinateur, et qui lui indique en quelque sorte comment il est constitué, avec sa carte mère et ses périphériques essentiels. Il est en général gravé directement sur la carte mère ou stocké dans une mémoire spéciale Flash.

Le Logiciel d'exploitation est celui qui, par-dessus le BIOS, gère les fonctions principales de l'ordinateur et lui permet de créer, stocker et lire des fichiers. Windows en est un représentant, mais il a des concurrents, comme Linux. Windows avait comme ancêtre le DOS (Disk Operating System).

Les Logiciels d'application sont ceux avec lesquels on travaille habituellement car ce sont ceux qui sont capables de réaliser des tâches spécifiques (tableurs, traitement de texte, image, vidéo, comptabilité, jeux...).

Tout logiciel s'installe avec une procédure spéciale et se désinstalle de même. Il peut exister également des Conflits entre certains logiciels et qui nécessiteront également la désinstallation du logiciel fautif (d'où la nécessité de sauvegarder ses données avant toute installation pour prévenir toute perte de données).

# LES MESURES INFORMATIQUES

| | | UNITÉ DE BASE | X1 000 | X1 000 000 | X1 000 000 000 | X1 000 000 000 000 |
|---|---|---|---|---|---|---|
| **Informatique** | RAM<br>ROM | Octet (o) | Kilooctet (Ko) | Mégaoctet (Mo) | Gigaoctet (Go) | Teraoctet (To) |
| | Processeur | Hertz | — | — | GHz | THz |
| **Poids** | Unité | Gramme (g) | Kilo | Tonne | 1 000 tonnes | 1 000 000 tonnes |
| | Exemple | Grain de riz | Litre de lait | Twingo | Train ? | Comète ? |

# LA CAPACITÉ DES PRINCIPAUX SUPPORTS DE STOCKAGE

| | DISQUE 100 Go | DVD 8 Go | DVD 4 Go | CLÉ USB 1 Go | CD 600 Mo |
|---|---|---|---|---|---|
| Fichier Excel 100 Ko | 1 000 000 | 80 000 | 40 000 | 10 000 | 6 000 |
| Fichier Word 50 Ko | 2 000 000 | 160 000 | 80 000 | 20 000 | 12 000 |
| Roman 200 pages | 100 000 | 8 000 | 4 000 | 1 000 | 600 |
| Photo normale 1 Mo | 100 000 | 8 000 | 4 000 | 1 000 | 600 |
| Photo haute déf. 10 Mo | 10 000 | 800 | 400 | 100 | 60 |
| Clip vidéo 2 Mo | 50 000 | 4 000 | 2 000 | 500 | 300 |
| CD musique 600 Mo | 167 | 14 | 7 | 1 | 1 |

## MATOS

**DE QUELLE CAPACITÉ DE STOCKAGE AI-JE RÉELLEMENT BESOIN ?**

Les tableaux ci-dessus prouvent que la capacité d'un périphérique est fonction de sa taille, bien sûr, mais aussi de ce que l'on veut y stocker : une valise, même petite, sera assez grande pour contenir toutes vos chaussettes, mais ne suffira pas forcément pour votre combinaison de ski.

- Si vous ne faites que de la bureautique « sérieuse », un petit disque de taille modeste suffira largement et 50 Go à 100 Go feront l'affaire.
- Si par contre vous jouez avec le multimédia, prévoyez large, les fichiers sont très gourmands. 200 Go est alors un strict minimum, vous n'en aurez jamais trop.

## INFO

**A:, C:, D:, E:, F:... ET B: ALORS ?**

Au commencement était le DOS. À cette époque lointaine, on prit l'habitude de nommer les supports de stockage d'un nom poétique composé d'une lettre et de deux points, X:.

- Le premier venu, le lecteur de disquette, s'est naturellement appelé A:.
- Le second lecteur de disquette s'est approprié logiquement B:.
- Le disque dur, apparu quelque temps plus tard, a pris C:. Rien à dire. Quant aux autres périphériques (DVD, clés USB, disques externes...), ils prennent les lettres disponibles suivantes dans l'ordre où ils ou elles se présentent : D:, E:, F:...
- Et B: alors ? Eh bien, l'apparition du disque dur C: a rendu le deuxième lecteur de disquette inutile et B: a disparu. Et A: n'en a plus pour très longtemps.

# APPRIVOISER OFFICE 2007

## « 2007, a logiciel odyssey »

**La mouture 2007 d'Office marque un changement majeur dans l'écran et l'interface. Il y avait peu de différences entre 2000 et 2003, il y en a bien plus entre 2003 et 2007.**

**- Ce qui a vraiment changé**

**- Comment utiliser la nouvelle interface**

**- Comment adoucir la transition**

**- Etc.**

# I.

# L'INTERFACE OFFICE 2007

L'impression en prenant contact avec cette nouvelle mouture d'Office est un peu celle que l'on ressent en retrouvant la ville où l'on a grandi, mais avec quelques années d'écart : on n'est pas vraiment dépaysé, mais on a du mal à retrouver ses repères et on se sent un peu maladroit, comme si on n'était plus chez soi.

- Le bouton Office

- Le Ruban

- La barre d'outils Accès rapide

# L'état des lieux

La Figure 1 montre le nouvel écran Word 2007 (l'impression générale est la même avec Excel).

## Ce qui a vraiment changé

- Le Bouton Office, dans le coin en haut à gauche et, juste à côté, la Barre d'outils Accès rapide (voir p. 84 et suivantes).
- Les menus ont officiellement disparu et sont remplacés par des Onglets. Ils ne sont plus agencés de la même façon et ne donnent plus accès aux habituelles options, sous-options... mais à des barres d'outils spécifiques (appelées Ruban) dans lesquelles les outils sont regroupés par Groupes.
- Un outil Zoom, très pratique, est placé dans le coin inférieur droit de l'écran.

## Ce qui n'a pas changé (ou si peu)

- La Barre de titre, tout en haut.
- Les Règles horizontales et verticales (encore faut-il les afficher, cliquez à cet effet sur l'icône Règle tout en haut de l'ascenseur vertical).
- Les icônes de Tabulation, à gauche de la règle horizontale (voir p. 125 et suivantes).
- Les Ascenseurs horizontaux et verticaux.
- La Barre d'état, tout en bas de l'écran, au-dessus de la Barre des tâches (encore que les icônes de Mode d'affichage soient passées de gauche à droite).

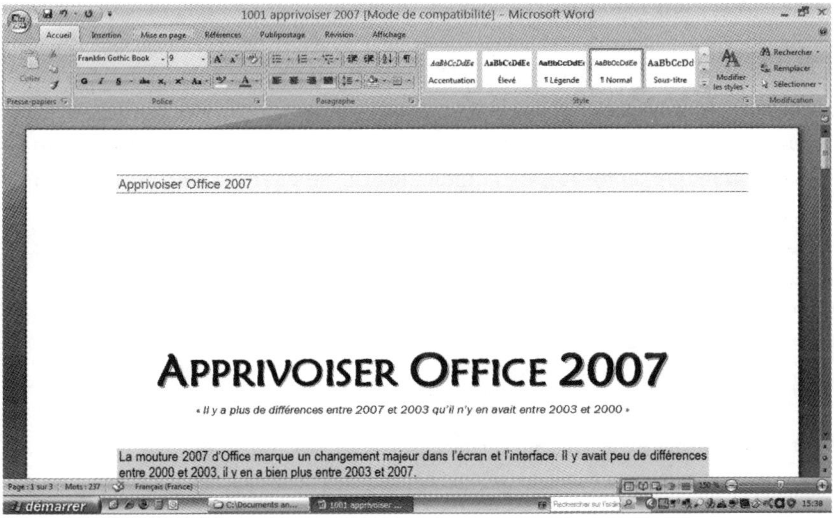


Figure 1 : un écran Word 2007 tout beau tout neuf

# Quoi de neuf, docteur ?

## Le bouton Office

Il regroupe à peu de choses près le contenu de l'ancien menu Fichier, avec globalement les mêmes options (sauf la Mise en page) et la possibilité d'ouvrir directement les derniers fichiers auxquels vous avez accédé (avec d'ailleurs plus de facilité).

TRUC

**UN DOUBLE-CLIC SUR LE BOUTON OFFICE FERME L'APPLICATION**

C'est plus rapide.

### ATTENTION

Le bouton Office regroupe sous le bouton Options Word (ou Excel) les paramétrages anciennement présents dans Outils > Options.

## Les menus et le ruban

C'est l'innovation ergonomique la plus frappante. Les Onglets ne comportent plus d'options, sous-options, etc., mais donnent accès directement à des mégabarres d'outils spécifiques appelées Ruban. Chaque onglet a son ruban à lui. Dans un ruban, les boutons sont classés par Groupes qui ressemblent assez aux options des anciens menus d'Office 2003. Cette organisation désarçonne un peu au départ et, pour l'avoir pratiquée quelque temps lors de la rédaction de cet ouvrage, je confirme ce trouble.

TRUC

**DES BOÎTES DE DIALOGUE À LA MODE 2003 DANS LES MENUS 2007**

Le Lanceur de boîte de dialogue (la petite flèche dans le coin inférieur droit du Groupe de boutons, quand elle existe) donne accès à des options complémentaires, dans le style d'Office 2003 cette fois-ci (Figure 2).

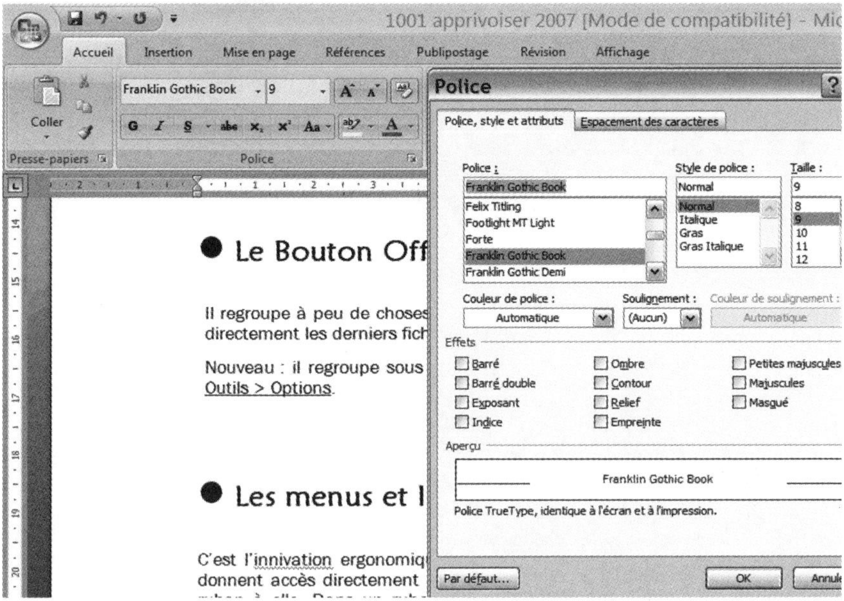


Figure 2 : le développé des options de la famille <u>Police</u> du menu <u>Accueil</u> ressemble à son équivalent 2003

TRUC

**POUR NAVIGUER DANS LES ONGLETS 2007**

1re solution : le clic bête et méchant sur l'<u>Onglet</u> désiré.

2e solution : quand votre pointeur est au-dessus des <u>Onglets</u> ou du <u>Ruban</u>, volez d'onglet en onglet en utilisant la roulette de votre souris.

3e solution : utilisez l'accès aux <u>Onglets</u> sans souris, avec la touche ALT (voir p. 46) : il suffit de taper les lettres qui apparaissent en clair à côté des options souhaitées pour les sélectionner.

TRUC

**VOS OUTILS FAVORIS TOUJOURS EN VUE AVEC LA BARRE D'OUTILS ACCÈS RAPIDE**

Le plus désarçonnant dans ce nouveau système est que l'on perd de vue les outils classiques, du genre Ouvrir, Recopier la mise en forme, Σ , etc. La première modification à passer concerne certainement la personnalisation de la barre d'outils Accès rapide (voir p. 84 et suivantes).

TRUC

**VOUS ÊTES PERDU ?**

L'aide de Word et d'Excel (accessible par F1 ) contient un article fort sympathique intitulé Emplacement des commandes de Word [Excel] 2003 dans Word [Excel] 2007. Allez directement au pavé Nouvel emplacement des commandes classiques, vous allez y retrouver les anciens menus et leur nouvel emplacement. C'est très pratique (d'ailleurs, c'est comme ça que je m'y suis moi-même retrouvé).

# Le verdict

La première impression est très favorable, *wouah ! c'est joli, c'est pratique.*

Et puis au bout du premier quart d'heure, on déchante, on n'arrive pas à retrouver ses petits, on cherche à droite, à gauche, *ah vite ! je vais réinstaller 2003.*

La caractéristique majeure de cette nouvelle interface, en dehors du fait qu'il faille perdre d'anciens réflexes, est qu'il faut habituer les yeux à travailler dans deux directions à la fois. Je m'explique :

- Avec Office 2003, dès qu'on avait trouvé le menu souhaité, le regard n'avait qu'à descendre, l'essentiel des options se trouvant dessous. Quant aux boutons des barres d'outils, ils conservaient, immuablement, la même place.
- Avec Office 2007, l'œil doit trouver le bon menu (en balayage horizontal) et ensuite trouver dans le ruban le bon bouton qui peut être aux extrêmes, à gauche ou à droite. L'exercice est au début un peu perturbant.

L'avantage de cet inconvénient est que Microsoft a pu ainsi globalement alléger l'affichage et que l'écran est plutôt plus simple à appréhender, même s'il nécessite un peu d'adaptation au départ.

# Compatibilité

Pour que ce soit plus rigolo (et aussi certainement pour des raisons techniques que nous autres pauvres mortels ne pouvons pas comprendre), les formats de fichier ont changé entre 2003 et 2007.

Heureusement, c'est (presque) transparent.

Quand vous allez ouvrir avec Office 2007 un document créé sous Office 2003, Office 2007 va indiquer dans la barre de titre « Nom du fichier [Mode de compatibilité] ». Ce qui veut dire que vous pouvez travailler dessus, mais que toutes les fonctionnalités nouvelles ne seront pas accessibles, et qu'il prendra plus de place sur le disque dur. Pour pallier ces inconvénients, il faut le convertir (rien à voir avec l'édit de Nantes) par bouton Office > Convertir.

TRUC

**CHANGEZ LA VERSION DU DOCUMENT**

Faites un Enregistrer sous (par le bouton Office sous 2007 ou par Fichier sous 2003) et modifiez le Type de fichier. La Figure 3 montre comment passer d'un document Word 2007 à un document Word 97-2003.

ATTENTION : convertir n'importe quel fichier dans une version antérieure est une opération qu'il vaut mieux éviter, car certaines fonctionnalités seront peut-être perdues, selon la formule consacrée.

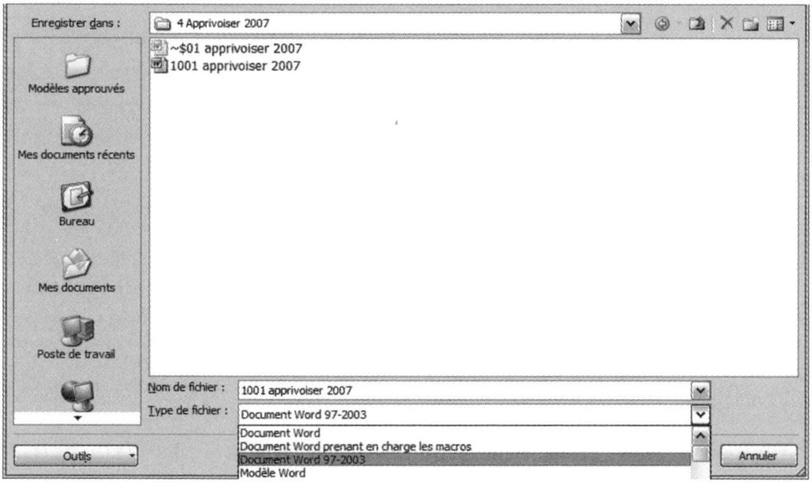


Figure 3 : changer la version d'un fichier

# 2.

# PERSONNALISEZ VOTRE ACCÈS RAPIDE

L'aspect général de la suite Office 2007 diffère sensiblement d'Office 2003, nous l'avons vu. C'est à l'usage que vous verrez si vous vous y habituez (remarquez, il le faudra bien un jour ou l'autre).

Heureusement, pour favoriser cette transition et au-delà pour nous aider à mettre Office à notre main, nos bons amis de chez Fenêtres ont prévu cette barre d'outils Accès rapide très pratique.

Elle apparaît dans le coin en haut à gauche du bouton Office. Ne vous privez surtout pas de la personnaliser en cliquant sur la petite flèche vers le bas juste à sa droite :

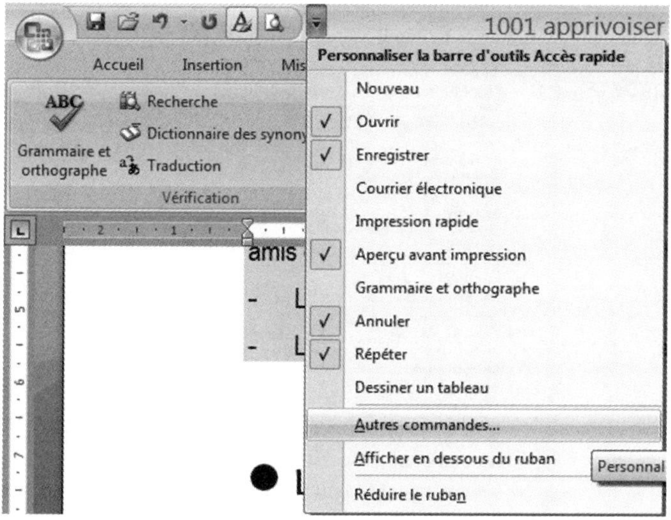


Figure 4 : personnaliser la Barre d'outils Accès rapide

Vous pouvez y choisir :

- D'intégrer directement certaines options courantes (Nouveau, Ouvrir...).
- De l'afficher au-dessous du Ruban (hum...).

Ou d'accéder, encore mieux, au mode de personnalisation avancé par l'option Autres commandes (Figure 5). Faites-le, vous ne le regretterez pas !

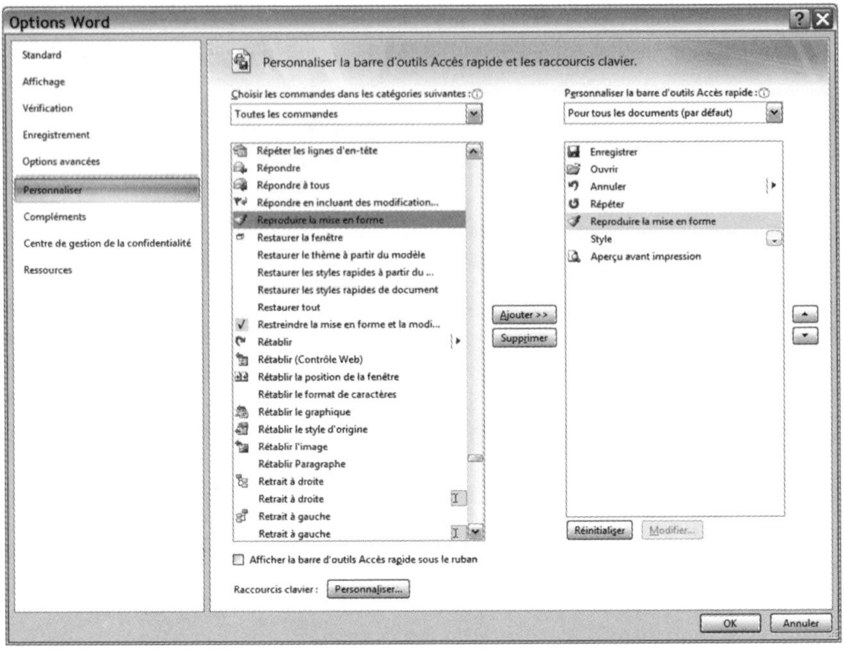


Figure 5 : la personnalisation avancée de la Barre d'outils Accès rapide

Cette option permet de retrouver ses bons vieux outils à la mode 2003 dans sa barre d'outils Accès rapide plutôt que de se casser la tête à le retrouver dans ses Rubans :

- Sélectionnez en haut à gauche dans le pavé Choisir les commandes dans les catégories suivantes ce que vous voulez (ici Toutes les commandes).
- Recherchez le bouton ou la commande à insérer (ici, le Pinceau).
- Faites Ajouter pour ajouter la sélection à votre barre d'outils Accès rapide (ou Supprimer pour le supprimer).
- Utilisez les touches ▲ ou ▼ pour classer correctement vos boutons.
- Et validez.

TRUC

**POUR RETROUVER VOS BOUTONS FAVORIS SANS PASSER PAR LE RUBAN**

Sous Office 2003, placez votre pointeur sur vos boutons favoris et attendez que son nom s'affiche dans l'info bulle. Notez-le, il est classé sous ce même nom dans la Figure 5.

Un gadget qui peut vous séduire :

**RÉDUIRE LE RUBAN**

Cette option (Figure 4) permet de masquer le Ruban tant que vous ne l'utilisez pas. À essayer.

Notez que l'option Raccourcis clavier : Personnaliser au bas de la Figure 5 permet de programmer vos propres raccourcis, (voir p. 89).

# WORD
## ET SES BONS USAGES

« Qui ne maîtrise Word a des cheveux à se faire. »

Word, c'est un peu la Peugeot du traitement de texte : pas forcément le meilleur, mais certainement le plus connu. Quasi universellement répandu au point que même ses clones lui ressemblent étrangement (à moins que ce ne soit le contraire). Sa connaissance s'impose à toutes et à tous, de la directrice à l'assistant, du fonctionnaire à la consultante, de l'écrivain de génie au dernier des scribouillards, de la créatrice de mode à la simple chiffonnière.

Au programme :

- Un point sur la méthode de travail à adopter (section Méthodes)
- Le détail du paramétrage idéal (section Personnalisation)
- Un résumé des principales astuces pour accélérer sa production (section Aller plus vite)
- Une revue des principales techniques à connaître (sections Techniques de base et Techniques avancées)

# I.

# COMMENCEZ PAR LE BON BOUT

Word est un logiciel visuel : on voit ce qu'on fait. On a donc facilement tendance à travailler au feeling, comme ça se présente, un peu à la va-comme-je-te-pousse. C'est bien, c'est sympa, ça fonctionne même plutôt pas trop mal.

Sauf qu'avec l'expérience, on s'aperçoit qu'avec un peu d'organisation, on peut gagner pas mal de temps. Ça vous dit d'essayer ?

- Le fond d'abord, la forme après

- Des modèles bien à vous

- Etc.

# Quelques règles de base

Un réflexe naturel, mais pénalisant, est de s'intéresser plus à la forme qu'au fond. Sous Word, cela a pour conséquence qu'on saisit un peu de texte, qu'on le met en forme, puis qu'on saisit encore du texte, et qu'on le remet en forme, et on recommence ainsi pas mal de fois. Au bout du compte, on applique certainement la même mise en forme plusieurs fois, un coup ici, un coup là, et un coup encore ailleurs. Pas mal de boulot pour rien. Alors qu'il est souvent préférable de travailler autrement.

TRUC

**LE FOND D'ABORD, LA FORME APRÈS**

Commencez par saisir le texte en vous concentrant sur le contenu, son homogénéité, sa pertinence.
Ne vous occupez de la mise en forme qu'APRÈS.

Les tableaux sont parfois capricieux. Par exemple, il arrive qu'on ne puisse pas en sortir : si vous êtes dans la dernière cellule du bas et que vous faites [ENTRÉE], vous allez agrandir cette cellule sans jamais arriver à en sortir ! Solution :

TRUC

**FAITES DEUX FOIS ENTRÉE EN HAUT D'UN NOUVEAU DOCUMENT**

Et replacez-vous immédiatement sur la ligne du milieu. Vous aurez ainsi constamment au-dessus et au-dessous de votre curseur une ligne « normale », sur laquelle vous pourrez vous rendre en cas de problème, par exemple dans le cas évoqué ci-dessus.

Les majuscules sont un vrai casse-tête, lisez donc le chapitre 6 à ce sujet. Personnellement, j'ai décidé de ne plus m'en occuper. Je tape les é, è, et ê comme des e, les ç comme des c et les ô et ö comme des o.

TRUC

**NE VOUS OCCUPEZ PAS DES É, È, À, Ô, Ï ET TAPEZ DES E, A, O ET I TOUT SIMPLEMENT**

Et lancez ensuite le correcteur d'orthographe [F7].
Seul problème : il faut continuer à distinguer les « a » et les « à » comme dans « et y a qu'un cheveu sur la tête à Mathieu ».

Beaucoup de personnes attendent je ne sais quoi pour enregistrer leur travail. Soit ce qu'elles font ne sert à rien, auquel cas elles feraient mieux de rester chez elles, soit leur travail mérite d'être conservé et il ne sert à ce moment à rien de différer :

TRUC

**ENREGISTREZ TOUT DE SUITE**

Puisqu'il faudra de toute façon le faire, pourquoi attendre ?

# Utilisez les modèles

À plusieurs niveaux : en utilisant d'autres modèles que le Normal, en personnalisant ce dernier modèle ou en créant un modèle bien à vous.

## Utilisez d'autres modèles que le Normal

Bouton Office > Nouveau (Fichier > Nouveau sous 2003) donne accès à tout un tas de modèles prédéfinis, n'hésitez pas, ils sont là pour ça !

## Créez un modèle bien à vous

Vous écrivez toujours à vos clients en utilisant la même mise en page ? Le sort tombe toujours sur vous quand il s'agit de rédiger les comptes rendus de réunion du lundi ? Vous utilisez systématiquement les mêmes formulaires pour vos inventaires de pièces détachées ? Créez donc des modèles dédiés, vous allez y gagner énormément en temps et en homogénéité de présentation !

Commencez par créer le modèle en lui-même exactement comme vous le feriez pour un document normal, soit à partir d'un document vierge, soit à partir d'un document déjà existant, avec la typo, la présentation et la mise en page souhaitées.

La seule particularité va survenir au moment de l'enregistrement où il vous faudra spécifier dans la liste déroulante Type de fichiers qu'il s'agit d'un Modèle de document. Et le stocker au bon endroit.

**OÙ SONT DONC RANGÉS MES MODÈLES ?**

Word comme ses camarades Office a le secret pour ranger ses affaires un peu n'importe où (en fait, pas n'importe où, mais en tout cas à un endroit connu de lui seul et pas toujours très logique, un peu comme si vous rangiez vos chaussettes toujours dans le congélateur).

Ces modèles sont donc rangés dans C:/DOCUMENTS AND SETTINGS/VOTRE NOM D'UTILISATEUR/APPLICATION DATA/MICROSOFTMODELES. Si par exemple votre nom d'utilisateur est BIGBOSS, allez donc farfouiller dans C :/DOCUMENTS AND SETTINGS/BIGBOSSAPPLICATION DATA/MICROSOFT/MODELES, vous devriez y trouver votre bonheur.

**AFFICHEZ LES DOSSIERS CACHÉS**

Selon le paramétrage de votre ordinateur, il faudra peut-être, pour accéder au dossier spécifié ci-dessus, que vous affichiez les Dossiers cachés. Ça ne pose aucun problème, même si Windows le déconseille. Faites-le sans arrière-pensée.

**CLASSEZ VOS MODÈLES**

Rien de plus agaçant que de fouiller à la recherche d'un modèle perdu au milieu de plein d'autres, alors que précisément le but d'un modèle est de gagner du temps ! Sous l'explorateur Windows, créez donc autant de répertoires que vous le souhaitez dans le répertoire des modèles pour y stocker vos modèles.

## Modifiez un modèle existant

Ouvrez le modèle souhaité par le bouton Office > Ouvrir (Fichier > Ouvrir pour 2003), en cochant bien la case Créer un nouveau : Modèle.

Modifiez-le comme vous le souhaitez, puis enregistrez-le soit par Enregistrer (attention, vous perdez alors la version originale) soit par Enregistrer sous (vous en créez alors un nouveau).

## Personnalisez le modèle Normal

Comme les goûts et les couleurs ne se discutent pas, il y a des chances que l'apparence du modèle Normal ne vous convienne pas. Moi, par exemple :

- J'ai modifié le style Normal (voir p. 152 et suivantes) avec la police Franklin Gothic

Bold et un saut d'une demi-ligne après chaque paragraphe (voir p. 114).

- Et j'y ai programmé un pied de page pour simplifier son référencement et pouvoir le retrouver plus vite (voir p. 150).

TRUC

**MODIFIEZ LE MODÈLE NORMAL**

Sous Word, bouton Office > Ouvrir (ou Fichier > Ouvrir pour 2003), spécifiez bien en bas de la boîte de dialogue Ouvrir que vous souhaitez ouvrir un Modèle de document (dans Type de document), et cherchez le modèle Normal dans le dossier ci-dessus indiqué.

Passez les modifications souhaitées.

Enregistrez le modèle sous le même nom en spécifiant bien qu'il s'agit d'un Modèle de document.

Normalement, c'est fait. Tout nouveau document créé par bouton Office > Nouveau (ou Fichier > Nouveau pour 2003) sera conforme à cette nouvelle présentation.

Il peut arriver (les voies de Windows sont impénétrables) que Word n'accepte pas d'enregistrer le modèle sous le nom Normal. Il faut alors ruser : enregistrez-le sous un autre nom, fermez Word et, sous l'Explorateur, remplacez l'ancien modèle Normal par le nouveau.

TRUC

**SI VOUS PERDEZ LE MODÈLE NORMAL...**

En cas de mauvaise manipulation, ou tout simplement si Word se mélange les crayons tout seul (ça lui arrive plus qu'à son tour), le modèle Normal peut devenir inaccessible. Il suffit alors de relancer le programme d'installation d'Office et de choisir par exemple l'option Réparer. Le modèle devrait réapparaître...

# Travaillez zen

Cette remarque n'a probablement pas plus sa place ici qu'ailleurs, parce qu'elle est tout simplement fondamentale. Et le fait que j'aie « oublié » d'en parler avant (il n'y a jamais d'oubli innocent) tient probablement son explication dans son essence même.

La façon dont vous allez organiser votre poste de travail, j'entends par là l'endroit où vous allez placer votre matériel, vos papiers et vos documents de travail, va conditionner pour une part essentielle la qualité des résultats que vous allez produire en bureautique.

Combien de personnes ai-je vu, dans mon activité de consultant, travailler sur Word ou Excel avec un bureau tellement encombré que même faire glisser la souris posait un problème ? Ou avec le moniteur placé de telle sorte que son utilisateur(trice) devait nécessairement avoir un sacré torticolis en fin de journée ?

Soignez donc votre position devant l'écran et l'organisation physique de votre poste de travail, votre esprit et votre corps ne s'en porteront que mieux (et indirectement votre patron et votre compte en banque).

TRUC

**UN PEU D'ERGONOMIE**

- Ayez un plan de travail net (cela favorisera la clarté des idées).
- Évitez la fatigue oculaire en plaçant votre moniteur comme il faut, en évitant les contre-jours, les reflets et les torticolis. À ce propos, n'hésitez pas à investir dans un écran de qualité, tant en taille qu'en définition et en contraste (si vous passez des journées devant lui, l'investissement sera très vite amorti).
- Placez votre unité centrale de sorte qu'elle ne bute pas dans vos genoux (je ne plaisante pas, je l'ai vu) et que les câbles du clavier et de la souris soient assez longs pour ne pas entraver vos mouvements.
- Faites des pauses, comme sur l'autoroute, toutes les deux heures.

# 2.

# UN PARAMÉTRAGE AUX PETITS OIGNONS

Vous n'avez peut-être pas exploré en détail le contenu des options de paramétrage de base de Word. C'est bien dommage, mais qui saurait vous en tenir rigueur ? Elles sont tellement nombreuses qu'il y a de quoi en décourager plus d'un. Il y a pourtant bien cachées ici et là de fort alléchantes options.

Nous avons pris le temps de les parcourir pour vous et nous vous en proposons ci-dessous un « best of ». Prenez donc 5 minutes pour faire votre marché et adopter ce qui vous plaît :

- Majuscules accentuées en français
- Imprimez en sens inverse
- Plusieurs pages d'un coup d'œil
- Etc.

# Paramétrez à votre goût

Globalement, les options de paramétrage sont identiques entre Word 2007 et 2003. Sauf qu'elles ne se situent pas au même endroit. Ci-dessous les principales options à mon avis intéressantes (mais rien ne vous empêche de tout essayer) :

## Changez les couleurs et votre nom d'utilisateur

Bouton Office, bouton Options Word, catégorie Standard (à gauche de la fenêtre).

**→ 2003 : pour changer le nom, Outils > Options, onglet Utilisateur.**

Pourquoi changer votre nom d'utilisateur ? Par l'onglet Insertion, groupe Texte, bouton Composants QuickPart > Champ (Insertion > Champ sous Word 2003), vous aurez la possibilité d'insérer les champs NomUtilisateur, InitialesUtilisateur ou AdresseUtilisateur. Cool si vous vous appelez Raoul (et même si non).

## Affichez les derniers fichiers utilisés par le bouton Office

Il s'agit de la liste des derniers fichiers utilisés qui apparaissent dans la liste des documents récents du menu Bouton Office pour y accéder plus rapidement. Bouton Office, bouton Options Word, catégorie Options avancées (à gauche de la fenêtre), pavé Afficher (dans la liste déroulante) : vous pouvez en mettre autant que vous voulez.

**→ 2003 : cette option fonctionne dans le menu Fichier et se trouve dans Outils > Options, onglet Général. Choisissez-en le maximum, neuf.**

## Désactivez la zone de dessin

Word a parfois des initiatives déconcertantes. Parmi celles-ci, l'insertion automatique d'une zone de dessin quand vous voulez ajouter un dessin à votre texte. C'est plus embêtant qu'autre chose. Bouton Office, bouton Options Word, catégorie Options avancées (à gauche de la fenêtre), pavé Options d'édition (dans la liste déroulante), désactiver l'option Créer automatiquement des zones de dessin...

**→ 2003 : cette option se trouve dans Outils > Options, onglet Général.**

## Majuscules accentuées en français

Vous avez cherché des heures comment écrire à Émilie (avé l'accent) et non à Emilie ? C'est ici que ça se passe ! Bouton Office, bouton Options Word, catégorie Vérification (à gauche de la fenêtre), pavé Lors de la correction orthographique... (dans la liste déroulante), cochez l'option Majuscules accentuées en français.

**→ 2003 : cette option se trouve dans Outils > Options, onglet Édition.**

Pour d'autres informations intéressantes sur les façons de gérer les majuscules, voyez aussi p. 122 et suivantes.

## Imprimez en sens inverse

Pratique si vous utilisez une imprimante qui empile bêtement les feuilles (style jet d'encre), la première au-dessous et face au-dessus (il faut alors toutes les retrier). Bouton Office, bouton Options Word, catégorie Options avancées (à gauche de la fenêtre), pavé Impression (dans la liste déroulante), cochez l'option correspondante.

**→ 2003 : cette option se trouve dans Outils > Options, onglet Impression.**

## Imprimez les éléments d'arrière-plan

Word vous permet de créer des arrière-plans pour votre document avec Mise en page, groupe Arrière-plan de page (2003 : Format > Arrière plan). C'est joli, mais, sauf si vous le demandez expressément, ça ne s'imprime pas. Bouton Office, bouton Options Word catégorie Affichage (à gauche de la fenêtre), pavé Options d'impression (dans la liste déroulante), cochez l'option correspondante.

**→ 2003 : cette option se trouve dans Outils > Options, onglet Impression.**

## Créez toujours une copie de sauvegarde

Histoire vécue. X a sué sang et eau sur son rapport pour le comité de direction du lendemain. À 23 h 49, fatigué, il fait une grosse bêtise et efface le rapport. C'est la cata ! Sauf s'il avait coché la case Toujours enregistrer une copie de sauvegarde. À quoi sert cette option ? À chaque fois que vous faites un enregistrement de votre document, Word conserve en plus la dernière version de ce document à titre de sécurité ; il la nomme Copie de secours de ... et la stocke dans le même dossier que l'original. Vous disposez ainsi en permanence de la dernière version ET de la précédente. Si vous effacez la première, il vous reste toujours la deuxième (peut-être pas à jour, mais c'est mieux que rien). Indispensable pour les anxieux, les maladroits ou tout simplement les prévoyants.

Allez faire un tour du côté de Bouton Office, bouton Options Word, catégorie Options avancées (à gauche de la fenêtre), pavé Enregistrement (dans la liste déroulante), cochez l'option correspondante.

## ⚠ ATTENTION

**Les copies de secours ainsi créées ne sont pas disponibles directement sous Word, mais par l'Explorateur seulement.**

**→ 2003 : cette option se trouve dans Outils > Options, onglet Enregistrement.**

### Enregistrez les informations de récupération automatique...

Pour éviter d'avoir à penser à faire ses enregistrements. Bouton Office, bouton Options Word, catégorie Enregistrement (à gauche de la fenêtre), pavé Enregistrer des documents (dans la liste déroulante), cochez l'option correspondante et spécifiez le délai.

**ATTENTION : pensez bien à renommer immédiatement le document par un Enregistrer sous si vous le créez à partir d'un document existant (voir p. 40) !**

**→ 2003 : cette option se trouve dans Outils > Options, onglet Enregistrement.**

### Incorporez les polices TrueType

Si vous envoyez par mail un document pour lequel vous avez employé des polices exotiques et originales, votre destinataire risque de ne pas les avoir dans sa machine. Vos jolis effets typographiques vont alors être remplacés par les polices par défaut de Word, et tout votre travail va tomber à l'eau. Plouf et snif !
Sauf si vous faites un tour du côté de Bouton Office, bouton Options Word, catégorie Enregistrement (à gauche de la fenêtre), pavé Préserver la fidélité... (dans la liste déroulante), cochez Incorporer les polices dans le fichier.

**→ 2003 : cette option se trouve dans Outils > Options, onglet Enregistrement.**

### Protégez vos documents

Une option méconnue de Word (mais bientôt plus de vous) propose à celui qui ouvre un fichier de le faire en lecture seule, de sorte qu'il ne puisse être modifié ou supprimé par mégarde. Bouton Office, Enregistrer sous, Outils, Options générales, cochez Lecture seule recommandée. Un message invitera ultérieurement le lecteur à choisir son camp.
Cette option permet également de gérer de vrais mots de passe. Voyez notre opinion sur ce thème p. 14.

**→ 2003 : cette option se trouve dans Outils > Options, onglet Sécurité.**

### Grammaire et orthographe

Bouton Office, bouton Options Word, catégorie Vérification. Il y a plein de choses intéressantes à régler, faites votre choix (notamment la possibilité de désactiver la correction grammaticale, à mon avis un peu faiblarde). Voyez p. 115 et suivantes des compléments à ce sujet.

**→ 2003 : cette option se trouve dans Outils > Options, onglet Grammaire et orthographe.**

### Spécifiez vos dossiers par défaut

Bouton Office, bouton Options Word, catégorie Enregistrement. Pour (re)paramétrer les dossiers par défaut d'ouverture et d'enregistrement de vos documents. Très pratique pour accéder rapidement à vos documents.

**→ 2003 : cette option se trouve dans Outils > Options, onglet Dossiers par défaut.**

## Affichez comme vous voulez

Word permet d'afficher votre document de plusieurs façons qui s'obtiennent par les icônes dédiées en bas de l'écran à droite de la Barre d'état, juste à côté du Zoom (à gauche pour Office 2003).

Celui que je conseille est le mode Page, avec un Zoom réglé à Largeur de page. Vous voyez ainsi le texte tel qu'il apparaîtra sur la feuille.

TRUC

**RÉGLEZ LE ZOOM À LA LARGEUR DE PAGE**

À côté de l'outil de Zoom, en bas à droite de votre écran, cliquez directement sur le nombre en %, juste à gauche de l'échelle de grossissement. Vous verrez directement apparaître les options de Zoom (Largeur de page, Largeur du texte, Plusieurs pages).

Trois autres modes peuvent avoir vos faveurs :

TRUC

**AFFICHEZ UN RAPPORT EN MODE PLAN**

Ce mode permet d'afficher et de modifier très simplement la structure hiérarchique de votre rapport. Indispensable si vous écrivez un livre ou, plus simplement, un compte rendu de réunion. (Voir p. 158 et suivantes)

TRUC

**MODE LECTURE**

Très pratique pour consulter un document, maximise la zone de lecture.

TRUC

**ABANDONNEZ L'APERÇU AVANT IMPRESSION POUR LE MODE PAGE AVEC PLUSIEURS PAGES**

Vous pouvez demander un Aperçu avant impression pour vérifier visuellement la mise en page de votre travail. Il vaut mieux utiliser le mode Page avec un Zoom réglé sur Plusieurs pages : vous y verrez la même chose et en plus vous pourrez modifier le texte directement.

# 3.

# RACCOURCIS, LES INDISPENSABLES WORD

**Tableaux à punaiser à côté de votre poste de travail et à consulter régulièrement le temps d'intégrer les raccourcis qui vous concernent. Gain de temps garanti avec :**

**- Accélérez la mise en forme**

**- Simplifiez la manipulation de texte**

**- Faites de beaux dessins**

**- Et créez vos propres raccourcis !**

Difficile en la matière de proposer une sélection arbitraire, tant vos besoins peuvent être différents de ceux de votre voisin. En voici donc une liste assez complète, à vous de faire votre marché.

## RACCOURCIS WORD POUR ACCÉLÉRER LA MISE EN FORME

| | | |
|---|---|---|
| CTRL + G | Gras | |
| CTRL + I | Italique | |
| CTRL + U | Souligné | U pour Underlined (souligné en anglais). |
| MAJ + F3 | Modifier la casse | Pour passer de « bonjour » à « Bonjour » et « BONJOUR » sans tout se retaper ! |
| CTRL + < | Diminuer la taille de la police | |
| CTRL + MAJ + > | Augmenter la taille de la police | |
| CTRL + ESPACE | Supprimer la mise en forme | Ne fonctionne pas pour supprimer la mise en forme appliquée via un style. |
| CTRL + MAJ + C | Copier la mise en forme | |
| CTRL + MAJ + V | Coller la mise en forme | |
| CTRL + 8 | Afficher (ou masquer) les caractères spéciaux | Permet d'afficher les marques de fin de paragraphes de tabulations, d'espaces |
| TAB | Crée des tabulations standard ou se déplace de tabulation personnalisée en tabulation personnalisée | |
| CTRL + TAB (dans un tableau) | Équivalent de la touche Tab dans le texte | Parce que Tab dans un tableau déplace de cellule en cellule. |

## RACCOURCIS WORD POUR SIMPLIFIER LA MANIPULATION DE TEXTE

| | | |
|---|---|---|
| [CTRL] + [ALT] + [S] | Fractionne le document | |
| [F6] | Fenêtre fractionnée suivante | |
| [MAJ] + [F6] | Fenêtre fractionnée précédente | |
| Clic, puis [MAJ] + Clic | Sélectionne tout entre les clics | |
| [CTRL] + [MAJ] + [FIN] | Sélectionne tout le document de l'endroit où vous êtes jusqu'à la fin | |
| [CTRL] + [MAJ] + [ORIG] | Sélectionne tout le document de l'endroit où vous êtes jusqu'au début | |
| [MAJ] + [←] ou [→] ou [↑] ou [↓] | Étend la sélection dans la direction indiquée caractère par caractère | |
| [MAJ] + [CTRL] + [←] ou [→] | Étend la sélection dans la direction indiquée mot par mot | |
| [MAJ] + [F5] | Retourne à l'endroit où vous venez d'effectuer la dernière modification | Par exemple, vous insérez une phrase dans un rapport à la page 25 et vous passez ensuite directement à la page 92. Ce faisant, vous vous rappelez d'une autre modification à apporter page 25. [MAJ] + [F5] et le tour est joué. |
| [CTRL] + [↑] | Se place en haut de paragraphe | |
| [CTRL] + [↓] | Se place en fin de paragraphe | |
| [CTRL] + [←] ou [→] | Se déplace de mot en mot | |
| [ORIG] | Va en début de ligne | |
| [FIN] | Va en fin de ligne | |
| [CTRL] + [ORIG] | Va au début du document | |
| [CTRL] + [FIN] | Va en fin de document | |
| [SUPPR] | Supprime le caractère d'après. En fin de paragraphe, supprime le saut de paragraphe et « remonte » le paragraphe suivant | |
| [RET. ARR] | Supprime le caractère d'avant. En début de paragraphe, supprime le saut de paragraphe et « remonte » le paragraphe en cours à la suite du précédent | |

[ENTRÉE] Insère un saut de paragraphe

### RACCOURCIS WORD POUR DE BEAUX DESSINS

| | | |
|---|---|---|
| MAJ + forme automatique | Crée une forme symétrique (hauteur = largeur) | Pour enfin faire de vrais ronds et de vrais carrés. |
| CTRL + forme automatique | Crée une forme à partir de son centre (et non à partir du haut à gauche) | |
| ALT + forme automatique | Crée une forme très finement sans les à-coups générés par la grille magnétique | |

# Les raccourcis clavier personnalisés

Ils sont propres à chaque logiciel, Word et Excel ont les leurs propres.

Dans les options de personnalisation de la barre d'outils Accès rapide (voir p. 85), allez dans Autres commandes. Cliquez en bas de la boîte de dialogue obtenue par le bouton Raccourcis clavier : Personnaliser. Vous obtenez la boîte de dialogue de la Figure 1 :

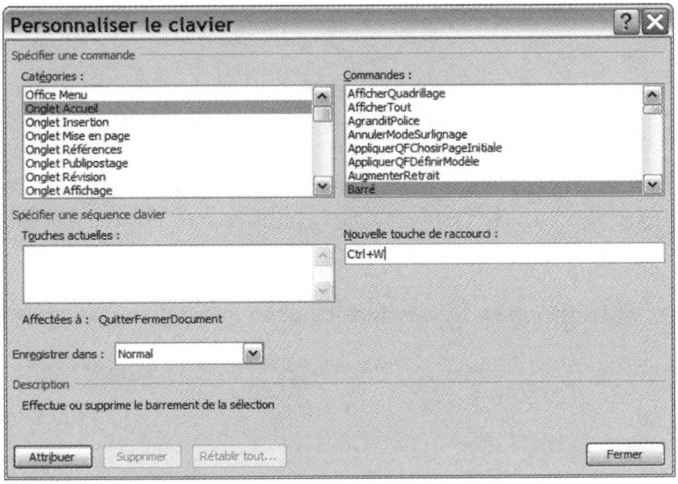


Figure 1 : ses raccourcis à soi

**Le mode opératoire (Figure 1) est simple :**

- Choisissez la Catégorie (ici, onglet Accueil) et la Commande souhaitées (ici, Barré).
- Dans le pavé Spécifier une séquence clavier, Touches actuelles vous informe si une

combinaison de touches est actuellement affectée à cette fonction (ici, aucune).

- Dans ce même pavé, simulez la combinaison souhaitée dans Nouvelle touche de raccourci. Attention : si cette nouvelle combinaison (ici CTRL + W) est déjà affectée, vous en êtes informé (ici, QuitterFermerDocument).
- Cliquez sur Affecter, puis OK.

**2003 : cette option se trouve dans le menu Outils > Personnaliser, sélectionnez l'onglet Commandes puis le bouton Clavier en bas de la boîte de dialogue.**

# Un raccourci pour Σ, ☺, etc.

Si vous en avez assez de faire la navette par l'onglet Insertion, groupe Symboles, Symboles > Autres symboles (Insertion > Caractères spéciaux pour 2003), programmez donc quelques raccourcis clavier pour insérer des caractères spéciaux ! Dans la boîte de dialogue (Figure 1) obtenue par la manipulation ci-dessus, sélectionnez un caractère spécial qui vous branche et cliquez sur le bouton Touche de raccourci. Simulez dans la zone Nouvelle touche de raccourci votre combinaison, vérifiez que cette dernière n'est pas déjà attribuée, et faites Attribuer puis Fermer.

TRUC

**AFFECTEZ CE RACCOURCI POUR TOUS VOS DOCUMENTS OU NON**

Dans la boîte de dialogue Personnaliser le clavier, la liste déroulante Enregistrer dans permet de disposer de ce raccourci dans tous les nouveaux documents créés à partir de ce moment (option Normal) ou uniquement dans le fichier sélectionné.

**→ 2003 : cette option se trouve dans le menu Insertion > Caractères spéciaux.**

# 4.

# MANIPULATIONS DE BASE

Se déplacer dans un texte, ça peut se faire en prenant les départementales, mais vous allez perdre du temps. Mieux vaut prendre l'autoroute.

Sélectionner du texte, c'est bien quelque chose qu'on doit répéter au moins cent mille fois dans sa vie. On peut le faire à la souris, en tâtonnant et en s'arrachant les cheveux (on reconnaît un Wordiste maladroit à sa calvitie précoce). Mais si vous voulez éviter les implants capillaires, il existe heureusement quelques techniques imparables :

- Déplacez-vous en fin de ligne

- Sélectionnez un paragraphe

- Recopiez la marque de fin de paragraphe

- Etc.

Les tableaux ci-dessous résument l'essentiel à savoir à ce sujet :

## SE DÉPLACER DANS UN TEXTE

| | |
|---|---|
| Aller en fin de ligne | Avec [FIN] |
| Aller en début de ligne | Avec [ORIG] |
| Aller en fin de document | [CTRL] + [FIN] |
| Aller en début de document | [CTRL] + [ORIG] |
| Aller à une page, section, signet ou autre élément particulier | Édition > Atteindre (ou [CTRL] + [B]) |
| Monter ou descendre d'un écran | Cliquez dans la barre de défilement vertical au-dessus ou au-dessous de « l'ascenseur » vertical |
| Aller à droite, gauche, haut, bas | Utilisez les flèches de déplacement |
| Monter ou descendre d'une page | Cliquez en bas de la barre de défilement vertical sur les doubles chevrons verticaux ascendants ou descendants, ou [PG. PRÉC.] et [PG. SUIV.] |
| Se déplacer de mot en mot | [CTRL] + [←] ou [→] |
| Aller au début du paragraphe en cours | [CTRL] + [↑] |
| Aller au début du paragraphe suivant | [CTRL] + [↓] |

## SÉLECTIONNER DU TEXTE

| | |
|---|---|
| Un mot | DOUBLE-clic dans le mot |
| Une ligne | UN clic dans la marge (à gauche du texte) |
| Un paragraphe | DEUX clics rapides dans la marge |
| Tout le texte | TROIS clics rapides dans la marge (ou [CTRL] + [A]) |
| Tout le texte entre deux mots | Cliquez dans le premier mot, puis allez cliquer à la fin du dernier en appuyant en même temps sur [MAJ] |
| Du texte de-ci de-là | Par une habile combinaison des touches [CTRL] et [MAJ] et des trucs ci-dessus |
| Du texte, lettre par lettre | Insérez votre curseur où vous le souhaitez, puis déplacez-le avec les Touches de déplacement [←] [↓] [↑] [→] en maintenant [MAJ] enfoncé. Très pratique pour sélectionner du texte finement, lettre par lettre ! |

Terminons cette revue par quelques trucs toujours utiles :

**SUPPRIMEZ LE CARACTÈRE « D'AVANT » PAR [RET. ARR]**
**SUPPRIMEZ LE CARACTÈRE « D'APRÈS » PAR [SUPPR]**

**SAUTEZ UN PARAGRAPHE ENTRE DEUX PHRASES**

Par exemple, pour insérer un saut de paragraphe entre ces deux phrases « Vous avez raison. Quelques jours de repos et ce sera fini. » (*Rhinocéros*, Eugène Ionesco, acte II, tableau II) :
Placez votre curseur juste avant le premier mot de la deuxième phrase, ici juste avant le « Q » de « Quelques » (en tout bien tout honneur).
Supprimez l'espace d'avant par RetourArrière, puis faites [ENTRÉE] pour insérer le saut de paragraphe. Hop !

**SUPPRIMEZ UN SAUT DE PARAGRAPHE**

Reprenons l'exemple ci-dessus. Replacez-vous en tête de la deuxième phrase, juste devant le « Q ». Faites RetourArrière pour effacer le saut de paragraphe et [ESPACE] pour décoller les deux phrases.
Autre solution : se placer à la fin de la première phrase, derrière le point « . », puis [SUPPR] pour effacer le saut de paragraphe et [ESPACE] pour décoller les deux phrases.

TRUC

**TEXTE GRISÉ OU NON ?**

Sous Word (c'est pareil sous Windows, Excel et PowerPoint), quand un texte est grisé comme actuellement cette chaîne de caractères l'est.
Taper quoi que ce soit efface ce qui est grisé et le remplace par ce qui est tapé. Coller quoi que ce soit efface ce qui est grisé et le remplace par ce qui est collé.
Appuyer sur [→] « dégrise » la chaîne de caractères et place le curseur juste après (ici, juste après le « t » de « l'est » ; s'il n'y a rien derrière (par exemple si vous renommez un fichier), la chaîne se dégrise et le curseur se place après le dernier caractère).
Appuyer sur [CTRL] + [←] « dégrise » la chaîne de caractères et place le curseur juste avant (ici, juste avant le « c » de « chaîne »).

TRUC

**RECOPIER LE SAUT DE PARAGRAPHE OU NON**

Lors de la sélection de la fin d'un paragraphe, vous pouvez ou non sélectionner l'espace vide qui suit son dernier mot (et qui est en fait le signe de saut de paragraphe) :
Si vous le sélectionnez (ce qui est le cas par défaut), vous incluez dans votre sélection ce saut de paragraphe ; ce qui veut dire que si vous copiez cette sélection et la collez, vous allez coller avec le saut de paragraphe et Word va donc sauter une ligne après votre collage.
Si vous ne le sélectionnez pas, Word ne sautera pas de paragraphe après votre collage. Si vous avez du mal à ne pas sélectionner cette espace (correspondant au saut de paragraphe) à la souris, reculez votre curseur par [MAJ] + [←].

# 5.

# B + A = BA

Nous ne vous ferons pas l'injure de vous apprendre comment saisir et mettre en forme un texte de base. C'est d'accord, vous savez, nous le savons (de Marseille). Souffrez toutefois que nous vous susurrions à l'oreille quelques infos qui sont par expérience assez peu connues. Au pire, ce sera une révision :

- Séparez automatiquement les paragraphes

- Évitez les veuves et orphelines

- Recopiez la mise en forme plusieurs fois

- Etc.

# Amusez-vous avec la police

Ce n'est pas tous les jours qu'on peut se distraire aux dépens de la maréchaussée...

Onglet Accueil, groupe Police. La plupart des options intéressantes sont déjà présentes en boutons (gras, italique, souligné – mais préférez les raccourcis, respectivement [CTRL] + [G], [CTRL] + [I], [CTRL] + [U] –, indice et exposant, effacer la mise en forme, j'en passe et des meilleures) ; le bouton [Aa] permet, lui, de changer la casse (pour passer directement de minuscules en Majuscules puis MAJUSCULES et retour), mais là encore préférez-lui [MAJ] + [F3].

TRUC

**EFFACEZ LA MISE EN FORME SANS VOUS PRENDRE LA TÊTE**

L'outil éponyme (la Gomme en haut à droite du groupe Police) est particulièrement pratique pour revenir à zéro quand vous ne savez plus très bien où vous en êtes dans vos formats de police.

S'il vous en faut plus, allez faire un tour du côté des autres options de la boîte de dialogue Police (en cliquant sur le Lanceur de boîte de dialogue, vous savez, la petite flèche dans le coin inférieur droit du groupe Police de l'onglet Accueil). Dans l'onglet Espacement des caractères, vous allez pouvoir éloigner ou rapprocher les caractères ou même jouer aux montagnes russes en jouant sur la Position.

**→ 2003 : les options sont globalement les mêmes, mais disséminées çà et là dans Format > Police. Si vous souhaitez rajouter à vos barres d'outils quelques boutons forts utiles (comme par exemple Agrandir (ou Réduire) la police), suivez le truc ci-dessous.**

### 2003 : PERSONNALISEZ VOS BARRES D'OUTILS

Sur vos barres d'outils standard, il y a certainement quelques outils dont vous ne vous servez jamais, alors que d'autres vous manquent. Qu'attendez-vous pour les personnaliser ?
Pour accéder à cette fonction, Affichage > Barre d'outils > Personnaliser, et choisissez l'onglet Commande.
Pour ajouter un outil particulier, il faut le chercher dans la Catégorie ad hoc et le faire glisser puis le déposer délicatement où vous le souhaitez dans votre barre d'outils ; l'exemple de la Figure 2 montre la sélection du bouton Agrandir la police, catégorie Format.
Pour supprimer un quelconque bouton, par exemple un de ceux dont on ne se sert jamais (comme par exemple Insérer un lien hypertexte ou encore Autorisation, mais il y en a certainement d'autres), cliquez sur le coupable et glissez-le EN DEHORS de vos barres d'outils, par exemple sur le texte. Et hop ! disparu (en réalité, il ne disparaît que de vos barres d'outils, mais reste toujours disponible dans la liste des outils, vous pouvez donc toujours le récupérer le cas échéant, soyez tranquille).
Quand vous avez terminé, cliquez sur Fermer et c'est fait : vos barres d'outils sont modifiées.

### 2003 : DES OUTILS UTILES À RAJOUTER

Une sélection de quelques outils utiles à rajouter dans vos barres d'outils, pêchés dans la catégorie Toutes les commandes : EffacerMiseEnForme (l'équivalent de la Gomme).

Figure 2 : insérer un bouton dans une barre d'outils (Office 2003)

# Des paragraphes intelligents

Onglet Accueil, groupe Paragraphe. Les quelques boutons présents sont bien connus, allez directement faire un tour dans les options complémentaires en cliquant sur le Lanceur de boîte de dialogue (la petite flèche vers le bas dans le coin inférieur droit de ce groupe) :

TRUC

**SÉPAREZ AUTOMATIQUEMENT VOS PARAGRAPHES**

Si vous aimez séparer vos paragraphes par un espace, ne le faites pas en insérant une ligne ! Dans l'onglet Retrait et espacement de la fenêtre Paragraphe, sélectionnez par exemple un Espacement Après de 6 pts (12 pts correspondent approximativement à une ligne complète, donc 6 pts à une demi-ligne). Word va alors automatiquement séparer vos paragraphes en insérant une demi-ligne.

TRUC

**GÉREZ LES COUPURES DE PARAGRAPHES EN BAS ET HAUT DE PAGE**

Dans l'onglet Enchaînements de la fenêtre Paragraphe, cochez :

Éviter veuves et orphelines pour ne pas avoir une ligne d'un paragraphe toute seule en haut (ou en bas) de page, avec le reste sur la page précédente (ou suivante).

Lignes solidaires pour que ces lignes restent sur la même page (sauf s'il y en a trop pour entrer sur une page évidemment).

Paragraphes solidaires pour que ces paragraphes restent sur la même page (avec la même remarque que précédemment).

**→ 2003 : toutes les options de paragraphe se trouvent dans Format > Paragraphe.**

TRUC

**DISPOSEZ DE CES PARAMÈTRES POUR TOUJOURS**

Ces paramètres de paragraphe peuvent être fort intelligemment intégrés dans le style Normal du modèle Normal afin d'en disposer systématiquement dans tout nouveau document. Voyez à cet effet p. 94.

# Puces

Un grand classique. Onglet Accueil, groupe Paragraphe (Format > Puces et numéros pour les 2003istes). Vous pouvez créer quasiment toutes les listes que vous voulez en personnalisant leur apparence. Deux ou trois trucs (deux en fait) peuvent vous simplifier la vie :

TRUC

**CHANGEZ LE NIVEAU D'UNE LISTE AVEC TAB**

Créez votre liste à puces ou numérotée. Sélectionnez-en la partie qui vous intéresse et appuyez sur TAB pour l'abaisser d'un niveau et sur MAJ + TAB pour la hausser d'un niveau.

TRUC

**RECOMMENCEZ OU CONTINUEZ LA NUMÉROTATION**

Quand vous enchaînez deux listes numérotées avec un espace, Word peut au choix continuer la numérotation ou tout reprendre à 1. Normalement ça marche bien, il suffit de suivre les instructions quand elles apparaissent. Mais ses réactions ne sont pas toujours faciles à prévoir et ça ne marche pas toujours aussi bien que ça. Essayez donc en dernier recours les solutions suivantes :

- Procédure si vous voulez revenir à 1. Créez votre première liste ; terminez-la en effaçant la mise en forme, par exemple avec la Gomme ; commencez la liste suivante.
- Procédure si vous voulez continuer la numérotation. Créez d'un coup d'un seul les deux listes à la file en insérant une ligne « bidon » entre les deux listes. Sélectionnez cette ligne « bidon » et effacez sa mise en forme, avec la Gomme. Vos deux listes à puces sont séparées.

# Aurteaugraffe et gramme-mère

Encore un grand classique. F7 permet d'y accéder directement. La Figure 3 détaille les options qui vous seront proposées :

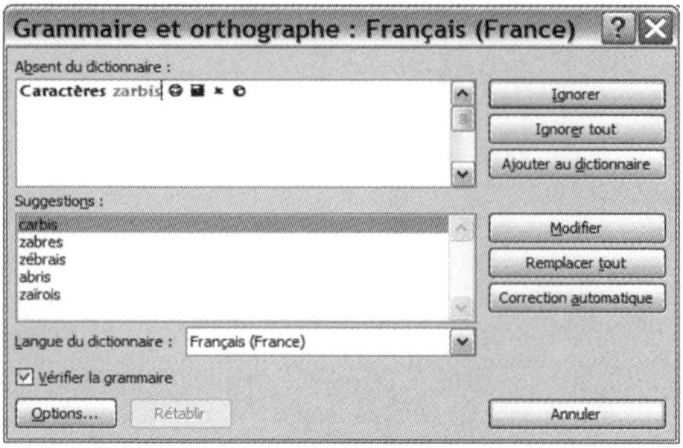


Figure 3 : les différentes options de la correction orthographique

Ignorer passe outre à cette occurrence, Ignorer tout à toutes les occurrences, Ajouter au dictionnaire (personnel) est à utiliser pour les mots inconnus du dictionnaire général et dont on confirme l'orthographe pour inclusion dans la correction orthographique ultérieure (cas des noms propres par exemple) et Modifier valide la modification (vous pouvez aussi faire un Double-clic sur la proposition). Rétablir permet d'effacer une erreur de correction.
Quatre trucs à ce sujet :

**TRUC**

**FAITES ATTENTION EN CORRIGEANT L'ORTHOGRAPHE**

Les réactions de Word nécessitent de votre part une grande attention quand vous corrigez l'orthographe. Inutile de remplacer un pataquès par un autre. Ouvrez bien vos yeux, et prenez le temps de faire les bons choix. En particulier, n'utilisez qu'avec précaution le bouton Remplacer tout.

**TRUC**

**SUPPRIMEZ LES ENTRÉES DU DICTIONNAIRE PERSONNEL**

Il est possible de supprimer les entrées de votre dictionnaire personnel : Cliquez sur le bouton Options de la Figure 3, puis Dictionnaires personnels, Modifier la liste de mots.
Pour 2003, Outils > Options, onglet Grammaire et orthographe, bouton Dictionnaires personnels, puis sélectionnez le dictionnaire perso (en bas de liste) et bouton Modifier.

TRUC

**CORRECTION GRAMMATICALE SÉLECTIVE**

La correction grammaticale n'est pas parfaitement au point, et il n'est pas sûr que Proust y aurait trouvé son compte.

Vous pouvez la désactiver en décochant la case Vérifier la grammaire sur la Figure 3. Vous pouvez aussi désactiver certaines règles (F7, bouton Options, puis bouton Paramètres du pavé Grammaire). Les différentes règles apparaissent (Figure 4), vous les sélectionnez ou non à votre guise (conservez en tout état de cause les règles de ponctuation qui fonctionnent très bien).

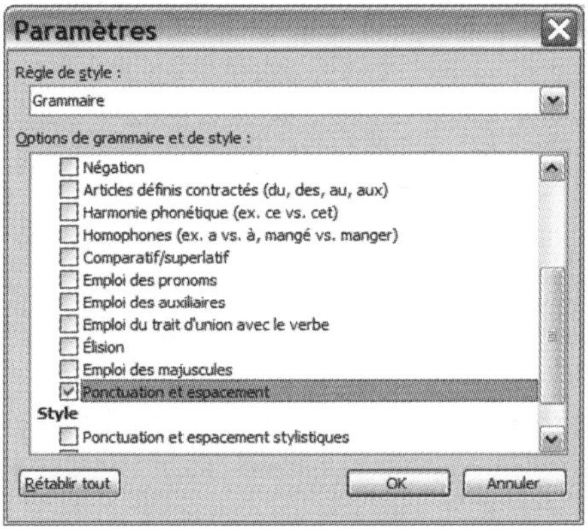


Figure 4 : la désactivation sélective des règles de grammaire

**DES SYNONYMES AUTOMATIQUES SI VOUS N'AVEZ PLUS D'IMAGINATION**

Clic droit > Synonymes sur un mot.

Hugo (Victor) n'a qu'à bien se tenir.

**→ 2003 : pour une fois, 2003 semble plus performant que 2007, parce que le bouton Options de la Figure 3 permet d'accéder par le bouton Dictionnaires personnels à des dictionnaires professionnels spécifiques.**

# Insérez une date

Onglet Insertion, groupe Texte, Date et heure.

Faites attention à la case Mettre à jour automatiquement (cochée, la date sera modifiée à chaque ouverture du document. Décochée, la date restera celle du jour de l'insertion).

**INSÉREZ LA DATE DANS UN MODÈLE**

Dans un modèle, insérez la date en cochant Mettre à jour automatiquement. Tout nouveau document créé sur ce modèle sera daté du jour de ponte.

# Gérez la marge gauche

Elle se manipule avec le « sablier » de la règle horizontale, à gauche de l'écran, à la frontière des parties grises et blanches.

La base du sablier permet de déplacer tout le sablier d'un coup d'un seul.

Les parties supérieure (celle qui se « vide » de son sable) et inférieure (celle qui s'en remplit) se déplacent indépendamment l'une de l'autre afin d'obtenir ce qu'on appelle un Retrait de 1re ligne pour obtenir un effet (désuet de nos jours) de ces types :

*On pourrait préférer, bien sûr, que l'amour suffise. Mais s'il suffisait, aurions-nous besoin d'être généreux ? L'amour n'est guère en notre pouvoir, ni ne peut l'être. Qui choisit d'aimer ? Que peut la volonté sur un sentiment ? L'amour ne se commande pas ; la générosité, si : il suffit de vouloir. L'amour ne dépend pas de nous, c'est le plus grand mystère, par quoi il échappe aux vertus, par quoi il est une grâce, et la seule. La générosité en dépend, par quoi elle est une vertu, par quoi elle se distingue de l'amour, y compris dans ce geste du don par lequel pourtant elle lui ressemble.*

*On pourrait préférer, bien sûr, que l'amour suffise. Mais s'il suffisait, aurions-nous besoin d'être généreux ? L'amour n'est guère en notre pouvoir, ni ne peut l'être. Qui choisit d'aimer ? Que peut la volonté sur un sentiment ? L'amour ne se commande pas;la générosité, si : il suffit de vouloir. L'amour ne dépend pas de nous, c'est le plus grand mystère, par quoi il échappe aux vertus, par quoi il est une grâce, et la seule. La générosité en dépend, par quoi elle est une vertu, par quoi elle se distingue de l'amour, y compris dans ce geste du don par lequel pourtant elle lui ressemble.*

André Comte-Sponville, *Petit traité des grandes vertus.*

# Lettrine

*On pourrait préférer, bien sûr, que l'amour suffise. Mais s'il suffisait, aurions-nous besoin d'être généreux ? L'amour n'est guère en notre pouvoir, ni ne peut l'être. Qui choisit d'aimer ? Que peut la volonté sur un sentiment ? L'amour ne se commande pas ; la générosité, si : il suffit de vouloir. L'amour ne dépend pas de nous, c'est le plus grand mystère, par quoi il échappe aux vertus, par quoi il est une grâce, et la seule. La générosité en dépend, par quoi elle est une vertu, par quoi elle se distingue de l'amour, y compris dans ce geste du don par lequel pourtant elle lui ressemble.*

André Comte-Sponville, *Petit traité des grandes vertus.*

Onglet Insertion, groupe Texte, Lettrine (2003 : Format > Lettrine).

# Remplacez

La fonction Remplacer permet de remplacer dans un texte un mot par un autre. L'option Plus permet d'aller plus loin, par exemple de respecter ou non la casse (les majuscules et les minuscules) et même de rechercher des préfixes ou des suffixes :

> TRUC
>
> **CHANGEZ DÉFAIRE ET DÉMETTRE EN REFAIRE ET REMETTRE**
>
> Il s'agit ici de changer le Préfixe « Dé » en « Re ». Cochez la case Préfixe et saisissez « Dé » dans Rechercher et « Re » dans Remplacer par. Cette fonction n'est pas disponible avec Word 2003, mais ce n'est pas forcément une raison suffisante pour le changer…

La fonction Remplacer est sinon très pratique, mais nécessite de toute façon prudence et relecture :

- PRUDENCE parce que si vous remplacez « couvent » par « monastère » dans la phrase suivante *Les poules couvent* [du verbe couver] *dans le couvent*, vous allez obtenir *les poules monastère dans le monastère* (ce qui prête à confusion). Évitez donc d'utiliser le bouton Remplacer tout et préférez-lui Remplacer (qui effectue un remplacement à la fois) ou Suivant (qui n'effectue pas le remplacement et va directement à l'occurrence suivante du mot à remplacer).
- RELECTURE parce que remplacer « enclume » par « papillon » va vous obliger de toute façon à rectifier tous les accords de féminin à masculin.

**MINI TEST**

**COMBIEN DE FAUTES DE GRAMMAIRE FAUT-IL RECTIFIER DANS CE TEXTE APRÈS REMPLACEMENT ?**

Dans ce texte, si on remplace « rabais » par « ristourne », combien de fautes de grammaire faudra-t-il rectifier : 1, 2, 3 ou 4 ? *Pour ce produit, un rabais éventuel, que le commercial a proposé au client par lettre, est admis.*

Solution : 4 ! *Pour ce produit, une ristourne éventuelle, que le commercial a proposée au client par lettre, est admise.* Révisez vos règles d'accord avec le COD pour demain.

Ça se trouve où ? Onglet Accueil, groupe Modification, Remplacer (2003 : Édition > Remplacer).

# Divers inclassables

**TRUC**

**AFFICHEZ (OU NON) LES CARACTÈRES INVISIBLES**

Word, par défaut, n'affiche plus ces horribles caractères invisibles (marques de fin de paragraphe, d'espace ou de tabulation). Et c'est très bien comme ça. Si jamais c'était le cas sur votre machine, ou si au contraire vous faites partie de ces nostalgiques, vous pouvez toujours les désactiver ou les activer par CTRL + 8 ou en cliquant sur l'outil Afficher tout.

**→ 2003 : Outils Options Affichage Tous**

**TRUC**

**RECOPIEZ LA MISE EN FORME PLUSIEURS FOIS**

Vous connaissez le célébrissime Pinceau (outil Reproduire la mise en forme). Il ne tire qu'un coup, c'est-à-dire que son effet se limite à la première zone sur laquelle vous cliquez. Si vous souhaitez reproduire la même mise en forme plusieurs fois, faites un Double-clic sur le Pinceau, et son effet restera actif tant que vous ne ferez pas ECHAP.

**TRUC**

### ENVOYEZ UNE TÉLÉCOPIE

Word a prévu un driver de fax qui s'utilise à la place d'une imprimante et qui permet d'envoyer un fax par votre ligne téléphonique. Pour l'installer, allez dans le Panneau de configuration à l'endroit où vous pouvez gérer les imprimantes (Matériel et audio sous Vista, Imprimantes et autres périphériques sous XP), et sélectionnez Gérez les télécopies à gauche de l'affichage, juste au-dessous de Ajouter une imprimante. Une fois ce driver installé, il vous suffira, pour envoyer un fax, de faire Imprimer et de sélectionner le driver Fax dans la liste des imprimantes disponibles.

**TRUC**

### ÉVITEZ LES IMPRESSIONS POUR RIEN

L'informatique a été créée au départ, paraît-il, pour diminuer la masse de papier... Étonnant, non ? Si vous voulez participer à la déforestation de la planète, ne suivez aucun des deux conseils qui suivent.

- Lancez toujours un Aperçu avant impression avant d'imprimer quoi que ce soit et vérifiez que tout est OK avant d'imprimer « pour de vrai ».
- On a tendance à oublier que toute feuille de papier comporte un recto et un verso. Tentez de temps à autre, si c'est possible, une impression des pages paires puis des pages impaires (dans la boîte de dialogue Imprimer). En retournant habilement les feuilles entre chaque lot, vous allez économiser 50 % de papier et de forêt (après vous être exercé pour tester le bon sens de réintroduction du papier après le premier lot, ce n'est pas si simple, vous verrez).

# 6.

# DES MAJUSCULES SANS SOUCI

La gestion des majuscules est un des pires casse-tête qui soient. Jouer du [VERR MAJ] et du [MAJ], ça rend presque aussi fou que le dernier CD de la Star Ac, c'est dire.

J'ai personnellement presque totalement résolu le problème, car je n'utilise presque plus ces touches maudites. Comment ?

- En gérant automatiquement les majuscules en début de mot et de phrase
- En obtenant directement des MAJUSCULES en tapant des minuscules
- En passant des minuscules aux MAJUSCULES sans rien ressaisir
- Et même en affichant enfin des vraies majuscules accentuées à la française, avec des É et des Ç !

# Gérez vos majuscules automatiquement

Bouton Office, bouton Options Word, catégorie Vérification, bouton Options de correction automatique, onglet Corrections automatiques. Vous allez pouvoir :

- Supprimer la 2e majuscule d'un mot (pour transformer TOto en Toto).
- Avoir automatiquement une majuscule en début de phrase et/ou de cellule (et vous permettre de tout taper en minuscules).
- Corriger l'utilisation accidentelle de [VERR MAJ] (remarquez, de toute façon, si vous suivez l'ensemble des conseils de ce chapitre, vous n'aurez plus jamais à vous servir de cette touche).

**→ 2003 : Outils > Options de correction automatique, onglet Correction automatique. Cette fenêtre Correction automatique permet d'autres choses très intéressantes, voir p. 136 et suivantes.**

# Des MAJUSCULES ou des PETITES MAJUSCULES en tapant des minuscules

La fenêtre Police propose, dans le pavé Attributs, les options MAJUSCULES ou PETITES MAJUSCULES. Il suffit d'appliquer ce format sur du texte saisi en minuscules pour qu'il se transforme aussitôt en MAJUSCULES ou en PETITES MAJUSCULES (décochez les options pour revenir aux minuscules d'origine). Essayez, ça vaut le coup.

Mais il y a mieux. Si vous rédigez des rapports avec des titres, sous-titres... vous pouvez utiliser le truc suivant qui vous permettra de tout taper en minuscules et de les voir apparaître en MAJUSCULES... Magique !

TRUC

**DES TITRES AUTOMATIQUEMENT EN PETITES MAJUSCULES**

Pour la rédaction de ce livre, j'ai modifié les Styles Titre 1, Titre 2, Titre 3... en y paramétrant des PETITES MAJUSCULES. Par cette modification, j'ai pu continuer à saisir mes titres en minuscules, et Word s'est chargé automatiquement de les transformer en PETITES MAJUSCULES avec également ce mélange de « grandes » et de « petites » majuscules (du plus bel effet, non ?).

Autre avantage : le jour où ce choix ne me conviendra plus, il me suffira de modifier les Styles correspondants sans avoir besoin de ressaisir quoi que ce soit ! Pour un exposé complet sur les Styles et leurs (énormes) avantages, voyez p. 152 et suivantes.

# Des minuscules en MAJUSCULES et réciproquement

La flèche à côté de l'outil Modifier la casse (onglet Accueil, groupe Police) permet de tester rapidement plusieurs combinaisons plutôt sympas et qui évitent de tout ressaisir, pour passer de « Comment allez-vous » à « comment allez-vous », « Comment Allez-Vous » ou même « cOMMENT ALLEZ-VOUS ».

→ **2003 : Format > Modifier la casse.**

Ou encore, bien plus pratique, le célébrissime raccourci clavier :

**MODIFIEZ LA CASSE PAR MAJ + F3**

Pour passer automatiquement de toto à Toto et TOTO. Mais vous le saviez déjà avec le tableau des raccourcis clavier (voir page 103).

# Des majuscules ACCENTUÉES

Nous l'avons déjà vu... Vous ne vous en souvenez plus ? Alors à quoi ça sert qu'on se décarcasse pour vous !

Bon, allez, ça ira pour cette fois. Voyez p. 97.

# 7.

# TOUS EN RANG !

Les tabulations permettent d'aligner simplement et facilement du texte sur des taquets d'alignement invisibles, produisant ainsi des présentations professionnelles de vos listes, tarifs, adresses, statistiques...

Enfin, facilement, seulement si vous suivez à la lettre les quelques trucs qui vont suivre. Car mon expérience de la formation en bureautique m'a appris que c'est un des domaines de Word dans lequel les mauvaises habitudes ont la vie la plus dure !

- Alignez le texte à votre goût

- Mettez des ... entre les mots

- Etc.

# Les tabulations par défaut

Pour ne pas se casser la tête, le plus simple est d'utiliser les taquets de tabulation par défaut. À chaque fois que vous appuyez sur ⇥, le pointeur se déplace de taquet par défaut en taquet par défaut. Pour reculer, RET. ARR.

**MODIFIEZ L'ESPACEMENT DES TAQUETS PAR DÉFAUT**

Dans l'onglet Mise en page, affichez la fenêtre Paragraphe (en cliquant sur le lanceur de la boîte de dialogue du groupe Paragraphe). Cliquez sur le bouton Tabulations, et modifiez l'espacement des Taquets par défaut (préparamétré à 1,25 cm). Pour 2003, Format > Tabulations.

# Les tabulations personnalisées

Si le prêt-à-porter ne vous convient pas, personnalisez donc vos taquets. C'est très simple si on s'y prend bien, et c'est la pagaille sinon. Suivez SCRUPULEUSEMENT notre mode d'emploi !

## Quels taquets de tabulations sont disponibles ?

Les taquets disponibles apparaissent à gauche de l'écran, à la croisée des règles verticales et horizontales (Figure 5). Cliquez sur cette icône, ses différentes valeurs vont défiler successivement (à chaque fois, la partie verticale de l'icône symbolise le taquet et sa partie horizontale la façon dont le texte va venir s'aligner).

Les principales options qui vont nous intéresser sont :

└ : alignement à gauche
┘ : alignement à droite
┴ : alignement au centre
┴˙ : alignement sur la virgule décimale (pour les nombres avec une virgule)

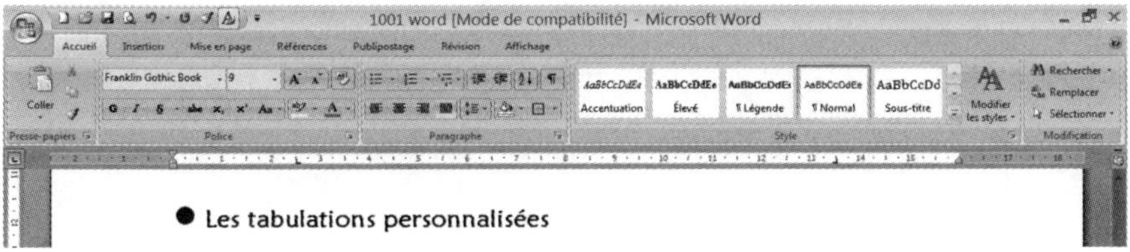


Figure 5 : des taquets sur mesure, un à 2,5 cm et l'autre à 13,5 cm

## Mode d'emploi des taquets de tabulations personnalisés

J'insiste, suivez scrupuleusement la méthode ci-dessous, elle seule assure une réussite sans problème. En piste :

1. Insertion / déplacement / suppression d'un taquet de tabulation :
    a. Sélectionnez le taquet souhaité en cliquant sur l'icône décrite ci-dessus.
    b. SANS CLIQUER DE NOUVEAU SUR CETTE ICÔNE, placez-le à l'endroit souhaité en cliquant sur la règle horizontale.
    c. Pour déplacer un taquet, faites-le glisser avec la souris.
    d. Pour supprimer un taquet, faites-le glisser EN DEHORS de la règle.
2. Recommencez l'opération précédente autant de fois que nécessaire (sur la Figure 5, j'ai inséré un taquet d'alignement à gauche à 2,5 cm et un autre d'alignement à droite à 13,5 cm).
3. Naviguez de taquet en taquet avec les touches [TAB] et [RET. ARR].
4. Si vous désirez créer une ligne avec la même mise en forme, faites [ENTRÉE] en fin de ligne : les taquets sont recopiés sur la nouvelle ligne.
5. Quand vous en avez terminé avec cette mise en forme, insérez une nouvelle ligne par [ENTRÉE] et SUPPRIMEZ SUR LA NOUVELLE LIGNE TOUS LES TAQUETS CREES. Sinon ils vont rester en mémoire et engendrer à coup sûr une joyeuse pagaille (et vous serez le seul à ne pas rire).

## ⚠ ATTENTION

• En 1b, après avoir sélectionné le taquet souhaité, il ne faut pas cliquer une nouvelle fois sur l'icône de taquet avant de le placer sur la règle (sinon vous allez changer de modèle de taquet).

• En 5, quand vous en avez fini avec vos taquets, n'oubliez pas de les enlever.

Ça vous paraît compliqué ? En fait, ça l'est plus à expliquer qu'à faire. Exercez-vous tranquillement sur un document vierge, vous allez vite comprendre comment ça marche.

**MODIFIEZ LE TYPE ET LA POSITION DU TAQUET**

Double-cliquez sur le taquet dans la règle, vous allez pouvoir changer son type et sa position au micropoil dans la boîte de dialogue Tabulations (Figure 6).

TRUC

**DES TAQUETS DANS UN TABLEAU**

Vous pouvez parfaitement insérer des taquets de tabulations personnalisés dans les cellules d'un tableau. Mais ça complique quand même un peu les manipulations : pour naviguer de taquet en taquet, il faut faire CTRL + TAB et non TAB tout court (qui dans un tableau a pour effet de naviguer de cellule en cellule).

# Mettez des ... entre les taquets

Afin, par exemple, de présenter quelque chose comme ceci :

Tunnel noir comme un four, le mètre . . . . . . . . . . . . . . . . .4 francs
Tunnel noir comme deux fours, le mètre . . . . . . . . . . . . . .4,50 francs
Supplément par four . . . . . . . . . . . . . . . . . . . . . . . . . . . . . . . .10 sous
Doigt adhésif pour compter au-delà de 10 . . . . . . . . . . . . .20 sous

[Hommage à Pierre Dac]

Il ne s'agit évidemment pas d'insérer des ... autant de fois qu'il le faudra (encore que, faute de mieux, ça ne marche pas si mal) !
Pour cette présentation, j'ai utilisé les taquets de la Figure 5.

Il suffit de faire un double-clic sur un des taquets et reproduire les paramètres de la Figure 6 selon la méthode ci-dessous :

1. Comme les Points de suite (les « pointillés ») sont à insérer entre le 1er et le 2e taquet, sélectionnez le 2e (ne me demandez pas pourquoi, mais ces Points de suite sont toujours insérés AVANT le taquet sélectionné).
2. Dans le pavé Points de suite, sélectionnez l'option souhaitée (ici, les ...).

# ATTENTION

**Les insuccès dans le paramétrage des points de suite sont liés :**

- **Au fait que vous ne sélectionnez pas le taquet DEVANT LEQUEL vous voulez insérer vos points de suite.**

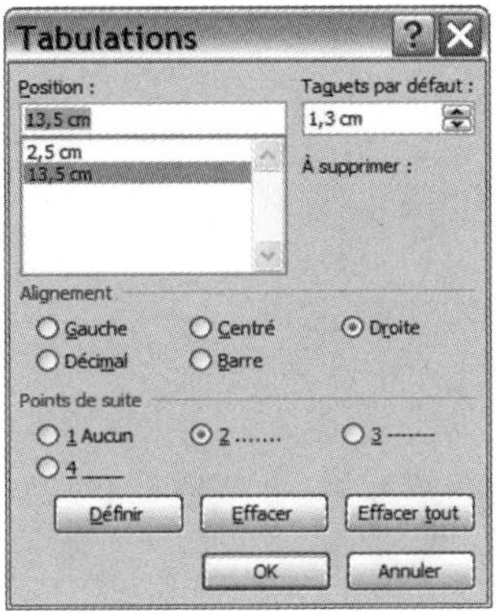


Figure 6 : des pointillés entre les taquets
(ici des ... entre le taquet 2,5 cm et le taquet 13,5 cm)

# 8.

# TOUT SUR LES TABLEAUX

**Les documents Word s'enrichissent très souvent de texte et d'information bien alignés. Il y a plusieurs façons de les réaliser :**

- **Insérez des feuilles de calcul Excel qui se modifient toutes seules**
- **Réajustez automatiquement les largeurs de colonnes**
- **Convertissez un tableau en texte**
- **Etc.**

Dans la grande et belle famille des tableaux, il y a les tableaux AVEC calculs et les tableaux SANS calculs.

# Tableau avec calculs

Disons-le tout net : bien que la mouture 2007 offre quelques améliorations dans ce domaine, on reste très loin des possibilités des tableaux Excel. La solution en la matière est donc :

1. Préparez votre tableau sous Excel avec toutes vos formules et vos mises en forme.
2. Copiez-le.
3. Et collez-le dans Word.

Avec la nuance que cette dernière opération (le collage) peut s'effectuer en créant ou non un LIEN DYNAMIQUE entre le tableau Excel et le document Word : toute modification du tableau Excel pourra si vous le souhaitez se répercuter automatiquement sur le document Word.

## Collez de l'Excel interactif dans Word SANS liaison

C'est-à-dire SANS créer de lien entre le tableau Excel et votre document.

Vous pouvez très bien coller votre tableau Excel directement, mais ce n'est pas la meilleure solution.

TRUC

**COLLAGE SPÉCIAL DANS WORD**

Il n'y a pas que le Copier-coller dans la vie ! Et le Copier-collage spécial ? Accédez-y en cliquant sur la flèche située sous le bouton Coller de l'onglet Accueil, groupe Presse-papiers. Différentes options sont possibles. Dans le cas qui nous intéresse ici, le collage d'un tableau Excel, reproduisez donc les réglages de la Figure 7.

**→ 2003 : le collage spécial se trouve dans Édition > Collage spécial.**

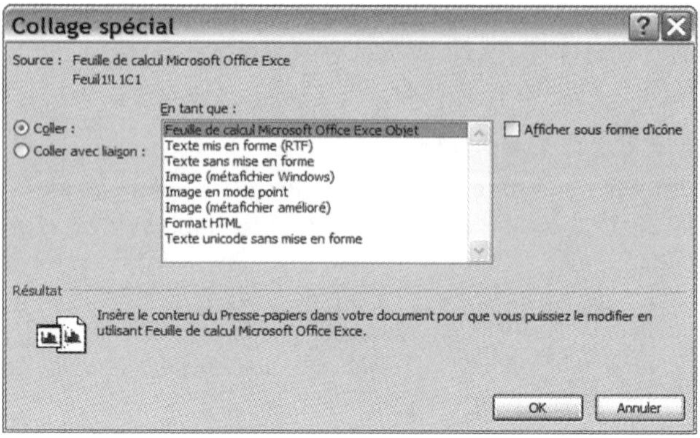


Figure 7 : les différentes options du Collage spécial

L'avantage de ce Collage spécial par rapport à un collage bête et méchant (ne le prenez pas mal) ? Vous pouvez maintenant double-cliquer sur votre tableau Excel dans WORD et le modifier DIRECTEMENT sous Excel. C'est INTERACTIF ! Woah !

## Collez de l'Excel interactif dans Word AVEC liaison

**AVEC** liaison, c'est-à-dire en créant un LIEN DYNAMIQUE entre le tableau Excel et votre document. Il vous suffira dans ce cas par la suite de modifier le tableau Excel source, votre document Word sera automatiquement mis à jour avec le tableau rectifié.

TRUC

**METTEZ À JOUR AUTOMATIQUEMENT UN DOCUMENT WORD AVEC UN TABLEAU EXCEL**

Le mode opératoire est exactement le même que précédemment (Figure 7), à la nuance qu'il faut cocher la case Coller avec liaison. Toute modification sur le tableau Excel source sera automatiquement répercutée sur le document Word cible.

Cette bidouille est particulièrement utile si vous avez à transmettre régulièrement un document Word avec, par exemple, les statistiques commerciales du mois en cours. Vous n'avez qu'à mettre à jour votre classeur Excel, et imprimer votre document Word sans même le lire !

Attention : ne pas déplacer ou supprimer ce classeur Excel source, sinon vous obtiendrez un message d'erreur et tout sera à refaire.

# Tableau sans calcul

Dans ce cas-là, il vaut mieux le créer et le gérer entièrement sous Word. Le mode opératoire est globalement le même sous 2003 ou 2007, avec quelques « plus » sympas sous ce dernier : la possibilité de créer des Tableaux rapides (modèles de tableau) très facilement, ainsi que des modèles de formatage tout prêts et bien agréables.

TRUC

**DES MODÈLES DE TABLEAUX SOUS WORD 2007**

Créez un tableau vierge présenté comme vous l'entendez, sélectionnez-le, puis onglet Insertion, groupe Tableau, liste déroulante de Tableau, Tableaux rapides > Enregistrer la sélection... Pour utiliser un de ces tableaux rapides, onglet Insertion, Tableau, Tableaux rapides.

Pour créer un tableau, onglet Insertion, groupe Tableau, et dessinez ou insérez directement votre tableau (Tableau > Insérer ou Dessiner pour 2003). Conservez les options par défaut d'ajustement automatique (Sinon ? Sinon on vous aura prévenu...).

RAPPEL

**PRÉCAUTION AVANT D'INSÉRER UN TABLEAU**

Pour éviter tout souci, particulièrement avec les versions précédentes de Word, il est conseillé d'insérer une ligne vierge avant et après tout tableau Word.
Ce sera ainsi plus facile de « sortir » du tableau, soit vers le haut soit vers le bas.

TRUC

**SÉLECTIONNEZ DANS UN TABLEAU**

- Le tableau : cliquez en haut à gauche du tableau sur le dessin à quatre flèches (Figure 8).
- Une ligne : cliquez dans la marge à gauche de la ligne.
- Une colonne : cliquez au-dessus de la colonne.
- Une cellule : cliquez juste à droite du trait vertical à gauche de la cellule.
- Bien entendu, toutes les combinaisons avec MAJ et CTRL fonctionnent comme nous l'avons déjà exposé.

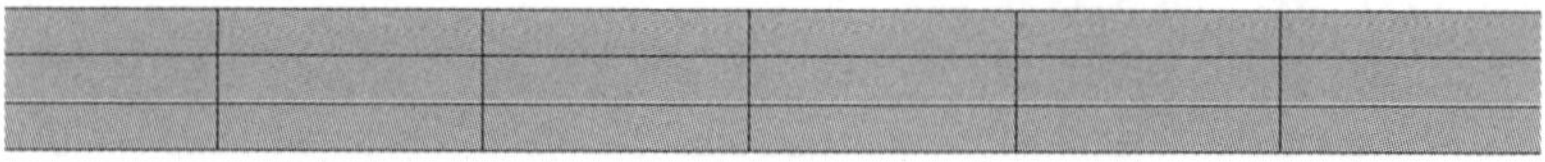

Figure 8 : tout un tableau sélectionné

Dès votre tableau créé, vous pouvez lui faire subir tous les traitements possibles et imaginables : ajouter ou supprimer des colonnes, modifier les options d'alignement vertical et horizontal, fusionner ou scinder des cellules, jouer des quadrillages, que sais-je encore. Il suffit pour cela de faire un Clic droit pour accéder à son menu contextuel (mais vous le saviez déjà). Cependant, certaines options de gestion d'un tableau sont encore mal connues.

**LES OPTIONS CACHÉES DES TABLEAUX**

TRUC

- Réajustez automatiquement la largeur ou la hauteur de lignes et colonnes en les sélectionnant et en faisant Clic droit > Ajustement automatique.
- Word 2007 offre pas mal de styles de tableaux (onglet Outils de tableau > Création, groupe Styles de tableaux). Word 2003 offre quand même quelques possibilités sympas par Tableau > Format automatique.

**SACHEZ VOUS DÉPLACER DANS UN TABLEAU**

TRUC

Pour se déplacer dans un tableau, vous pouvez utiliser la touche TAB (et le contenu de la cellule se grise, voir p. 110). Mais on peut utiliser les flèches de déplacement ← ↓ ↑ et →, le curseur se place alors à la fin du texte si la cellule en contient.

**EFFACEZ LE CONTENU D'UN TABLEAU OU SUPPRIMEZ-LE**

TRUC

Sélectionnez un tableau.

Si vous appuyez sur SUPPR, vous n'effacez que son contenu.

Pour le supprimer totalement, onglet Outils de tableau > Disposition, groupe Lignes et colonnes, bouton Supprimer (Tableau > Supprimer > Tableau sous Word 2003). Vous pouvez aussi sélectionner le tableau + 1 ligne vide puis SUPPR.

Si votre tableau est particulièrement long et risque d'être coupé par le saut de page, vous pouvez définir une ligne de titre.

TRUC

**CRÉEZ UN TITRE QUI SE RÉPÉTERA EN HAUT DE CHAQUE PAGE**

Onglet Outils de tableau > Disposition, groupe Données, Répéter les lignes d'en-têtes (Tableau > Titre sous Word 2003).

Enfin, il peut être utile de savoir qu'on peut récupérer le contenu d'un tableau pour en faire du texte ou, au contraire, récupérer du texte pour le mettre en tableau.

TRUC

**CONVERTISSEZ UN TABLEAU EN TEXTE**

Vous disposez d'un tableau, et vous souhaitez en récupérer le contenu, sans le cadre.

Prenez une copie de ce tableau sur un document vierge, sélectionnez-le et allez dans l'onglet Outils de tableau > Disposition, groupe Données, Convertir en texte (Tableau > Convertir > Tableau en texte sous Word 2003). Choisissez le séparateur d'enregistrement (« - » convient très bien) et validez.

TEXTE

**CONVERTISSEZ DU TEXTE EN TABLEAU**

C'est l'option inverse. Très pratique pour créer un tableau quand on dispose des données brutes non présentées en tableau. Bon, bien sûr, on ne peut pas prendre du texte brut, il faut un peu le préparer. Le texte doit déjà être en forme, sur plusieurs lignes (qui constitueront les lignes du tableau) ; chaque futur élément de cellule doit être séparé de son voisin par un caractère spécial, par exemple par une espace de tabulation obtenue en appuyant sur TAB.

Sélectionner le texte et onglet Insérer, Tableau > Convertir le texte en tableau (Tableau > Convertir > Texte en tableau sous Word 2003). Si le point précédent a été correctement traité, Word doit comprendre ce que vous lui demandez, il ne vous reste plus qu'à valider.

# 9. CORRECTIONS AUTOMATIQUES

Avez-vous remarqué ? Quand vous tapez par exemple « a t on », Word vous le modifie immédiatement en « a-t-on ».

C'est ce que Word appelle une Correction automatique. Bien utilisée, elle permet bien d'autres fantaisies qui vont vous simplifier la vie (moi qui l'ai essayée, elle a simplifié la mienne). Sans compter d'autres possibilités...

- Des formules de politesse automatiques

- Des 1$^{er}$ et des 2$^{nd}$

- Etc.

Toutes ces fonctions s'atteignent par le bouton Office, bouton Options Word, catégorie Vérification (à gauche de la fenêtre), bouton Options de correction automatique, onglet Correction automatique. Rappelez-vous, nous y avions déjà accédé au chapitre parlant des majuscules.

**→ 2003 : Outils > Options de correction automatique, onglet Correction automatique.**

# Soyez poli sans vous fatiguer

Le principe des corrections automatiques (Figure 9) est très simple : la zone Remplacer contient la chaîne de caractères qui sera remplacée par celle qui se trouve dans la zone Par. Dans l'exemple cité en introduction, c'est la chaîne « a t on » qui se trouve dans Remplacer et « a-t-on » dans Par. Faites donc défiler la liste déroulante, vous verrez qu'il y en a une sacrée quantité, les programmeurs ont eu de l'imagination.
Pour ajouter une correction automatique, remplissez les deux zones Remplacer et Par et cliquez sur Ajouter. Pour en supprimer une, sélectionnez-la et cliquez sur Supprimer.
Cette fonctionnalité peut être détournée de sa fonction première (rectifier en ligne des fautes d'orthographe) pour se simplifier la vie sur des opérations répétitives. Imaginons par exemple que j'écrive beaucoup de lettres et que j'aie l'habitude de les conclure par une formule de politesse du style *Veuillez agréer, Monsieur, l'expression patati patata*. Il est probable que je finisse par me lasser d'entrer indéfiniment cette formule, d'autant que j'aurai aussi des *Madame* et des *Mademoiselle* à saluer (même si c'est nettement plus agréable dans ces deux derniers cas). La solution est de créer un code mnémotechnique (par exemple « Polh » pour « Formule de politesse pour les hommes ») sur le modèle fourni par la Figure 9.

> **DES CORRECTIONS AUTOMATIQUES POUR LES PARESSEUX POLIS**
>
> Dans la fenêtre Correction automatique, paramétrez une correction remplaçant par exemple « polh » par « Veuillez agréer, Monsieur, l'assurance de ma considération distinguée ». Il vous suffira de taper le code (suivi d'une espace) pour que Word vous le remplace automatiquement par votre formule de politesse.
>
> Vous pouvez sur le même modèle créer le code « polf » pour les femmes et « pollle » pour les demoiselles. Bien évidemment, le code choisi ne doit rien vouloir dire par ailleurs, sinon le résultat sera parfois surprenant...
>
> Ce truc peut aussi fonctionner pour des patronymes un peu compliqués, comme De Meesmaekert (les admirateurs de Gaston me comprendront).

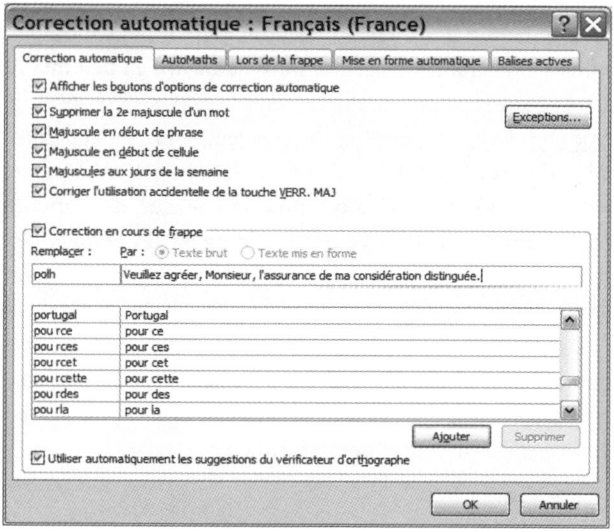


Figure 9 : une correction automatique pour être poli

# D'autres corrections sympas

## « », ½ et 1er

Ça se passe dans l'onglet Lors de la frappe de la Figure 9. D'autres options sont possibles, notamment la transformation automatique des adresses Internet en liens. J'ai personnellement passé cette modification :

**ANNULEZ LA MODIFICATION DU TIRET DEMI-CADRATIN**

Word propose également de transformer automatiquement un double tiret « -- » par un Tiret demi-cadratin « – ».

## Supprimez les balises actives

Ce sont ces intrusions très agaçantes quand vous entrez du texte d'une certaine forme. Par exemple, quand vous tapez un nom dans une lettre, Word se dit que ça serait intéressant de s'en servir pour autre chose (on ne sait pas bien quoi) et vous propose alors d'insérer cette fichue balise active.

Si vous partagez notre avis, décochez la case Marquer le texte avec des balises actives de l'onglet Balises actives de cette Figure 9.

# Pour refuser certaines modifications

Parfois les corrections automatiques tombent mal à propos. Vous pouvez alors les refuser sans autre forme de procès. Il suffit de placer son curseur sur le texte corrigé, un soulignement bleu apparaît ; cliquez sur la flèche de liste déroulante et sélectionnez l'option souhaitée (ici la création de fractions automatiques, Figure 10).

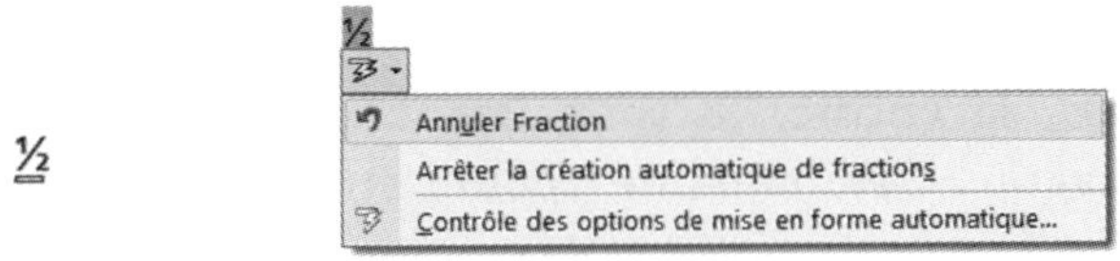


Figure 10 : annuler la création de fractions automatiques

# 10.

# DESSINEZ COMME MICHEL ANGE

Mieux vaut un bon dessin qu'un long discours, a-t-on coutume de dire.

Mais, là encore, la connaissance de quelques astuces peut s'avérer déterminante pour être véritablement efficace (d'autant que l'essentiel de ces trucs sera utilisable avec Excel et PowerPoint : d'une pierre trois coups, qui dit mieux ?).

- Des flèches à tête chercheuse

- Des images bien habillées

- Des vrais ronds et des vrais carrés

- Etc.

Rappel : pour faciliter votre travail, pensez bien à désactiver si ce n'est pas le cas les horripilantes zones de dessins comme il a déjà été indiqué page 97.

# Formes automatiques

L'ensemble des formes automatiques s'insère dans l'onglet Insertion, groupe Illustrations, Formes.

**→ 2003 : les formes automatiques sont accessibles, ainsi que toutes les autres options de dessin, sur la barre d'outils Dessin (bouton Dessin ou Affichage > Barre d'outils > Dessin).**

Les formes automatiques se gèrent assez simplement sans se casser la tête. Quelques variations de MAJ, CTRL et ALT peuvent néanmoins vous simplifier la vie.

TRUC

**DES VRAIS RONDS (ET CARRÉS) À PARTIR DU CENTRE ET DESSINÉS AU MILLIPOIL**

En traçant une ellipse, si vous enfoncez en même temps :

MAJ , vous aurez un cercle (et non un ballon de rugby).

CTRL , vous le dessinez à partir du centre (et non du coin).

ALT , le dessin ne s'alignera plus sur la grille invisible, permettant ainsi un dessin plus fin.

Bien entendu, tout ça fonctionne aussi pour les rectangles et les autres formes géométriques. Et toutes les combinaisons de MAJ, CTRL et ALT aussi. Elle n'est pas belle la vie ?

On peut aussi faire des trucs marrants avec les traits et les flèches.

TRUC

**DES TRAITS ET DES FLÈCHES ORIENTÉS À 45° AVEC MAJ**

Vous avez du mal à orienter correctement vos traits et flèches ? Enfoncez MAJ en les dessinant, et vous les verrez s'aligner sur un rapporteur invisible avec des sauts tous les 15°. Trop fort...

D'autres options peu connues permettent des choses intéressantes. Voici une liste de quelques outils (Figure 11) dont nous allons détailler plus bas le fonctionnement :

- Grouper (repère **A**).
- Aligner (repère **B**).
- Mettre au premier plan (repère **C**).
- Mettre en arrière-plan (repère **D**).

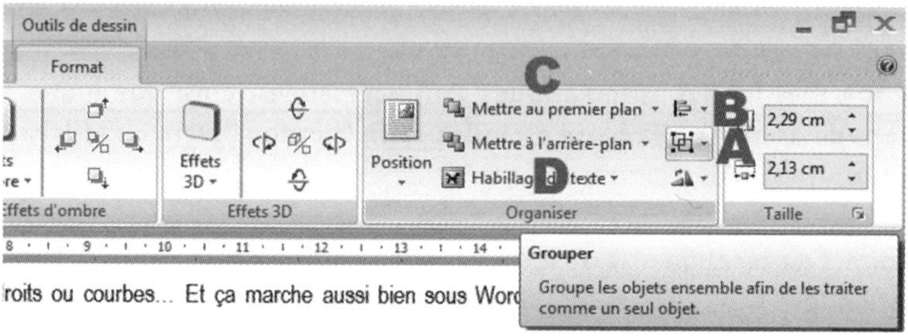


Figure 11 : les outils d'Organisation des dessins

**SÉLECTIONNEZ PLUSIEURS FORMES AUTOMATIQUES**

Le plus simple est de les sélectionner les unes après les autres en maintenant la touche CTRL enfoncée.

Une fois cette sélection faite, vous pouvez :

**FAIRE DE PLUSIEURS DESSINS UN SEUL**

Sélectionnez plusieurs formes et groupez-les avec l'outil Grouper (onglet Outils de dessin, Format, groupe Organiser, Grouper (Figure 11)).

Résultat : les formes qui auparavant étaient indépendantes les unes des autres forment maintenant un seul et unique objet qui peut être redimensionné, copié, déplacé, tourné, coloré... comme un tout. Truc très efficace et peu connu.

L'opération inverse est Dissocier (dans le bouton Grouper).

**→ 2003 : les options Grouper et Dissocier sont disponibles sur le bouton Dessiner de la barre d'outils Dessin (Afficher > Barre d'outils > Dessin).**

Les formes peuvent également tourner :

TRUC

**ROTEZ (ET TOURNEZ) LES FORMES**

Sélectionnez la forme et faites-la tourner par la Poignée de rotation (avec le point vert) : vous obtenez une rotation libre autour du centre de la forme. Si ça ne vous suffit pas :
Pour tourner par paliers de 15°, enfoncez en même temps MAJ.
Pour tourner à partir du bord, enfoncez en même temps CTRL .
Bien entendu, MAJ et CTRL se combinent harmonieusement...

Elles peuvent également passer du premier au dernier plan :

TRUC

**ÉTAGEZ LES PLANS EN PROFONDEURS**

Cette option permet de passer les objets les uns au-dessus (ou au-dessous) des autres. Dans le groupe d'Organisation des dessins (Figure 11), sélectionnez la flèche déroulante des outils Mettre au 1er plan ou Mettre à l'arrière-plan et sélectionnez l'option souhaitée.

**→ 2003 : cette option d'étagement des plans en profondeur se trouve dans la barre d'outils Dessin, Dessiner > Ordre.**

Enfin, vous pouvez demander à ce que vos formes s'alignent ou se répartissent automatiquement entre elles :

TRUC

**ALIGNEZ LES FORMES ENTRE ELLES**

Sélectionnez vos formes. Dans l'onglet Outils de dessin, Format, groupe Organiser, cliquez sur l'outil Aligner (Figure 11). Les différentes options d'alignement (six en tout) sont résumées sur la Figure 12.

TRUC

**RÉPARTISSEZ HARMONIEUSEMENT LES FORMES ENTRE ELLES DANS L'ESPACE DONT ELLES DISPOSENT**

Ce truc va vous permettre de répartir régulièrement vos dessins entre les deux dessins extrêmes (pour cela, il faut bien évidemment avoir au moins trois formes à répartir...). Sélectionnez vos dessins, et comme précédemment, dans l'onglet Outils de dessin, Format, groupe Organiser, cliquez sur l'outil Aligner (Figure 11) et choisissez Distribuer verticalement ou Horizontalement (Figure 12).

**→ 2003 : toutes ces options d'alignement et de répartition se trouvent dans la barre d'outils Dessin, bouton Dessiner > Aligner ou répartir.**

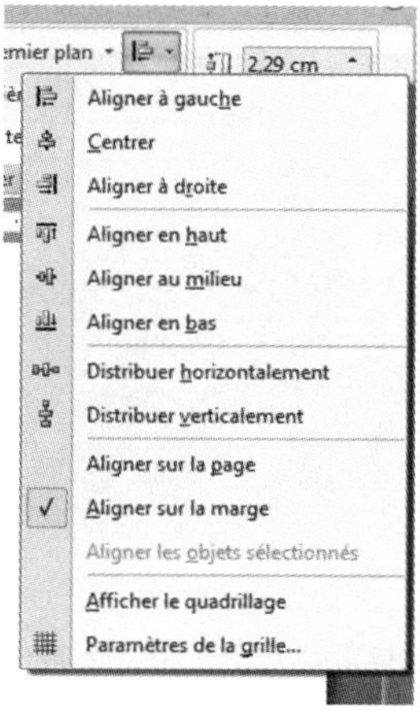


Figure 12 : les options d'alignement et de répartition des dessins

# Des schémas d'enfer

La nouvelle mouture d'Office offre à ce sujet le module SmartArt (onglet Insertion, groupe Illustrations, SmartArt) qui offre pas mal de possibilités. Et même beaucoup. Vous n'aurez plus aucune excuse pour ne pas réussir des œuvres d'art ! Par contre, Office 2003 était beaucoup plus chiche en la matière. Sauf si on connaissait les Connecteurs !

TRUC

**OBTENEZ QUAND MÊME DES SCHÉMAS D'ENFER AVEC LES CONNECTEURS (OFFICE 2003)**

Créez des pavés de texte comme sur la Figure 13.
Les différents connecteurs se trouvent dans la barre d'outils Dessin > Formes automatiques > Connecteurs ; sélectionnez celui qui vous convient. Approchez votre curseur du 1er pavé, vous allez voir des points d'ancrage apparaître. Cliquez sur celui qui vous convient. Approchez-vous du 2e pavé et choisissez de la même façon un point d'ancrage. C'est fait. Avantages ? Votre connecteur est parfaitement aligné et centré, nickel.
Si vous déplacez un des pavés, en plus, le connecteur va suivre le mouvement ! J'y crois pas ! Et en plus, il y a tout un choix de connecteurs, droits, à angles droits ou courbes... Et ça marche aussi bien sous Word qu'Excel ou PowerPoint !

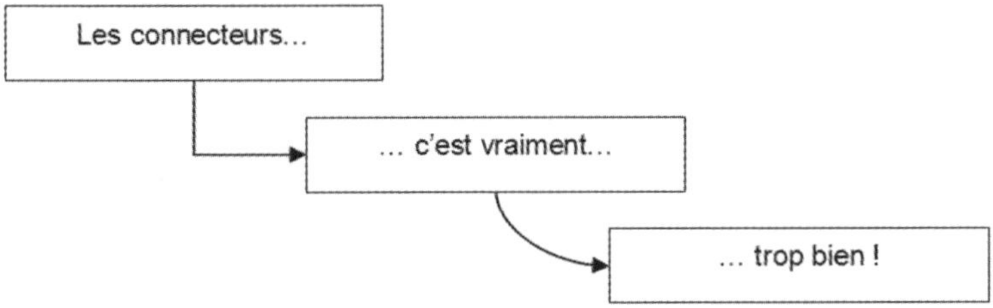


Figure 13 : de beaux schémas sous Word, Excel et PowerPoint 2003

# Images

Ici encore, les avantages de Word 2007 sur son prédécesseur sont évidents. Insérer une image (onglet Insertion, groupe Illustrations, Images) est très facile et les nombreuses possibilités de l'onglet Outils Image, Format (disponible dès qu'on sélectionne une image Figure 14) sont véritablement très convaincantes. En comparaison, Word 2003 paraît bien pâlichon.

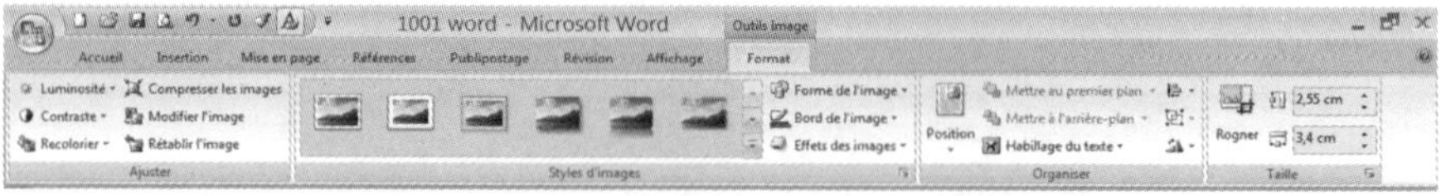


Figure 14 : la barre d'outils pour gérer les images

Qu'y a-t-il de véritablement utile à noter ?

**JOUEZ SUR LE CONTRASTE, LA LUMIÈRE ET LA COULEUR DES IMAGES**

Dans le groupe <u>Ajuster</u> (Figure 14).

TRUC

**HABILLEZ VOS IMAGES !**

L'habillage, c'est la façon dont le texte se comporte autour de l'image (Figure 15). Il se gère par l'option <u>Habillage</u> du texte du groupe <u>Organiser</u> (Figure 14).

- Par défaut, quand vous insérez une image, celle-ci ne s'intègre pas véritablement dans le texte et crée autour d'elle un espace vide assez désagréable (c'est le cas de la 1re image en haut à gauche de la Figure 15).
- Si vous voulez que le texte vienne l'encadrer, choisissez une des options <u>Carré</u> ou <u>Rapproché</u>, comme pour la 2e image de la Figure 15.
- Si vous voulez qu'elle apparaisse au-dessus ou au-dessous du texte, choisissez <u>Devant le texte</u> (ou <u>Derrière</u>) comme pour la dernière image en bas à droite de la Figure 15.

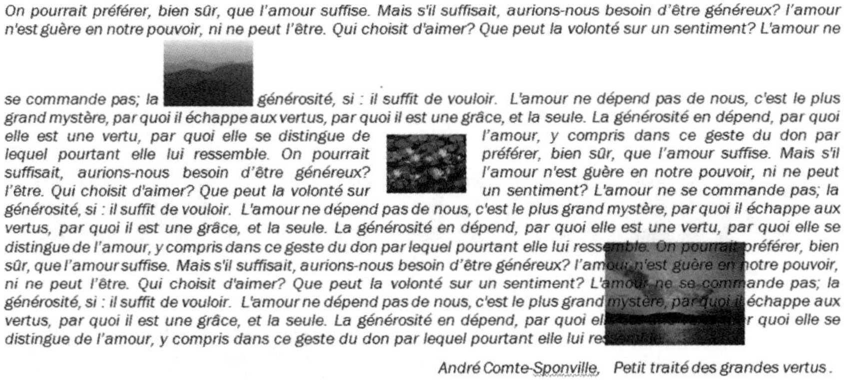

*On pourrait préférer, bien sûr, que l'amour suffise. Mais s'il suffisait, aurions-nous besoin d'être généreux? l'amour n'est guère en notre pouvoir, ni ne peut l'être. Qui choisit d'aimer? Que peut la volonté sur un sentiment? L'amour ne se commande pas; la générosité, si : il suffit de vouloir. L'amour ne dépend pas de nous, c'est le plus grand mystère, par quoi il échappe aux vertus, par quoi il est une grâce, et la seule. La générosité en dépend, par quoi elle est une vertu, par quoi elle se distingue de l'amour, y compris dans ce geste du don par lequel pourtant elle lui ressemble. On pourrait préférer, bien sûr, que l'amour suffise. Mais s'il suffisait, aurions-nous besoin d'être généreux? l'amour n'est guère en notre pouvoir, ni ne peut l'être. Qui choisit d'aimer? Que peut la volonté sur un sentiment? L'amour ne se commande pas; la générosité, si : il suffit de vouloir. L'amour ne dépend pas de nous, c'est le plus grand mystère, par quoi il échappe aux vertus, par quoi il est une grâce, et la seule. La générosité en dépend, par quoi elle est une vertu, par quoi elle se distingue de l'amour, y compris dans ce geste du don par lequel pourtant elle lui ressemble. On pourrait préférer, bien sûr, que l'amour suffise. Mais s'il suffisait, aurions-nous besoin d'être généreux? l'amour n'est guère en notre pouvoir, ni ne peut l'être. Qui choisit d'aimer? Que peut la volonté sur un sentiment? L'amour ne se commande pas; la générosité, si : il suffit de vouloir. L'amour ne dépend pas de nous, c'est le plus grand mystère, par quoi il échappe aux vertus, par quoi il est une grâce, et la seule. La générosité en dépend, par quoi el… r quoi elle se distingue de l'amour, y compris dans ce geste du don par lequel pourtant elle lui ressemble.*

*André Comte-Sponville, Petit traité des grandes vertus.*

Figure 15 : différentes façons d'habiller vos images

**RECADREZ VOS IMAGES**

Par l'outil Rogner du groupe Taille (Figure 14).

**→ 2003 : de manière générale, les options décrites ci-dessus sont directement accessibles par la barre d'outils Image. Elle devrait apparaître directement quand vous cliquez sur une image. Si ce n'est pas le cas, Clic droit > Afficher la barre d'outils Image.**

# II.

# UNE MISE EN PAGE DE PRO

La mise en page, c'est la façon dont la page est organisée (orientation, marges, en-têtes...). Elle est bien évidemment totalement indépendante de la mise en forme du texte en lui-même (polices, retraits, couleurs...), même si Word 2007 a inclus dans cet onglet des options (par ailleurs fort intéressantes) de mise en forme comme les Thèmes.

Elle comprend aussi les en-têtes et les pieds de page.

- Une 1re page différente
- Présentez un document en mode Portrait et Paysage mélangés
- Retrouvez rapidement un document ancien au vu de son référencement de pied de page
- Etc.

Une bonne partie des possibilités de mise en page sont disponibles dans l'onglet Mise en page. Elles sont si faciles d'utilisation qu'il serait bon que vous vous y aventuriez seul. Par contre, le lanceur de la boîte de dialogue Mise en page révèle quelques pépites.

**→ 2003 : cette boîte de dialogue s'obtient par Fichier > Mise en page.**

# Une première page différente

Très souvent, la première page d'un document, notamment s'il s'agit d'un rapport, a une mise en page différente des autres pages : pas de numéro de page, titre en gros, en-têtes ou pieds de page différents ou absents, etc.
Word mouture 2007 propose directement cette option (onglet Insertion, groupe Pages, outil Page de garde).
Si vous n'en disposez pas, ou si vous souhaitez tout simplement faire différemment, il suffit d'ouvrir la boîte de dialogue Mise en page et, dans l'onglet Disposition et dans le pavé En-tête et pied de page, de valider le choix 1re page différente.
D'autres possibilités sont offertes par les Sauts de section (voir ci-dessous).

# Variez les mises en page dans le même document

Si vous voulez varier les mises en page dans le même document (par exemple changer d'orientation en cours de route, Portrait ou Paysage), il ne faut pas utiliser l'outil Orientation (groupe Mise en page, onglet Mise en page), car il ne sait pas appliquer cette orientation à une seule partie de votre document.
Il faut lancer la boîte de dialogue Mise en page, et se rendre sur l'onglet Marge. Choisissez votre orientation tout en spécifiant bien À partir de ce point dans la liste déroulante Appliquer à (tout en bas de cette boîte de dialogue, dans le pavé Aperçu).
Vous pouvez aussi utiliser les sauts de section pour des possibilités plus étendues (voir ci-dessous).

# Plus de possibilités avec les sauts de section

Une section, c'est une sous-partie d'un document pour laquelle on peut gérer une mise en page différente du reste du document. Il n'y a pas de limitation au nombre de sections qu'un document peut contenir.

Pour l'essentiel, on peut y spécifier :

- Des marges différentes.
- Une orientation différente.
- Des en-têtes et pieds de page différents.

Il existe pour l'essentiel deux types de sauts de section : en continu ou, le plus fréquent, avec un saut de page. Onglet Mise en page, groupe Mise en page, bouton Saut de page, Saut de section Page suivante.

**→ 2003 : Insertion > Saut, Type de saut de section Page suivante.**

Il n'est pas facile de détecter visuellement un saut de section, surtout s'il est en continu.

TRUC

**VISUALISEZ LES SAUTS DE SECTION ET AUTRES SYMBOLES DE MISE EN FORME MASQUÉS**

Même si souvent les modifications de mise en page au cours du même document sont dues à des sauts de section, ce n'est pas systématique (vous pouvez fort bien par exemple insérer un saut de page sans saut de section). Pour en avoir le cœur net et visualiser les sauts de section (ainsi que les autres symboles de mise en page invisibles), cliquez sur le bouton Afficher tout ou, plus simple, CTRL + 8.

Le mode Plan (voir p. 158 et suivantes) affiche également ces sauts de section.

De nombreux effets de mise en page peuvent maintenant, si vous le désirez, s'effectuer À cette section exclusivement, comme par exemple les deux manipulations décrites ci-dessus.

## Retrouvez rapidement un document en le référençant

Votre patron (ou vous-même) retrouve une vieille note de service qu'il faut de toute urgence ressortir (en l'ayant modifiée). Si vous ne disposez pas d'une mémoire de cheval, il va vous falloir un peu de temps pour retrouver le fichier correspondant dans votre bécane. Sauf si vous RÉFÉRENCEZ dès maintenant tous vos documents avec par exemple le NOM DU FICHIER et son EMPLACEMENT dans le pied de page !

Comment faire ?
Affichez le pied de page de votre document par l'onglet Insertion, groupe En-tête et pied de page, Pied de page > Modifier le pied de page. Dans l'onglet des Outils des en-têtes et pieds de page (création), cliquez dans le groupe Insérer sur le bouton Composants QuickPart, puis sur Champ et enfin sur le champ FileName et alimentez la boîte de dialogue comme indiqué par la Figure 16 (en n'oubliant pas de cocher la case Ajouter le chemin au nom du fichier).

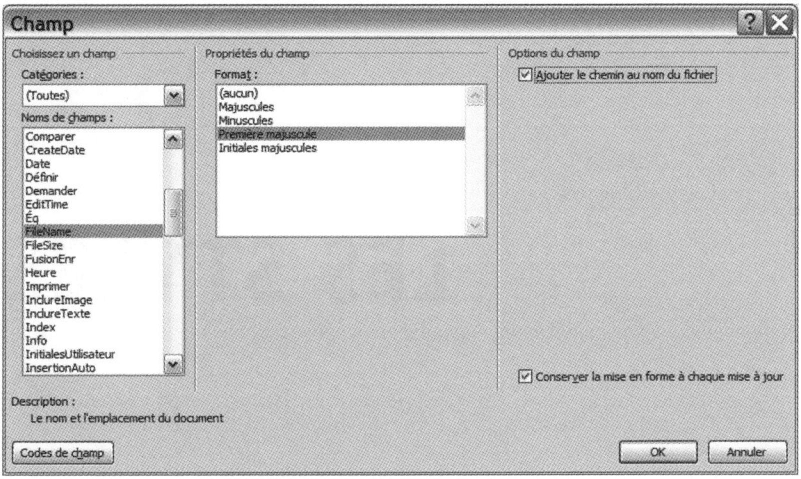


Figure 16 : insérer le nom complet d'un document dans son pied de page

Word va désormais, dès que votre document sera enregistré, indiquer en pied de page son NOM avec son CHEMIN complet. Il vous sera ainsi très facile de le retrouver.

TRUC

**INSÉREZ LE NOM COMPLET DU DOCUMENT DIRECTEMENT DANS LE MODÈLE NORMAL**

Vous savez déjà modifier le modèle Normal (voir p. 94). La manipulation que nous venons de voir fait à mon avis partie de celles qui sont indispensables à intégrer dans ce dit modèle, afin de ne jamais être pris au dépourvu.

**→ 2003 : accédez au pied de page par Affichage > En-tête et pied de page et basculez dans le pied de page. Faites alors Insertion > Champ, et insérez le champ FileName comme précédemment (Figure 16).**

# 12.

# LES STYLES

Si vous ne vous êtes jamais servi des Styles (ou des Feuilles de style, c'est la même chose), faites-moi l'amitié de suivre ces courtes explications. Vous serez payé en retour au centuple, voire même plus, par le temps que vous allez gagner ultérieurement, promis juré craché.

Et si de plus vous couplez ces styles avec les techniques exposées au chapitre suivant, vous serez le roi du pétrole !

- Modifiez en un clic l'apparence de votre rapport
- Changez d'un coup d'un seul l'ordre et la hiérarchie de ses chapitres
- Etc.

# Un style, c'est quoi exactement ?

C'est l'enregistrement de tous les paramètres qui gèrent l'apparence d'un texte (police, alignement, espacement, bordure, puces...). Tout texte auquel un style est appliqué prend l'apparence de ce style. Vous pouvez créer autant de styles que vous voulez et les modifier à votre guise ; vous pouvez aussi les récupérer d'un autre document.

Imaginons que je ne connaisse pas les styles. Quand je rédige un document un peu volumineux (très vite en fait, dès la 2e page), j'aime bien présenter certains éléments identiques en logique (remarques, titres, etc.) avec une apparence identique (type et taille de police, alignement, couleur...). Comme personne ne m'a parlé des styles, je vais recopier (par exemple avec le Pinceau) la mise en forme initiale partout où je le souhaite. Bien.

Mais mes choix initiaux ne sont pas toujours très heureux (en fait pratiquement jamais). Quand je crois avoir terminé mon document, je m'aperçois que telle police devrait être plus grande, telle autre différente, que tel retrait est inadapté, etc.

De la façon dont je m'y suis pris (sans les styles) je n'ai pas d'autre solution que de reprendre tout le texte pour passer ces modifications partout où il le faut : inutile de vous dire le temps que je vais perdre à ce petit jeu !

Avec les styles, ce long et pénible travail de modification est exécuté en 30 secondes (en fait, le temps nécessaire à la modification de ce style).

**INFO**

**DE L'UTILITÉ DES STYLES**

Les Styles permettent de gérer très rapidement et facilement l'apparence d'un document et de la modifier en un instant quelle que soit sa taille.

C'est un outil INDISPENSABLE à connaître pour gagner temps, qualité et homogénéité de présentation. De plus, il accélère de manière incroyable la rédaction et la modification d'un document complexe comme un rapport ou un livre, avec des chapitres, sous-chapitres...

# Affectez un style existant à du texte

Simplissime !

La fenêtre Styles (qui contient tous les styles disponibles pour votre document) est accessible en cliquant sur le lanceur de boîte de dialogue Style (groupe Style de l'onglet Accueil).

**→ 2003 : cliquez sur la liste déroulante de l'outil Style de la barre d'outils Mise en forme (juste à gauche de Police).**

Positionnez-vous n'importe où dans le paragraphe, et sélectionnez le style souhaité dans la liste des styles disponibles. À ce sujet, Word 2007 est bien plus généreux que son prédécesseur en matière de styles prêt-à-porter (et c'est heureux, car on était en pleine indigence) : onglet Accueil, groupe Style, Modifier les styles > Jeu de styles. Vous disposez alors de tout un choix, essayez et faites-vous une idée par vous-même (mais comme j'aime bien vous faire participer à mes humeurs, sachez que j'ai un faible pour Moderne).

**STYLE EFFACER LA MISE EN FORME**

Le style Effacer la mise en forme permet, comme son nom l'indique, de tout remettre à zéro quand on a créé beaucoup de styles et qu'on commence un peu à se mélanger les crayons !

# Créez vos styles bien à vous

Vous serez forcément amené à créer vos propres styles dès que vous aurez expérimenté tout l'intérêt de la manip, c'est-à-dire pas plus tard que très bientôt (et même si les nouvelles options de Styles intégrés de Word 2007 marquent un progrès décisif par rapport à ses misérables équivalents de Word 2003).

Imaginons par exemple que vous vouliez créer un Style « **ATTENTION** » pour attirer l'attention de votre lecteur sur un point particulièrement important de votre propos. Il se compose de la police « Bernard MT condensed » et d'« italique » (et même de la couleur rouge foncé, mais vous ne pouvez pas le voir !).

Mettez en forme du texte conformément à vos souhaits en utilisant les outils de mise en forme classique, puis Clic droit > Styles > Enregistrer la sélection en tant que nouveau style rapide. Nommez-le, par exemple « attention », et c'est fini. Le style est maintenant disponible pour utilisation dans la fenêtre Style (Figure 17).

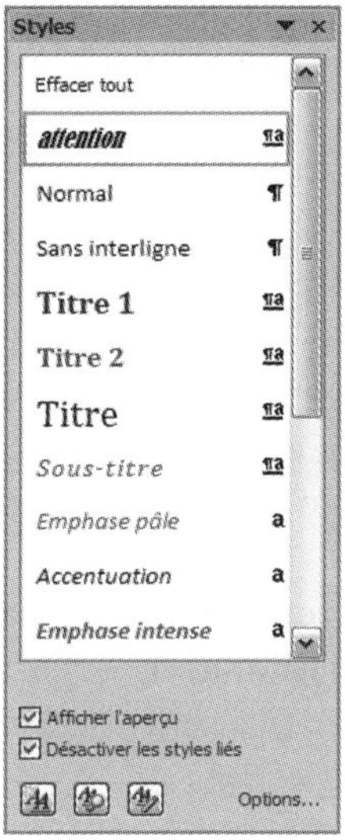


Figure 17 : un nouveau style « attention » est disponible dans la liste des styles

**→ 2003 : il faudra commencer par créer le style et seulement ensuite définir ses propriétés (c'est donc l'inverse de la méthode décrite ci-dessus). C'est à peine plus compliqué :**

- **Affichez le volet Style par Format > Styles et mise en forme.**
- **Dans ce volet, cliquez sur le bouton Nouveau.**
- **Dans la fenêtre obtenue, nommez le style et définissez-en les propriétés par les options découvertes en cliquant sur le bouton Format (Figure 18).**
- **Validez par OK et c'est terminé.**

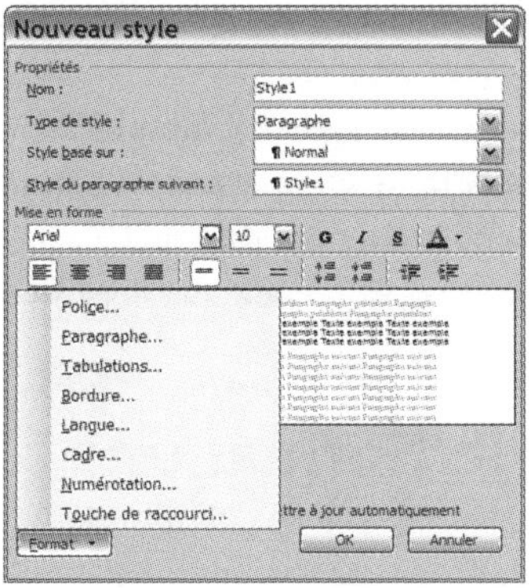


Figure 18 : créer un style sous Word 2003

Vous pouvez bien évidemment créer autant de styles que vous le souhaitez. Pour ce livre, il y en a une dizaine, à vrai dire autant de fois que vous voyez des mises en forme différentes.

## Modifiez un style

Manipulation simple et essentielle à faire sur les styles par défaut de Word et dès que vous en ressentez le besoin sur vos titres à vous.

Imaginons pour l'exemple que vous souhaitiez modifier le tout nouveau style « **ATTENTION** » parce que vous le préférez maintenant comme ceci : arial narrow ombré et bleu cette fois-ci, mais cela vous ne pouvez toujours pas le voir.

Il y a plusieurs façons de procéder. La plus simple est probablement de sélectionner du texte auquel ce style est déjà affecté, de passer les modifications par les outils habituels de mise en forme ; faites ensuite Clic droit > Styles > Mettre à jour [nom du style] pour correspondre à la sélection.

**REMARQUE**

**MODIFIER UN STYLE MODIFIE L'APPARENCE DE TOUT TEXTE AUQUEL CE STYLE EST AFFECTÉ**

Si vous aviez appliqué ce style à plusieurs parties de votre texte, modifier ainsi ce style modifie automatiquement l'apparence de tout ce texte. C'est ça qui est génial avec les styles !

**→ 2003 : c'est ici encore un peu plus compliqué qu'avec la mouture 2007 et il est comme toujours possible de procéder de différentes façons. La meilleure semble être celle-ci :**

- **Sélectionnez du texte dont le style est à modifier.**
- **Affichez le Volet Style comme exposé précédemment.**
- **Cliquez sur la flèche à côté du nom du style.**
- **Choisissez l'option Modifier et passez vos modifications comme sur la Figure 18.**

## Modifiez le style Normal une fois pour toutes

C'est le style sur lequel est basé par défaut tout texte entré dans un nouveau document. Pourquoi donc ne pas le modifier dans le modèle Normal, pour en bénéficier à chaque fois que nous allons ouvrir un nouveau document ? Voilà une

chose qu'elle serait sympa...
Bon, vous pouvez y changer ce que vous voulez.

TRUC

**INSÉREZ UN INTER-PARAGRAPHE AUTOMATIQUE POUR LE STYLE NORMAL DU MODÈLE NORMAL**

L'idéal pour séparer les paragraphes est de les espacer automatiquement, par exemple d'une demi-ligne. Voir p. 114.

Comment procéder ? Exécutez la procédure de modification du modèle Normal (voir p. 94) en y incluant la modification du style Normal comme décrite ci-dessus. Et le tour est définitivement joué.

# 13.

# GÉREZ VOS RAPPORTS, MODE PLAN

Thèse, compte rendu de réunion, dossier de présentation, business plan, livre de recettes ou livre technique, autant de cas où les techniques évoquées ci-dessous, alliées à la mise en œuvre des styles, vont vous faire gagner un temps inimaginable ! Vous allez pouvoir :

- Créez très rapidement les titres, sous-titres de votre document
- Modifiez en un clic la présentation de votre texte
- Réorganisez en un tournemain tout votre document
- Créez une superbe table des matières
- Etc.

Un rapport digne de ce nom comporte un plan, avec un titre, des sous-titres, des sous-sous-titres, etc.

Vous pouvez fort bien gérer tout ça comme vous le pouvez, un peu comme ça vient, mais vous allez perdre un temps fou.

La bonne solution, celle qui va vous permettre de tout créer très facilement, de le modifier encore plus facilement au point que ç'en deviendra un vrai plaisir, est de procéder comme suit :

- Entrez le plan de votre rapport en mode Plan.
- Entrez son corps dans le mode qui vous est le plus familier, par exemple le mode Page.
- Modifiez éventuellement la structure hiérarchique de votre rapport en mode Plan.
- Créez enfin votre Table des matières.

Détaillons ensemble tout ceci à partir d'un exemple simple qui donne quelques conseils sur la façon de prendre de bonnes photos (Figure 19). Son titre général est *Comment faire une bonne photo.* Il comporte trois paragraphes principaux, *Choisir son sujet* (qui ne comporte pas de sous-chapitre), *Choisir son cadrage* (qui en comprend trois) et *Choisir sa lumière* (qui en comprend quatre).

Il est bien évidemment entièrement géré par ce fameux mode *Plan.*

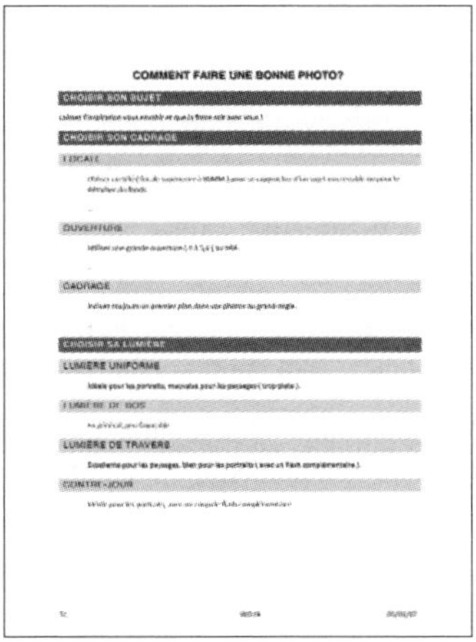
COMMENT FAIRE UNE BONNE PHOTO?

CHOISIR SON SUJET

CHOISIR SON CADRAGE

OUVERTURE

CADRAGE

CHOISIR SA LUMIÈRE

LUMIÈRE UNIFORME

LUMIÈRE DE TRAVERS

CONTRE-JOUR

Figure 19 : un document avec une structure hiérarchique de titres, sous-titres, etc.

# Le mode Plan

Ce mode d'affichage spécifique est dédié à la gestion de la structure hiérarchique des titres, sous-titres, etc., qui composent l'ossature de votre rapport.

Il est très facile d'y accéder en cliquant sur le sélecteur de mode d'affichage, sur la Barre d'état, juste au-dessus de la Barre des tâches. Ces icônes se trouvent sur le côté droit avec Word 2007, à côté du Zoom, et du côté gauche pour Word 2003 (il faut bien faire marcher le commerce). Heureusement, son apparence, une fois qu'on y est, est tellement semblable d'une version à l'autre que nous pourrons nous contenter de travailler sur la dernière. La Figure 20 détaille l'aspect de notre mode d'emploi de la photo en mode Plan.

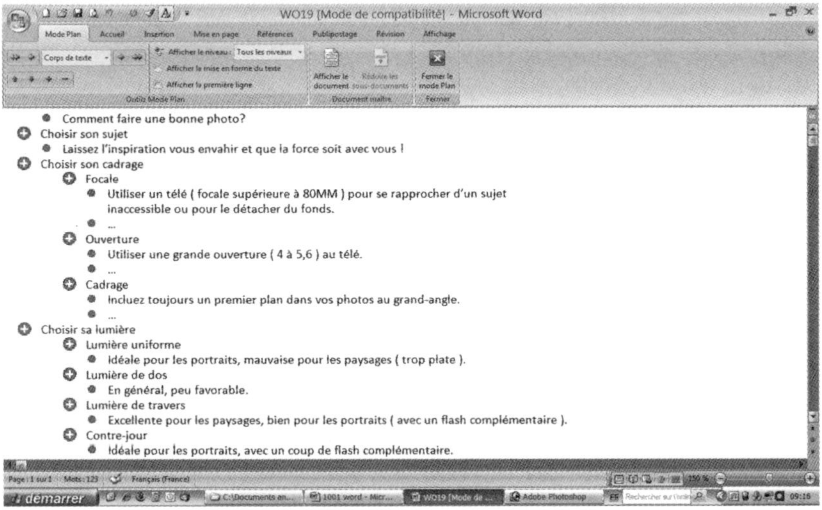


Figure 20 : le document de la figure 19 en mode Plan

La partie haute de l'écran montre un ruban spécifique, avec des outils que nous détaillerons plus loin. La partie basse de l'écran figure le contenu de notre document sous une autre apparence, beaucoup plus analytique :

- Le texte marqué d'une Croix correspond aux différents titres de paragraphes. Les croix les plus à gauche représentent les trois paragraphes principaux, les croix en décalage vers la droite correspondent aux sous-chapitres de ce chapitre.
- Le texte marqué d'un Point représente le corps du texte en lui-même, le contenu du chapitre.
- Pour bien vous faire comprendre le fonctionnement de cet écran, j'ai cliqué (Figure 21) sur la croix correspondant au chapitre Choisir son cadrage. Tout le chapitre (et son contenu) se trouve sélectionné, et l'outil Niveau hiérarchique (que j'ai développé pour être plus lisible, juste au-dessous de l'onglet *Mode plan*) spécifie bien que le texte sélectionné est de *Niveau 1*. Si je cliquais maintenant sur la croix correspondant au chapitre *Lumière uniforme*, le même outil spécifierait alors *Titre 2*.

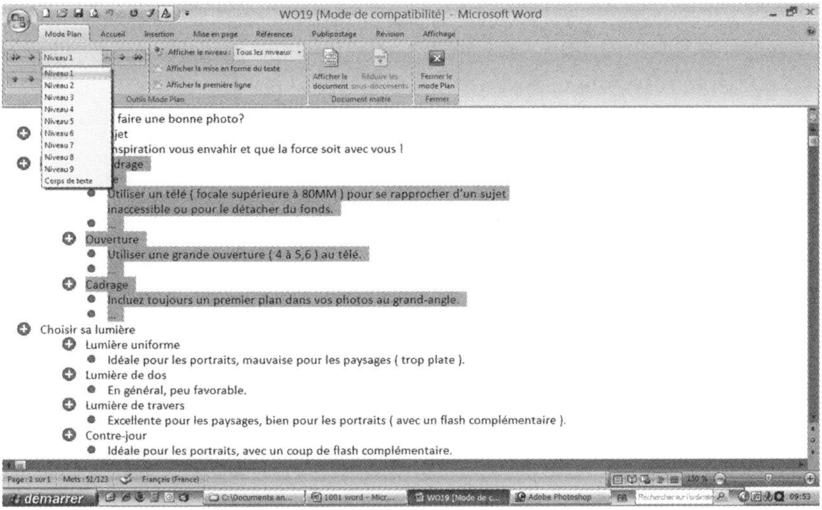


Figure 21 : un titre de Niveau 1 sélectionné

**TRUC**

**LE TITRE DU RAPPORT N'EST PAS DANS LA STRUCTURE HIÉRARCHIQUE**

Remarquez (Figure 20) que le titre du document en lui-même *Comment faire une bonne photo* est en corps de texte et non pas en titre de niveau 1 (si cela avait été le cas, tous les titres actuellement en niveau 1 auraient été en niveau 2 – et les 2 en 3).

Les raisons pour ne pas l'intégrer :

- Il n'y aurait eu qu'un seul titre de niveau 1 (ce titre de document).
- Ce titre aurait été présent dans la table des matières que nous allons générer tout à l'heure. Dans la Figure 19, le titre général seul a été mis en forme manuellement, alors que tout le reste du document est intégralement mis en forme automatiquement.

# Les outils du mode Plan

Détaillons ensemble les principaux outils spécifiques de ce mode (Figure 22).

Les outils d'affichage (repère A) :

- Afficher les niveaux : affiche tous les niveaux jusqu'à celui spécifié. Permet, pour des documents compliqués avec une hiérarchie de titres profonde, de n'afficher que les

principaux titres. Par défaut, il est sur Tous les niveaux.
- Afficher la mise en forme du texte : assurez-vous que cette option soit bien décochée, sinon l'affichage sera pollué par l'aspect réel des styles choisis.

Les outils de gestion du niveau hiérarchique :
- Niveau hiérarchique (repère B) : affiche ou modifie le niveau hiérarchique du paragraphe sélectionné.
- Promouvoir au Titre 1 (repère C) : place le paragraphe sélectionné au niveau 1.
- Promouvoir (repère D) : hausse le paragraphe sélectionné d'un niveau hiérarchique (de 2 en 1, de 3 en 2...).
- Abaisser (repère E) : descend le paragraphe sélectionné d'un niveau hiérarchique (de 1 en 2, de 2 en 3...), c'est le contraire du précédent.
- Abaisser en corps de texte (repère F) : descend le paragraphe sélectionné en corps de texte.

Les outils de déplacement linéaire :
- Monter (repère G) : déplace le paragraphe sélectionné vers le début du document, sans en changer le niveau hiérarchique.
- Descendre (repère H) : déplace le paragraphe sélectionné vers la fin du document, sans en changer le niveau hiérarchique.

Les outils d'affichage :
- Développer (repère I) : affiche le contenu du paragraphe sélectionné.
- Réduire (repère J) : masque le contenu du paragraphe sélectionné.

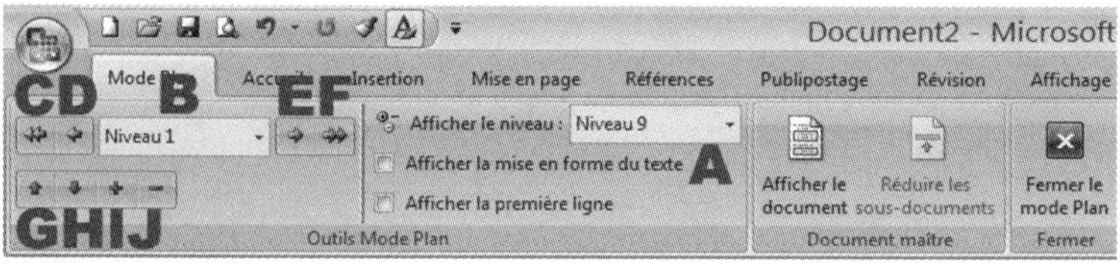


Figure 22 : les outils du mode Plan

Utilisons maintenant ces outils en saisissant notre document directement en mode Plan.

**→ 2003 : Promouvoir se dit Hausser.**

# La saisie du document en mode Plan

Ouvrez un nouveau document et passez directement en mode Plan. Vérifiez bien les outils d'affichage : Tous les niveaux et Afficher la mise en forme non cochée (Figure 22, repère A).

- Tapez le titre du document *Comment faire une bonne photo*. Remarquez qu'il se place en niveau 1. Abaissez-le en corps de texte en cliquant sur l'outil correspondant (Figure 22, repère F). Faites [ENTRÉE] pour passer en ligne suivante.
- Entrez le titre *Choisir son sujet*. Remarquez qu'il se place, comme la ligne du dessus, en corps de texte. Remontez-le en niveau 1 (Figure 22, repère C). Faites [ENTRÉE].
- Entrez le texte *Laisser l'inspiration...* Remarquez qu'il se place en niveau 1. Abaissez-le en corps de texte en cliquant sur l'outil correspondant (Figure 22, repère F). Faites [ENTRÉE] pour passer en ligne suivante.
- Entrez le titre *Choisir son cadrage*. Remarquez qu'il se place, comme la ligne du dessus, en corps de texte. Remontez-le en niveau 1 (Figure 22, repère C). Faites [ENTRÉE].
- Entrez le titre *Utiliser un télé...* Remarquez qu'il se place, comme la ligne du dessus, en niveau 1. Abaissez-le d'un niveau (Figure 22, repère E). Faites [ENTRÉE].
- Etc.

Et n'oubliez pas d'enregistrer.

Pour voir maintenant le résultat définitif, basculez en mode d'affichage Page (dans la Barre d'état, à côté du Zoom). Vous n'obtenez pas exactement l'affichage de la Figure 19 ? Qu'à cela ne tienne :

TRUC

**UTILISEZ LES STYLES HIÉRARCHIQUES DE WORD 2007**

Dans l'onglet Accueil, groupe Style, Modifier les styles > Jeu de styles : vous allez trouver tout un tas de styles préparamétrés, ma foi tout à fait convaincants. Celui que j'ai utilisé pour la Figure 19 est Moderne, mais vous pouvez en essayer d'autres, c'est fait pour ! Vous pouvez même en faire changer les Polices et les Couleurs. Ça, c'est fort...

Avec l'expérience, vous découvrirez qu'il existe d'autres façons de saisir un document avec une structure hiérarchique :

TRUC

**SAISISSEZ VOTRE DOCUMENT EN MODE PAGE**

C'est en fait ma façon de faire.
Vous saisissez normalement en mode Page, et, au fur et à mesure, vous appliquez les Styles Titre1, Titre2, etc.
Pour abaisser en corps de texte, le plus simple est d'appliquer le style Effacer la mise en forme.

# Modifiez la structure de votre document

Si ce que nous venons de voir est déjà épatant, ce qui suit l'est encore plus.
Si vous avez l'expérience de rédaction d'un rapport un peu compliqué, vous devez savoir qu'entre le plan initial et celui qui prévaudra lors de la frappe du dernier mot, il y aura pas mal de modifications, et pour de multiples raisons : nouvelles idées, pistes abandonnées...
Si vous gérez tout ça avec des copier-coller, vous allez perdre un temps fou.
Mais avec le mode Plan, nous sommes tirés d'affaire, parce que nous allons pouvoir déplacer des blocs entiers de document très facilement (et sans risquer d'en oublier) et surtout modifier la structure même de notre texte. C'est parti :

## Déplacez des paragraphes

En mode Plan, bien sûr, cliquez sur la croix à gauche du paragraphe que vous voulez déplacer. Notez bien que cette opération sélectionne le titre du paragraphe, bien sûr, mais aussi tout ce qu'il contient (Figure 21).
Pour remonter ce paragraphe (et son contenu donc) vers le début du document, utilisez l'outil Monter (Figure 22, repère G). Pour le descendre, utilisez son petit frère Descendre (Figure 22, repère H).
Notez bien comment le déplacement s'opère, étape par étape.
La position souhaitée étant atteinte, vous pouvez basculer en mode Page : c'est fait.

## Modifiez la structure hiérarchique

C'est à mon avis ce qui est le plus épatant dans ce mode Plan.
Regardons par exemple le document de la Figure 19. Le 1er chapitre *Choisir son sujet* paraît, après réaction, un peu chiche, et nous souhaiterions le déplacer en sous-chapitre de *Choisir son cadrage*, donc en titre de niveau 2.
Il suffit, toujours en mode Plan (mais vous l'aviez deviné), de sélectionner le paragraphe *Choisir son sujet* et, avec l'outil Abaisser (Figure 22, repère E), de le descendre en niveau 2 puis, comme expliqué ci-dessus, de le déplacer à l'endroit

souhaité. Et c'est fait !

La figure 23 montre le résultat, avec, pour s'amuser un peu, un autre jeu de style préparamétré.

COMMENT FAIRE UNE BONNE PHOTO?

CHOISIR SON CADRAGE

CHOISIR SON SUJET

FOCALE

OUVERTURE

CADRAGE

CHOISIR SA LUMIÈRE

LUMIÈRE UNIFORME

LUMIÈRE DE DOS

LUMIÈRE DE TRAVERS

CONTRE-JOUR

Figure 23 : le document de la figure 19 modifié

# Insérez une table des matières

Cerise sur le gâteau : générer automatiquement une table des matières (à partir du moment où votre document contient une structure hiérarchique de titres, sous-titres, etc.). Placez-vous en haut de document et onglet Références, groupe Table des matières > Insérer une table des matières.

**OPTIONS DE TABLE DES MATIÈRES**

La fenêtre Table des matières permet :

- D'insérer des numéros de page.
- De choisir différents styles de format.
- De limiter la profondeur de la hiérarchie (intéressant quand votre rapport comprend neuf niveaux de titres pour ne pas avoir une table des matières surchargée).

**→ 2003 : Insertion > Références > Tables et Index**

# EXCEL, SINON RIEN

**Tableur vedette et *must* de tout bureauticman (et woman), il représente *the* logiciel à connaître. Avec lui, dès qu'il s'agit de chiffres, de tableaux et de graphiques, on peut tout faire, ou presque.**

**Au programme, selon le schéma inauguré avec Word :**

- **Un point sur les méthodes de travail à adopter (section Méthodes)**
- **Le détail du paramétrage idéal (section Personnalisation)**
- **Un résumé des principales astuces pour accélérer sa production (section Aller plus vite)**
- **Une revue des principales techniques à connaître (sections Techniques de base et Techniques avancées)**

# I.

# MÉTHODE MÉTHODE

Les utilisateurs de tableur qui ne s'organisent pas dans leur travail perdent un temps fou à faire et refaire leurs feuilles de calcul.

Quel gâchis ! D'autant que les règles à suivre pour éviter tout ça sont en fait simples et de bon sens :

- Suivez la méthode mnémotechnique CRÉÉR
- Concevez votre feuille de calcul dans le bon sens, des fondations à la toiture (et non l'inverse)

# La méthode CRÉER

Rien de bien sorcier, il ne s'agit que d'un jeu de mots mnémotechnique pour se souvenir des étapes indispensables à la création d'un tableau Excel :

- C **Concevez** : réfléchissez avant de pianoter sur le clavier.
- R **Réalisez** : construisez méthodiquement votre feuille de calcul selon un schéma réfléchi.
- E **Évaluez** : vérifiez que la feuille de calcul réalisée fonctionne bien avec des formules justes.
- É **Éditez** : réglez proprement vos paramètres d'impression pour des tableaux irréprochables.
- R **Rangez** : n'oubliez jamais d'enregistrer régulièrement votre travail.

# Concevez avant de démarrer

Histoire vécue. Vous créez un tableau Excel qui fonctionne bien, et puis il y a un gars qui vous demande si vous ne pouvez pas ajouter ceci et cela. Évidemment ce n'est pas simple, vous y passez pas mal de temps mais vous y arrivez. Félicitations. Et puis un autre type se réveille à son tour et vous redemande autre chose et hop ! vous remet au boulot, etc. Et vous vous apercevez alors que si vous aviez su, vous vous y seriez pris autrement et que vous avez vraiment perdu du temps pour rien. Ne me dites pas que ça ne vous est jamais arrivé.

## Prenez le temps de définir ce qu'il faut faire

Pour vous et pour les autres.

Commencez donc par définir vos besoins : *de quoi, **MOI**, ai-je besoin ?* Vous vous apercevrez certainement à cette occasion que répondre clairement à cette question n'est pas aussi simple qu'il y paraît.

Mais n'oubliez pas les autres. D'autres personnes que vous ont peut-être des besoins et une vision différente ou complémentaire des vôtres. Les consulter pourrait très certainement enrichir votre travail. Prenez donc le temps de consulter et de recueillir avis et besoins.

## Faites une maquette papier

Un tableur, c'est des lignes et des colonnes avec des cellules au croisement. Avec en plus la possibilité de mettre des feuilles dans un classeur et de multiplier les classeurs. Imaginons que vous ayez à tenir des statistiques commerciales par *Représentant, Produit, Pays* et *Période*. Comment pouvez-vous organiser vos informations ?

La Figure 1 et la Figure 2 illustrent deux organisations de classeurs possibles :

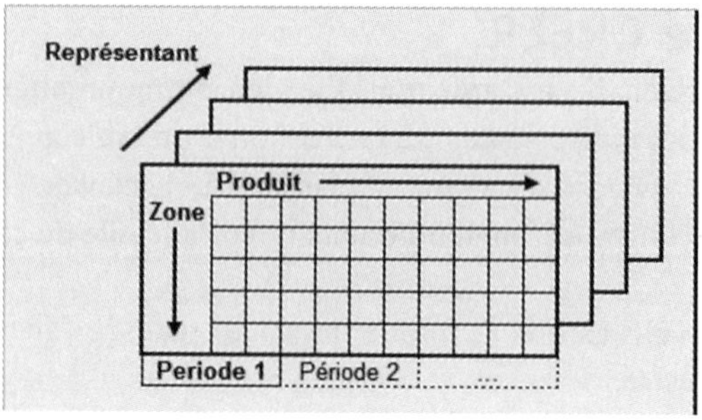


Figure 1 : par *Représentant, Période, Produit* et *Zone*

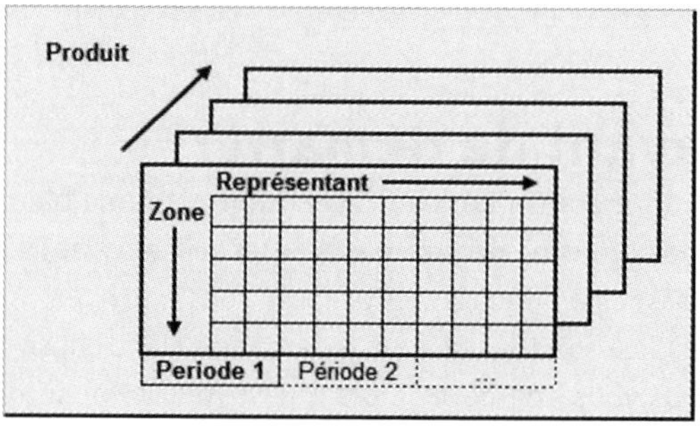


Figure 2 : par *Produit, Période, Représentant* et *Zone*

Par exemple, sur la Figure 2, chaque *Produit* dispose de son classeur propre, dans lequel les *Représentants* sont en colonnes, les *Zones* en lignes et les *Périodes* sur les différentes feuilles du classeur. On a ainsi une vision claire du CA par zone et par représentant pour un produit et une période donnés.

La Figure 1, elle, visualise clairement le CA par *Zone* et par *Produit*, pour un *Représentant* et une *Période* donnés.

Il y a bien évidemment d'autres possibilités. Tout dépend en fait de ce dont vous avez besoin. Et une fois que vous aurez choisi, vous ne pourrez plus revenir en arrière.

Prenez donc un crayon, un papier et précisez avec un schéma la future organisation de votre travail.

En prime, ce conseil ESSENTIEL entre tous :

# MÉTHODE

**PENSEZ ET RÉALISEZ SIMPLE**

*Ce qui se conçoit bien s'énonce clairement et les mots pour le dire viennent aisément...* Bannissez les macros, refusez les formules hiéroglyphiques, oubliez les applications à tiroirs ! Si vous ne le faites pas pour vous, faites-le pour votre successeur...

# Réalisez

Amateur de mousse au chocolat, vous savez qu'il faut battre les œufs en neige *avant* de les mélanger au chocolat, sinon votre mousse sera un far (raté en plus).

Avec Excel, c'est pareil, même si ça paraît moins évident. Il vaut mieux s'y prendre dans l'ordre, c'est bien meilleur.

Le défaut majeur que je constate quand j'encadre des formations à Excel, c'est que les gens en général s'attachent plus à la forme qu'au fond. C'est-à-dire qu'ils commencent par changer les caractères, par mettre des couleurs, etc., au lieu de s'intéresser à la structure générale du tableau et à ses formules. C'est évidemment une mauvaise pratique. Je vous conseille chaudement de procéder ainsi :

1. d'abord la *Structure du tableau* ;
2. ensuite les *Formules* ;
3. ensuite la *Mise en forme* ;
4. et enfin seulement la *Mise en page* pour l'impression ;
5. sans oublier bien sûr de *Vérifier* la qualité et l'exactitude de son travail.

Détaillons tout ceci (les techniques associées seront étudiées plus loin si nécessaire).

## En 1 : la Structure

- Créez un nouveau classeur et enregistrez-le tout de suite (comme ça c'est fait).
- Ne conservez que les feuilles indispensables (ou rajoutez-en) et nommez-les.
- Concernant donc la structure de votre tableau, évitez autant que possible les lignes et colonnes vierges, pour faire joli (nous trouverons d'autres techniques pour rendre vos feuilles de calcul sexy) : ces espaces vides pourraient vous jouer de vilains tours par la suite. Essayez donc de vous rapprocher le plus possible du modèle de la Figure 3, où le titre est saisi en A1, les en-têtes de lignes à partir de B2 et ceux des colonnes à partir de A3.
- N'oubliez pas d'enregistrer régulièrement.

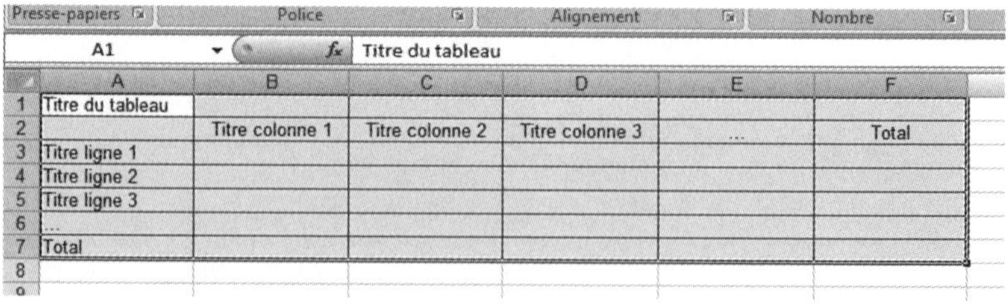


Figure 3 : une structure de tableau « sans trou »

## En 2 : les Formules

- La plupart des formules se recopiant aisément, exploitez au maximum les possibilités d'Excel en la matière. Saisissez donc les formules de base aux endroits stratégiques, comme indiqué sur le modèle de la Figure 4. Pensez à intégrer les $ si nécessaire (voyez p. 226 et suivantes si le signe $ n'évoque pour vous rien d'autre qu'un concurrent du signe €).
- Une fois les formules de base saisies, recopiez-les.
- Vérifiez.
- N'oubliez pas d'enregistrer régulièrement.

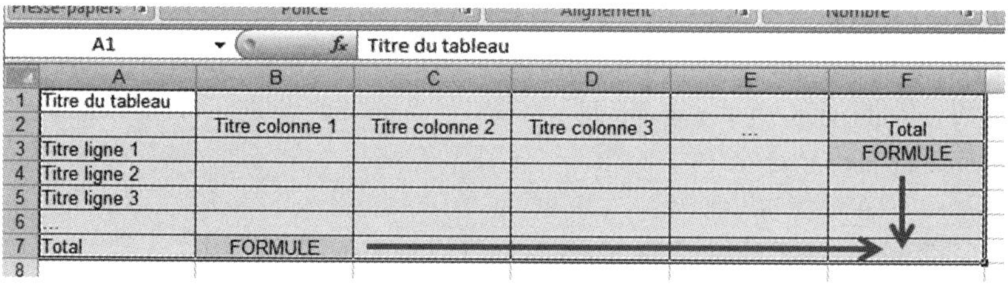


Figure 4 : des formules et la recopie de ces formules

## En 3 : la Mise en forme

Vous allez pouvoir maintenant ajuster les largeurs et hauteurs des lignes et colonnes, placer le titre au centre du tableau, appliquer des formats de cellules, des bordures et des trames de fond, bref tout ce qui fait qu'un tableau peut être beau (Figure 5).
N'oubliez pas d'enregistrer régulièrement.

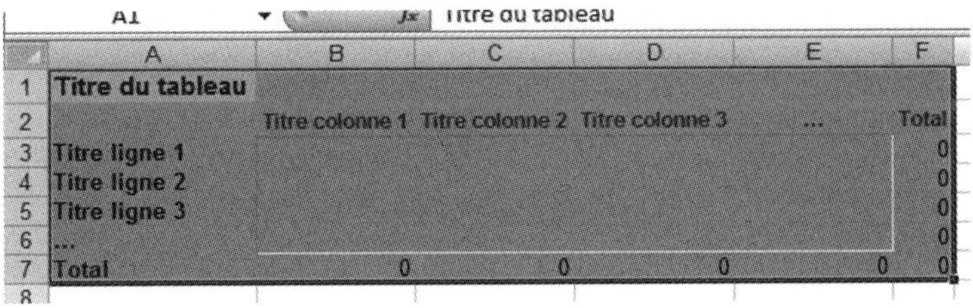


Figure 5 : une mise en forme de pro

## En 4 : la Mise en page

Seulement maintenant réglez les paramètres d'impression pour permettre une belle impression papier, nette, datée et référencée comme un pro (Figure 6). Ce n'est pas mieux comme ça ?

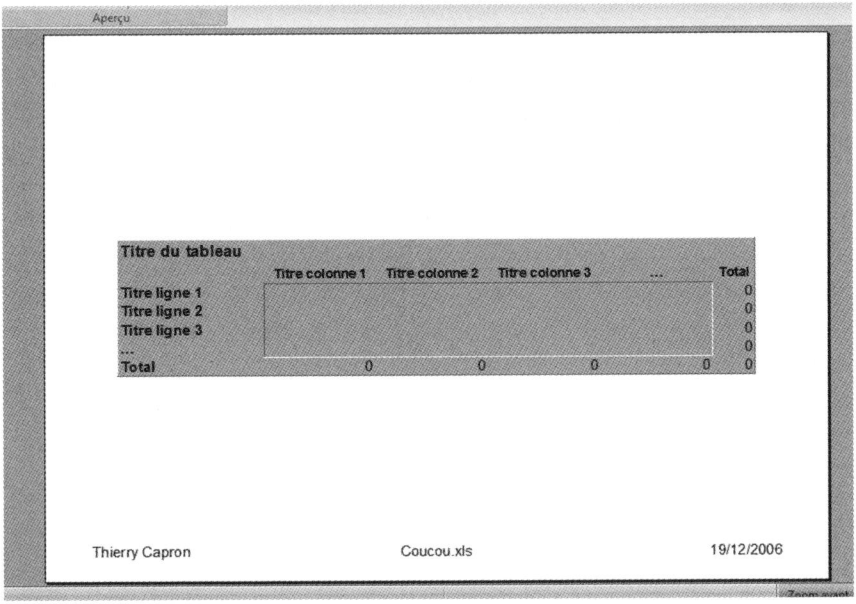


Figure 6 : la mise en page finale, datée et référencée

## En 5 : la Vérification

Alors là c'est ESSENTIEL. Il est vraiment très facile de se tromper en entrant une formule, et ça ne se voit pas, sauf si l'erreur est hénaurme. Et si personne ne s'en aperçoit, tout le monde va raisonner très intelligemment sur des chiffres faux (et donc faire des c...).

Tenez, un exemple. Vous êtes en A8 d'une feuille de calcul et vous voulez additionner toutes les cellules de A1 à A7 (Figure 7).

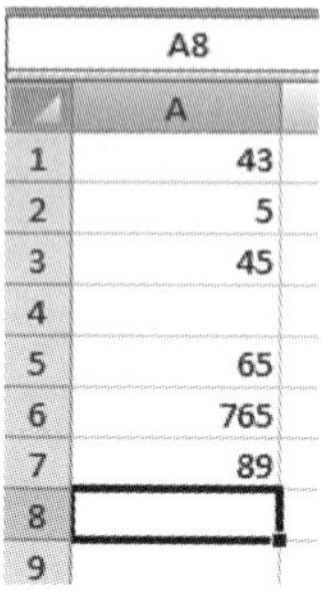


Figure 7 : une somme de zones banale...

Vous allez cliquer sur l'outil Σ. Pas de problème ? Observez donc la Figure 8, Excel n'intègre dans votre somme que les cellules de A5 à A7, oubliant celles de A1 à A3. Pourquoi ? Parce que A4 est vide et qu'Excel croit bien faire en s'arrêtant juste au-dessous... Quand on vous disait qu'il fallait faire attention !

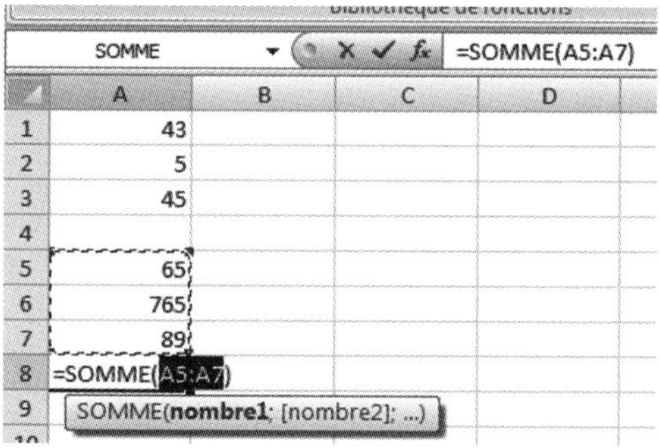


Figure 8 : mais une somme de zones fausse

En prime un dernier conseil :

TRUC

**GARDEZ UN ORIGINAL VIERGE COMME SÉCURITÉ**

Quand un nouveau tableau est terminé, nous vous conseillons de l'enregistrer à part et de ne jamais l'écraser. Si un jour un problème survient, vous aurez toujours ce classeur à récupérer comme modèle.

# 2.

# UN PARAMÉTRAGE AUX PETITS OIGNONS

**Nous avons parcouru les options de paramétrage de Word. Et nous nous en sommes fort bien trouvés, non ? Pourquoi donc ne pas faire de même avec Excel ?**

**- Saisissez directement en centimes**

**- Changez de police et de couleur**

**- Mettez fin aux classeurs à trois feuilles**

**- Créez automatiquement des copies de sauvegarde**

**- Etc.**

Toutes ces options sont disponibles dans l'équivalent Excel de son homologue Word : bouton Office, bouton Options Excel, et sont exposées ci-dessous par Catégories (à gauche de la fenêtre). Nous n'en verrons que l'essentiel, libre à vous de tout regarder, les voyages forment la jeunesse.

Cette revue ne concerne dans un premier temps qu'Excel 2007. Un paragraphe détaillera les équivalents 2003.

## Catégorie Standard

Vous pouvez changer les *couleurs*, la *police par défaut*, changer votre *nom d'utilisateur* et surtout modifier le nombre de feuilles par nouveau classeur :

TRUC

**UNE SEULE FEUILLE PAR NOUVEAU CLASSEUR**

Par défaut, Excel crée trois feuilles par classeur. Dans 99 % des cas, on n'utilise que la première et on oublie les autres. Comme il est si facile d'en rajouter, programmez une feuille par nouveau classeur (bouton Office, options Excel, Standard, Inclure ces feuilles : 1).

## Catégorie Formules

L'essentiel des réglages de base est adapté aux besoins habituels. Sauf si vous manipulez des très très grosses... feuilles de calcul :

TRUC

**RECALCUL SUR ORDRE**

Par défaut, Excel recalcule tout le classeur après chaque entrée ou modification. Avec des feuilles très complexes ou avec une bécane particulièrement poussive, ça peut prendre du temps et rapidement devenir assez énervant.

Paramétrez donc un calcul manuel (bouton Office, options Excel, Formules, pavé Mode de calcul : cochez Manuel). N'oubliez jamais dans ce cas que tant que vous n'avez pas appuyé sur F9 (qui lance les calculs), les formules ne sont pas à jour !

Et une bonne occasion de rigoler (élégamment) aux dépens de vos collègues :

**FUN**

**BASCULEZ EN RÉFÉRENCES LICI**

Par défaut, Excel fonctionne avec des formules indiquant en clair les cellules qui y participent, par exemple =A3+B4.
Si vous voulez vous amuser, cochez LiC1 (bouton Office, options Excel, Formules, pavé Manipulation de formules : cochez Style de référence LiC1). En A3 par exemple, la formule « =Somme(A1:A2) » va devenir, préparez les cachets, « =Somme(L(-2)C:L(-1)C) », ce qui signifie *additionne la cellule située 2 lignes au-dessus dans la même colonne à la cellule située 1 ligne au-dessus dans la même colonne*. J'en ris d'avance.

# Catégorie Vérification

Vous pouvez y paramétrer par exemple des Majuscules accentuées en français.

# Catégorie Enregistrement

Cochez la case Enregistrez les informations de récupération automatique...
(Les remarques à ce sujet concernant Word restent d'actualité, voyez p. 40).

# Catégorie Options avancées

## Pavé Options d'Édition

Déplacer la sélection après validation permet de spécifier un sens par défaut de déplacement de la sélection après que vous avez fait [ENTRÉE]. Ce n'est pas forcément la meilleure façon de procéder :

**TRUC**

**CHOISISSEZ LE SENS DE DÉPLACEMENT DE LA SÉLECTION**

Désélectionnez la case Déplacez la sélection après validation.
Vous choisissez vous-même le sens de déplacement de la sélection en validant votre saisie non par [ENTRÉE] mais par les touches de déplacement [←] [↓] [↑] [→].

À noter aussi cette option qui va régaler nos amis comptables, à savoir saisir directement en centimes :

TRUC

**SAISISSEZ DIRECTEMENT EN CENTIMES ET NE SAISISSEZ PLUS LA VIRGULE**

Validez l'option Décimale fixe et déterminez-en vous-même le nombre. Par exemple, si vous le fixez à 2, 1234 deviendra 12,34 et 80 0,80. Inconvénient : pour saisir 12, il faudra en fait saisir 1200. Rien n'est parfait en ce bas monde.

Ainsi que la possibilité d'utiliser d'autres Séparateurs de décimales et de milliers que ceux préconisés par Excel.

## Pavé Afficher

Vous pouvez y modifier le nombre de documents récents apparaissant dans le menu Office. Prenez-en un bon paquet, cela vous fera gagner du temps.

## Pavé Afficher les options pour cette feuille de calcul

Pour vous amuser ou, plus sérieusement, pour procéder à un audit de vos formules (voir p. 201 à ce sujet pour plus d'informations) :

TRUC

**AFFICHEZ LES FORMULES ET NON LEUR RÉSULTAT**

Excel affiche par défaut le résultat des formules, et c'est très bien comme ça. Si vous désirez voir les formules (notamment pour des raisons de vérification), cochez la case Formules dans les cellules au lieu de leur résultat calculé.

TRUC

**AFFICHEZ LES SAUTS DE PAGE**

Cochez la case Afficher les sauts de page pour notamment faciliter la mise en page de vos feuilles de calcul.

**N'AFFICHEZ PLUS DE ZÉROS DANS LES CELLULES À VALEUR NULLE**

Pour alléger vos feuilles de calcul, vous pouvez, si une cellule contient une valeur nulle, ne rien afficher. Décochez l'option par défaut Afficher un zéro dans les cellules qui ont une valeur nulle.

**N'AFFICHEZ PLUS LE QUADRILLAGE**

Nous parlons ici du quadrillage des cellules, celui qui se voit à l'écran mais qui ne s'imprime pas. Décochez la case Afficher le quadrillage.

**UN QUADRILLAGE DE COULEUR**

Vous pouvez aussi modifier la couleur du quadrillage dans le pavé Afficher les options pour cette feuille de calcul des options Excel.

## Pavé Général

Si vous travaillez toujours sur les mêmes classeurs :

**OUVREZ TOUJOURS LES MÊMES FICHIERS**

Groupez-les dans le même dossier et Au démarrage, ouvrir tous les fichiers du dossier.

## Pavé Personnaliser

C'est l'option qui permet de paramétrer votre barre d'outils Accès rapide (nouveauté de la mouture 2007).

Autant le dire tout de suite, cette barre d'outils manque de l'ensemble des outils dont on se sert très fréquemment sur Excel, comme la Somme, Reproduire la mise en forme (le Pinceau) ou encore l'outil Quadrillage. Bien sûr, ces outils sont disponibles dans les rubans des différents onglets, mais il vaut bien mieux en disposer de manière permanente.

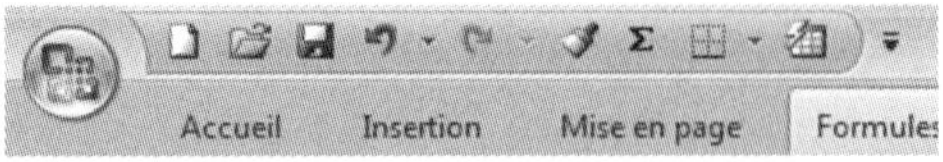


Figure 9 : une barre d'outils Accès rapide Excel au top

La Figure 9 détaille une barre d'outils Accès rapide avec le minimum du minimum pour vous simplifier la vie. Voyez page 84 comment accéder à son paramétrage. Pour information, voici le nom des outils (de gauche à droite) : Nouveau, Ouvrir, Enregistrer, Annuler, Rétablir, Reproduire la mise en forme, Somme, Bordures, Format automatique (vous trouverez ces outils dans la liste Toutes les commandes de la fenêtre Options Excel, Personnaliser la barre d'outils rapides).

# Et encore...

Vous avez encore d'autres possibilités ailleurs que dans ces options Excel :

TRUC

**MOTS DE PASSE ET COPIE DE SAUVEGARDE**

Si vous tenez à protéger vos classeurs par des mots de passe (attention, à ne pas l'oublier, ce classeur deviendrait inutilisable), accédez lors de l'enregistrement de votre classeur à la boîte de dialogue de la Figure 10 par Enregistrer (ou Enregistrer sous), Outils > Options. Voyez quand même notre opinion générale sur ce thème p. 14.

Si vous tenez à conserver à titre de sécurité une Copie de sauvegarde, dans la même philosophie que pour Word (voir p. 98), accédez à cette même boîte de dialogue de la Figure 10.

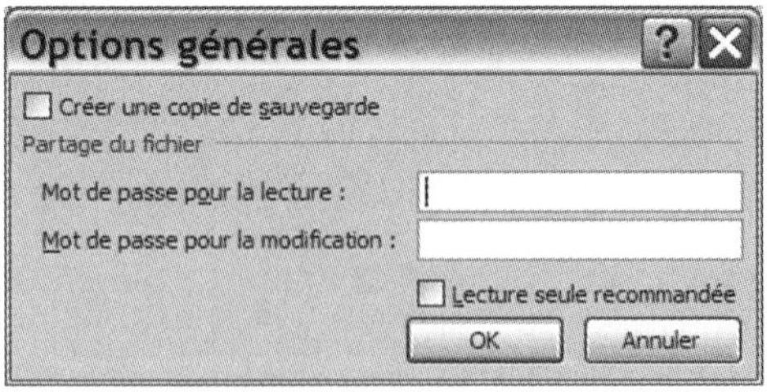


Figure 10 : mots de passe et copie de sauvegarde par Enregistrer, Outils > Options générales

# Les équivalents 2003 (quand ils existent)

Affichage et couleur du quadrillage : Outils > Options > Affichage.
Afficher les formules : Outils > Options > Affichage.
Calcul automatique ou sur ordre : Outils > Options > Calcul.
Modifier automatiquement ou non le sens de la sélection : Outils > Options > Modification.
Saisir directement en centimes : Outils > Options > Modification.
Références L1C1 : Outils > Options > Général.
Liste des derniers classeurs utilisés (9 au maximum) : Outils > Options > Général.
Nombre de feuilles d'un nouveau classeur : Outils > Options > Général.
Police par défaut : Outils > Options > Général.
Dossier par défaut : Outils > Options > Général.
Dossier à ouverture automatique : Outils > Options > Général.
Changer le nom d'utilisateur : Outils > Options > Général.
Séparateur décimal et de milliers : Outils > Options > International.
Enregistrement automatique : Outils > Options > Enregistrer.
Mots de passe : Outils > Options > Sécurité.

# 3.

# BEST OF RACCOURCIS EXCEL

Le raccourci peut vous changer la vie. Il accélère sensiblement les manipulations répétitives, mais encore faut-il savoir retenir ceux qui vont vous faire gagner du temps.

Photocopiez donc les tableaux ci-dessous et placez-les à côté de votre poste de travail. Pensez à les consulter régulièrement, et gageons que dans quinze jours vous aurez mémorisé les vôtres !

- Affichez la formule et non son résultat
- Simulez toutes les versions des formules avec $
- Etc.

## RACCOURCIS EXCEL POUR VOUS DÉPLACER TRANQUILLEMENT

| | |
|---|---|
| CTRL + ORIG | Va en A1. |
| CTRL + FIN | Va dans la dernière cellule en bas à droite du tableau. |
| CTRL + PG. PRÉC. | Passe à la feuille précédente dans le classeur. |
| CTRL + PG. SUIV. | Passe à la feuille suivante dans le classeur. |
| ALT + PG. PRÉC. | Vous déplace d'un écran vers la gauche. |
| ALT + PG. SUIV. | Vous déplace d'un écran vers la droite. |
| ENTRÉE | Vous déplace de haut en bas et de gauche à droite au sein de la plage sélectionnée. Très utile pour saisir en aveugle (voir p. 91). |
| MAJ + ENTRÉE | Vous déplace de bas en haut au sein de la plage sélectionnée. |
| FIN + ← ↓ ↑ → | Vous déplace d'un bloc de données dans une ligne ou une colonne. |
| FIN + ORIG | Passe à la dernière cellule de la feuille de calcul, dans la dernière ligne du bas utilisée de la dernière colonne de droite utilisée. |
| FIN + ENTRÉE | Passe à la dernière cellule non vide à droite de la ligne en cours. |
| ORIG | Passe à la cellule située dans le coin supérieur gauche de la fenêtre. |
| FIN | Passe à la cellule située dans le coin inférieur droit de la fenêtre. |

## RACCOURCIS EXCEL POUR FACILITER VOS SÉLECTIONS

| | |
|---|---|
| CTRL + ESPACE | Sélectionne la colonne. |
| MAJ + ESPACE | Sélectionne la ligne. |

## RACCOURCIS EXCEL POUR VOUS SIMPLIFIER LA VIE

| | |
|---|---|
| F2 | Affiche la formule (et non son résultat) et signale ses antécédents (les cellules dont cette formule se sert). Équivalent d'un double-clic dans une formule. Très utile pour vérifier vos formules. |
| F4 | Passe de A1 en $A$1 et autres versions (voir p. 226 et suivantes). |
| CTRL + B | Recopie vers le bas. |
| CTRL + D | Recopie vers la droite. |
| CTRL + F3 | Définit un nom de cellule. Pour l'utiliser dans une formule par exemple. |
| CTRL + 1 | Format > Cellule |
| CTRL + F9 | Réduit le classeur en icône. |
| CTRL + F10 | Rétablit le classeur réduit en icône. |
| F6 | Fenêtre fractionnée suivante. |
| MAJ + F6 | Fenêtre fractionnée précédente. |

# 4.

# LA CELLULE, SON CONTENU ET SON APPARENCE

**Puisque Excel est essentiellement affaire de cellules, voici pêle-mêle quelques informations et clarifications sur ce thème pour définitivement régler ce problème qui, par expérience, crée souvent malentendus, quiproquos et énervement.**

**- Nombre, formule ou alphanumérique ?**

**- La formule, son résultat et son apparence**

**- Les formats de date**

# La cellule

Une cellule est située à l'intersection d'une ligne et d'une colonne. Elle se définit donc par son Adresse (ou référence), par exemple A1 ou G78. Cette référence est rappelée dans les formules, éventuellement avec le signe $ (voir p. 226 et suivantes).

Pour clarifier les formules qui y font référence, la cellule peut être nommée afin d'obtenir des formules plus lisibles (voir p. 197).

# Une cellule, ça contient quoi ?

Une cellule peut contenir :

- soit des caractères alphanumériques (du texte) : « Année 2006 » par exemple ;
- soit des nombres : « 123,45 » encore par exemple ;
- soit enfin des formules : « =Somme(A1:C4) », toujours par exemple.

Et rien d'autre. Basta.

# Comment indiquer à Excel le type de la cellule

Excel comprend tout seul s'il s'agit de nombres ou d'alphanumérique.

- Si vous ne saisissez que des chiffres (avec ou sans décimales), Excel va comprendre qu'il s'agit de nombres.
- Si vous saisissez un caractère alphabétique, même tout seul au milieu d'une suite de chiffres, il va comprendre qu'il s'agit d'un alphanumérique.
- Seule exception à ma connaissance à cette règle : si vous saisissez dans une cellule 12/04/04, il va le transcrire en numérique, format Date (voir p. 188).

TRUC

**COMMENCEZ UNE FORMULE**

Pour une formule, vous savez certainement qu'il faut commencer par le signe =. Eh bien, oubliez cela, non que ce soit faux, mais parce qu'il y a plus simple. Avec Excel, je commence toujours mes formules par [+] ou [−] selon le cas. Ça marche aussi bien, et c'est en général plus facile d'accès par le clavier.

TRUC

**TRANSFORMEZ UN CONTENU DE CELLULE EN ALPHANUMÉRIQUE**

Pour transformer un nombre ou une formule en chaîne de caractères alphanumériques, il suffit d'insérer devant le nombre ou la formule le caractère ['] sur la touche du [4] du clavier AZERTY. Si c'est un nombre, il devient alors une chaîne de caractères (il n'est plus possible de l'utiliser pour des calculs) et si c'est une formule, elle s'affiche en tant que telle, par exemple, =Somme(A1:A2).

# La formule, son résultat et son apparence

Ne confondons pas formule, résultat de la formule et apparence de la cellule. Prenons l'exemple ci-dessous :

| | A | B | C |
|---|---|---|---|
| 1 | | 1,567 | |
| 2 | | 4,789 | |
| 3 | 7,504363 | 7,504 | 7,504 |
| 4 | | 7 504 363 | 7 504 000 |

En lignes 1 et 2 les deux nombres 1,567 et 4,789.

En ligne 3, trois variantes de la multiplication de ces deux nombres entre eux :

- A3 est affiché avec toutes les décimales.
- B3 n'est affiché qu'avec trois décimales.
- C3 est arrondi (avec la fonction du même nom) à trois chiffres après la virgule.

Observons les résultats :

- A3 est le plus précis, toutes les décimales sont affichées.
- B3 semble moins précis, car le résultat est affiché (donc arrondi visuellement) à trois décimales. Mais la multiplication de son résultat par 1 000 000 dans la cellule grisée au-dessous prouve bien que son résultat est bien le nombre exact avec toutes les décimales. B3 est donc égal à 7,504363 mais seulement 7,504 est affiché.
- C3 semble être égal à B3. Ce n'est qu'apparence. C3 est en fait égal à 7,504 exactement, sans les décimales complémentaires. On le constate bien en C4 par la multiplication de cette cellule par 1 000 000.

### LA CELLULE, SON CONTENU, SON RÉSULTAT ET SON APPARENCE

| | A3 | B3 | C3 |
|---|---|---|---|
| CONTENU | =A1*A2 | =A1*A2 | =arrondi(A1*A2;3), ce qui signifie « arrondi du produit de A1 avec A2 exprimé avec 3 décimales ». |
| RESULTAT | 7,504363 | 7,504363 | 7,504000 |
| APPARENCE | 7,504363 | 7,504 | 7,504 |

# Les dates

Excel stocke les dates sous forme de nombres :

- Excel suppose que l'origine du monde a été le 1er janvier 1900. Et il a logiquement assigné à cette date la valeur 1.
- Aujourd'hui, nous en sommes rendus à environ 39 000 (exactement 39 083 pour le 1er janvier 2007).
- Avant le 1er janvier 1900, Excel ne veut rien savoir et affiche un message d'erreur.

**FUN**

**CALCULEZ LE NOMBRE DE JOURS PENDANT LESQUELS VOUS AVEZ VÉCU**

Saisir en A1 sa date de naissance, format JJ/MM/AA.
En A2, saisir la fonction =Maintenant() qui va renvoyer la date du jour.
En A3, saisir la formule +A2-A1 et formater la cellule en format Nombre comme indiqué ci-dessous. Et voilà. Pour moi, aujourd'hui, cela donnait 18 091. Ça ne nous rajeunit pas...

Normalement, Excel reconnaît une date automatiquement quand on utilise un format de saisie du style JJ/MM/AA ou équivalent. Si ce n'est pas le cas, voyez ci-dessous :

TRUC

**AFFICHEZ SOUS FORME DE DATE (OU NON)**

Onglet Accueil, groupe Nombre, outil Format de nombre (2003 : Format > Cellule, onglet Nombre, catégorie Date).

# 5.

# REMPLISSEZ VOS CELLULES

**Excel dispose d'aides à la saisie qui, bien utilisées, sauront vous rendre de fiers services :**

**- Saisissez des séries de nombres sans regarder votre écran**

**- Numérotez automatiquement vos entrées**

**- Créez des listes personnalisées d'entrées de noms**

# Saisissez sans regarder l'écran

Quand les données à saisir sont nombreuses, il est souvent pénible de faire la navette entre le document papier qui contient les nombres et le tableau Excel, et on ne sait rapidement plus précisément où on en est.

L'idée de ce truc est de figer dans votre tableau la zone de saisie, et d'y déplacer automatiquement votre curseur, vous permettant ainsi de saisir sans quitter votre document papier de vue et donc de gagner du temps et de faire beaucoup moins d'erreurs.

Commencez par sélectionner sur votre feuille de calcul les cellules dans lesquelles vous devez saisir.

TRUC

**SÉLECTIONNEZ DES CELLULES CÔTE À CÔTE**

Cliquez dans la 1re cellule en haut à gauche de la zone souhaitée, et glissez vers son coin inférieur droit sans relâcher le clic.

**SÉLECTIONNEZ DES CELLULES NON CÔTE À CÔTE**

Pour rajouter à une sélection une autre sélection, continuez la procédure ci-dessus en maintenant [CTRL] enfoncée.

Votre curseur se trouve maintenant dans la première cellule du dernier groupe sélectionné.

NE TOUCHEZ MAINTENANT PLUS NI À VOTRE SOURIS NI AUX TOUCHES DE DÉPLACEMENT POUR DÉPLACER VOTRE CURSEUR. Contentez-vous de faire [ENTRÉE], et vous allez constater que votre curseur se déplace tout seul de cellule en cellule, de haut en bas et de gauche à droite, puis de zone en zone (dans l'ordre où vous les avez sélectionnées).

Positionnez-vous donc avec cette touche [ENTRÉE] dans la 1re cellule à saisir, et saisissez vos nombres les uns après les autres, en faisant bien [ENTRÉE] après chaque nombre ; votre curseur va automatiquement se décaler de cellule en cellule dans l'ordre que vous avez fixé, il est donc inutile de regarder votre écran et vous pouvez vous concentrer sur votre document de saisie.

## ATTENTION

N'utilisez jamais la souris ou les touches de déplacement après avoir réalisé votre sélection, ceci aurait pour effet de tout désélectionner.

## Numérotez vos entrées

Saisissez *Produit 1* dans une cellule, et recopiez ce libellé dans les cellules adjacentes, Excel va y mettre *Produit 2*, *Produit 3*, etc. Bien. Mais il y a mieux :

> TRUC
>
> **CRÉEZ AUTOMATIQUEMENT DES RECOPIES INCRÉMENTÉES (DE 5 EN 5 PAR EXEMPLE)**
>
> Pour créer par exemple une série du style Produit 0, Produit 5, Produit 10, etc., de 5 en 5.
>
> Saisissez Produit 0 dans une cellule et Produit 5 dans celle du dessous. Sélectionnez les deux cellules à la fois, et recopiez-les au-dessous. Excel va automatiquement créer une recopie incrémentée d'un pas de 5.

## Créez vos listes personnalisées

Avez-vous remarqué que, quand vous saisissez par exemple *Lundi* dans une cellule et que vous recopiez cette cellule à côté, Excel complète automatiquement par *Mardi*, *Mercredi*, etc. ? Palsambleu ! Excel serait-il devenu devin ?

Rien de tout cela, c'est simplement une Liste personnalisée qui est à l'origine de ce prodige.

Vous pouvez en créer autant que vous le souhaitez.

Imaginons par exemple que vous ayez l'habitude de faire des tableaux avec, les uns en dessous des autres, toujours dans le même ordre, les noms de vos représentants commerciaux : *Pierre, Paul, Jacques, Hélène, Adeline, Mustapha, Yuvanna* et *Armelle*.

Si vous créez une liste personnalisée avec ces différents noms en séquence, il vous suffira d'entrer dans une cellule *Pierre* et de recopier cette cellule au-dessous pour qu'Excel y insère *Paul, Jacques, Hélène* et consorts.

Gain de temps, moins de fautes d'orthographe, et pas d'heures sup ce soir !

TRUC

**CRÉEZ UNE LISTE PERSONNALISÉE**

Accédez à la boîte de dialogue Liste personnalisée par bouton Office, options Excel, catégorie Standard, pavé Meilleures options pour travailler avec Excel, Modifier les listes personnalisées (Outils > Options, onglet Listes pers. pour 2003).

Cliquez sur Nouvelle liste. Dans le pavé Entrées de la liste, entrez les valeurs les unes en dessous des autres, puis cliquez sur Ajouter.

Il vous suffira d'entrer la première valeur de la liste pour qu'en recopiant cette cellule, Excel comprenne qu'il faut remplir les cellules avec les valeurs suivantes de la liste.

# 6.

# ENTREZ, RECOPIEZ ET VÉRIFIEZ VOS FORMULES

Par expérience, certaines mauvaises pratiques ont la vie dure sur ce thème essentiel. Tordons-leur le cou sans pitié :

- Une méthode d'enfer
- Des parenthèses quand il le faut
- Des totaux qui s'enchaînent
- Etc.

# La méthode des formules

Les formules arithmétiques se saisissent à la souris (pour désigner les cellules qui participent au calcul) et au clavier (pour saisir les opérateurs + - * et /). La méthode suivante marche à tous les coups.

TRUC

**SAISISSEZ UNE FORMULE**

- Cliquez dans la cellule qui devra contenir la formule.
- Commencez votre formule indifféremment par = ou + (ou même - si votre formule commence par ce signe).
- Cliquez sur la première cellule intervenant dans le calcul.
- Pour chacune des cellules participant encore à la formule, saisissez l'opérateur suivant et cliquez sur la cellule.
- Recommencez l'étape ci-dessus autant de fois que nécessaire.
- Terminez la formule par [ENTRÉE].

## ATTENTION

Les principaux pièges à la saisie d'une formule sont :

- Oubli de saisie du signe qui démarre la formule (=, + ou -).
- Non-respect du rythme « un opérateur, une cellule ».
- Oubli de la validation finale de la formule par [ENTRÉE].

# Des parenthèses ad hoc

Excel est capricieux, il ne réalise pas forcément les opérations dans l'ordre où vous les entrez.

Par exemple, 5+2*3. Si vous pensiez obtenir 21 (5+2=7, 7*3=21, soit en fait (5+2)*3), vous avez tout faux.

Excel s'occupe d'abord des « * » et des « / », puis des « + » et des « - » et va donc calculer 5+2*3 comme 5+(2*3), soit 11.

TRUC

**DES PARENTHÈSES DANS LES FORMULES**

Dans le doute, introduisez toujours des parenthèses si nécessaire.
N'utilisez que les « ( » et les « ) », et jamais les « [ » ou les « ] ».
La difficulté essentielle tient à ouvrir et à fermer les parenthèses au bon moment. Excel vous y aidera en visualisant en gras les parenthèses de même niveau quand vous les refermerez, c'est sympa de sa part.

# Somme [Σ]

C'est un outil tellement essentiel qu'il faut savoir l'utiliser sans hésitation.

TRUC

**UTILISEZ L'OUTIL SOMME [Σ]**

Placez-vous juste sous la somme à additionner, et cliquez sur l'outil Somme [Σ].

VÉRIFIEZ QUE LA ZONE PRISE EN COMPTE EST CORRECTE (voir p. 173), et validez.

L'outil Somme n'est disponible que dans les onglets <u>Accueil</u> et <u>Formules</u>. C'est bien dommage. Aussi, pour éviter les allers-retours fastidieux :

TRUC

**INSÉREZ L'OUTIL SOMME DANS LA BARRE D'OUTILS ACCÈS RAPIDE**

(Voir p. 84). C'est inutile sous 2003, l'outil [Σ] est toujours disponible.

Comme il est fréquent de faire des sous-totaux dans un tableau, voici ce qu'il faut savoir à ce sujet :

TRUC

**ENCHAÎNEZ LES SOUS-TOTAUX ET LE TOTAL GÉNÉRAL**

Si vous enchaînez dans un tableau des sous-totaux qui prennent en compte toutes les lignes de votre tableau, Excel calculera tout seul le total général.

Prenez l'exemple de la Figure 11. Les lignes 2 et 3 forment le sous-total des filles (en 4) et les lignes 5 et 6 le sous-total des garçons (en 7), et les formules correspondantes ont été entrées.

Pour calculer le total général, en B8, j'ai cliqué sur l'outil [Σ], et Excel a compris que je voulais additionner les filles et les garçons. Super !

Bien évidemment, ça fonctionne aussi pour les colonnes.

## ⚠ ATTENTION

Ça ne fonctionne pas si vous avez dans votre tableau des lignes qui ne sont pas intégrées dans des sous-totaux !

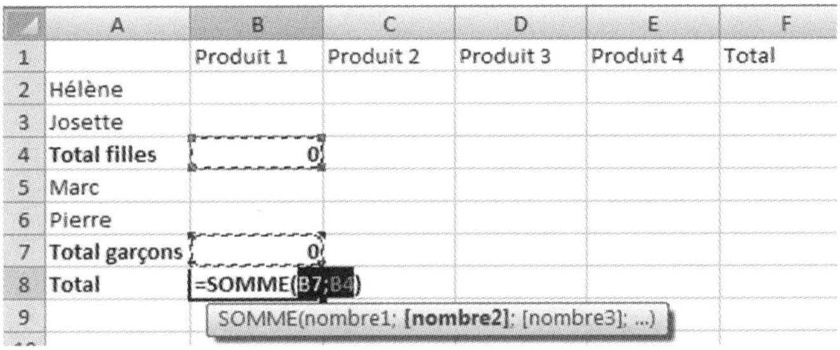

| | A | B | C | D | E | F |
|---|---|---|---|---|---|---|
| 1 | | Produit 1 | Produit 2 | Produit 3 | Produit 4 | Total |
| 2 | Hélène | | | | | |
| 3 | Josette | | | | | |
| 4 | **Total filles** | 0 | | | | |
| 5 | Marc | | | | | |
| 6 | Pierre | | | | | |
| 7 | **Total garçons** | 0 | | | | |
| 8 | **Total** | =SOMME(B7;B4) | | | | |
| 9 | | SOMME(nombre1; **[nombre2]**; [nombre3]; ...) | | | | |

Figure 11 : des sous-totaux qui s'enchaînent

Vous pouvez aussi additionner des cellules qui ne sont pas côte à côte :

TRUC

**UN Σ SUR DES CELLULES SÉPARÉES**

Il suffit de maintenir CTRL enfoncée tout en sélectionnant comme d'habitude à la souris les zones concernées.

Observez bien la signification des signes « : » et « ; ». Par exemple, la formule =Somme(A1:A2;A4;A7:A10) signifie qu'on additionne de A1 à A2, A4, et de A7 à A10 ; cette formule est donc égale à =A1+A2+A4+A7+A8+A9+A10.

# Des formules plus claires avec des noms

Nommer une cellule, A7 par exemple, « TauxDeTva » ou « TourDePoitrineDePamela Anderson » (ou tout autre nom à votre guise) se fait facilement et présente de nombreux avantages, notamment d'avoir des formules bien plus lisibles.

TRUC

**NOMMEZ UNE CELLULE OU UN GROUPE DE CELLULES**

Faites votre sélection et, dans la <u>Zone de nom</u>, saisissez le nom souhaité, par exemple « Toto » (Figure 12).

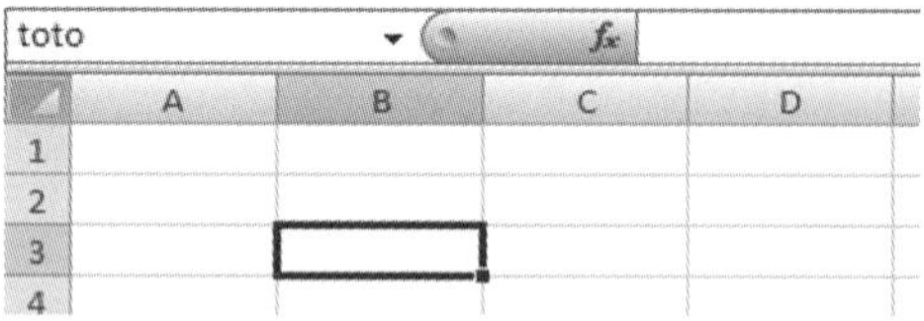


Figure 12 : la cellule B3 s'appelle Toto

Vous pouvez créer autant de cellules nommées que vous le voulez. Avantages ?

> TRUC
>
> **RETOURNEZ À UNE CELLULE NOMMÉE**
>
> En cliquant sur la flèche vers le bas de la Zone de nom (Figure 12).

> TRUC
>
> **DES FORMULES PLUS CLAIRES AVEC LES NOMS**
>
> Vous pouvez utiliser les noms ainsi créés en lieu et place des références de cellules style A1, obtenant ainsi des formules beaucoup plus lisibles et claires, avec par exemple, si la cellule A4 s'appelle « TauxDeTva », =B7*TauxDeTva au lieu de =B7*$A$4.
>
> ATTENTION : dans ce cas, les références nommées seront bien évidemment ABSOLUES (voir p. 226 et suivantes). Dès que vous aurez besoin de références relatives, ce truc ne fonctionne pas !

# Recopiez plusieurs formules d'un coup

Reprenons l'exemple de la Figure 11. Une fois les trois formules saisies, vous pouvez parfaitement les recopier une à une avec la poignée de recopie. Mais on peut aussi les recopier d'un seul coup :

TRUC

**RECOPIEZ PLUSIEURS FORMULES D'UN COUP**

Sélectionnez la zone (partie de ligne ou de colonne) qui contient les formules à recopier.

Cliquez ensuite sur la poignée de recopie, dans le coin inférieur droit de la zone sélectionnée (Figure 13), et glissez vers la gauche (si vos formules d'origine sont en colonnes) ou vers le bas (si elles sont en lignes). Ça va quand même plus vite.

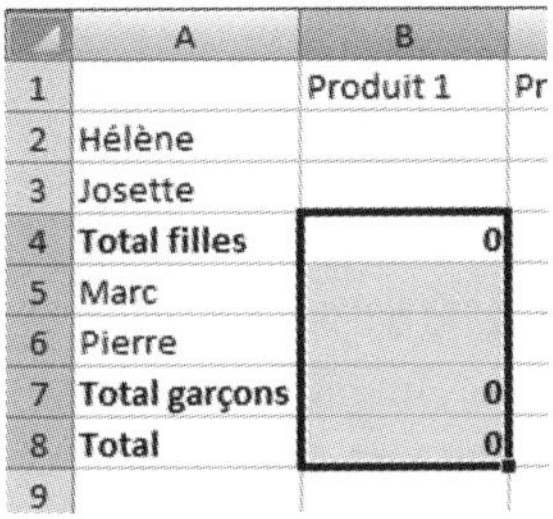

| | A | B | |
|---|---|---|---|
| 1 | | Produit 1 | Pr |
| 2 | Hélène | | |
| 3 | Josette | | |
| 4 | **Total filles** | 0 | |
| 5 | Marc | | |
| 6 | Pierre | | |
| 7 | **Total garçons** | 0 | |
| 8 | **Total** | 0 | |
| 9 | | | |

Figure 13 : la poignée de recopie d'un ensemble de cellules, en bas à droite de la sélection

# Séparez les milliers et gardez le même nombre (raisonnable) de décimales

123456789 n'est pas très clair, 123 456 789 l'est plus. Utilisez donc le Séparateur de milliers, par l'outil correspondant ou par l'onglet Accueil, groupe Nombre, lanceur de boîte de dialogue Nombre, et cochez la case correspondante (Format > Cellule, onglet Nombre, catégorie Nombre).

Dans le même ordre d'idées, ce tableau manque de clarté par rapport à un nombre variable de décimales, l'œil a du mal à s'y faire :

| | Produit 1 |
|---|---|
| Hélène | 12,5 |
| Josette | 23,7 |
| Total filles | 36,2 |
| Marc | 1,67 |
| Pierre | 3,7 |
| Total garçons | 5,43 |
| Total | 41,6 |

Utilisez donc les outils de décimales pour garder un nombre homogène de décimales, par exemple deux, ça paraît assez logique :

| | Produit 1 |
|---|---|
| Hélène | 12,50 |
| Josette | 23,70 |
| Total filles | 36,20 |
| Marc | 1,67 |
| Pierre | 3,70 |
| Total garçons | 5,43 |
| Total | 41,60 |

# Vérifiez vos formules

Au risque de me répéter, c'est vraiment fondamental. Au risque de me répéter, c'est vraiment fondamental. Au risque de me répéter, c'est vraiment fondamental. Au risque de me répéter, c'est vraiment fondamental. Au risque de me répéter, c'est vraiment fondamental.

En effet, Excel est très discipliné. Si vous lui demandez n'importe quoi (par exemple de calculer un prix TTC en ENLEVANT la TVA du HT au lieu de l'additionner), il le fera sans sourciller, le bougre !

Le premier contrôle peut être visuel, ou simplement de cohérence. Dans ce cas cité, par exemple, voir un prix TTC inférieur au prix HT devrait vous mettre la puce à l'oreille. Ou encore, si 5 augmenté de 20 % ne donne que 5,1, c'est que vous n'avez rajouté que 2 % et non 20 %.

Mais il y a heureusement des outils plus performants :

TRUC

**VÉRIFIEZ VOS FORMULES PAR UN DOUBLE-CLIC**

Effectuez un double-clic sur une formule ou appuyez sur [F2], Excel va encadrer de différentes couleurs les cellules qui participent à son calcul (ses Antécédents).

N'oubliez pas de faire [ECHAP] pour fermer cette visualisation.

TRUC

**AUDITEZ VOS FORMULES**

Sélectionnez la cellule contenant la formule à auditer.
Dans l'onglet Formules et dans le groupe Audit de formules, cliquez sur Repérer les antécédents (Outils > Audit de formules > Repérer les antécédents pour 2003). Excel va visualiser par des flèches les cellules qui participent à son calcul.
Sélectionnez Supprimer les flèches une fois votre contrôle effectué.
Dans ces outils d'audit, les Dépendants sont les cellules qui dépendent au contraire de celle où vous vous trouvez.

# Les principaux pièges

Le premier : votre étourderie et votre manque de vigilance. Ouvrez l'œil, et le bon !

Le deuxième : des sommes Σ qui ne contiennent pas toutes les cellules qu'il faudrait (voir p. 173).

Le troisième : des références circulaires.

TRUC

**LES RÉFÉRENCES CIRCULAIRES**

C'est le cas quand une cellule dépend d'elle-même. C'EST, SAUF EXCEPTION EXCEPTIONNELLE, UNE ERREUR QU'IL FAUT RECTIFIER.
Cas typique : en A10 par exemple, au lieu de saisir =Somme(A1:A9), vous saisissez =Somme(A1:A10), c'est-à-dire que vous incluez dans le total le total en lui-même, ce qui n'a bien entendu aucun sens.
Excel vous le signale alors par un message (Figure 14). Cliquez sur OK et corrigez (ça peut être dans certains cas assez long).

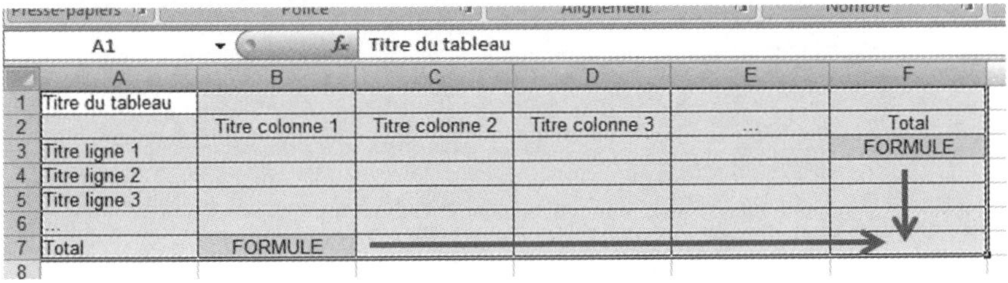


Figure 14 : bannir les références circulaires

Le quatrième : des insertions de ligne hasardeuses. Vous êtes en A3 et avez saisi la formule =Somme(A1:A2). Jusque-là tout va bien. Mais ne voilà-t-il pas qu'il vous prend l'idée saugrenue d'insérer une ligne dans votre tableau ! Eh bien, selon l'endroit où vous allez vous placer pour réaliser cette insertion, vos formules risquent d'être erronées :

TRUC

**INSÉREZ UNE LIGNE DANS UNE ZONE DE SOMME**

Excel insère ligne ou colonne au-dessus (ou à gauche) de la ligne ou colonne sélectionnée. Pour insérer une ligne ou une colonne dans une zone de somme automatique, vous pouvez vous placer sur toute ligne ou colonne, À L'EXCEPTION DE LA PREMIÈRE :

Par exemple, vous avez saisi =Somme(A1:A10) en A11, vous pouvez insérer une ligne si vous cliquez sur une des lignes de 2 à 10.

Par exemple, vous avez saisi =Somme(A1:G1) en H1, vous pouvez insérer une colonne si vous cliquez sur une des colonnes de B à G.

Le cinquième : des ruptures de chaîne. Dans un tableau bien construit, les calculs s'enchaînent les uns après les autres jusqu'à la cellule finale, créant ainsi une suite ininterrompue de liens de cause à effet ; et quand vous changez la première cellule, l'ensemble des calculs entraîne la modification de la dernière. Si, par contre, au cours des calculs, vous rompez cette chaîne d'interdépendance en saisissant par exemple un nombre au lieu d'une formule, toute modification en amont de cette erreur n'aura aucun impact sur l'aval. Fâcheux... surtout si vous pensez à tort que tous les calculs ont été mis à jour. Une bonne façon de piéger ce type d'erreur est de tenter une Valeur cible (voir p. 249).

TRUC

**LES PRINCIPAUX MESSAGES D'ERREUR**

####### : La cellule n'est pas assez large pour afficher son contenu. Élargissez la colonne (par exemple par un double-clic dans la ligne d'en-tête des colonnes, sur le trait entre la colonne concernée et la suivante).

#REF! : La formule fait référence à des cellules qui n'existent plus. Apparaît parfois au cours de recopies de formules hasardeuses ou après des suppressions irréfléchies de cellules. À rectifier à la main.

#DIV/0! : Le dénominateur d'une division est égal à zéro. Ce message disparaîtra dès que ce dénominateur ne sera plus égal à zéro, ou si vous suivez les conseils de la page 238 et suivantes.

# 7.

# PRÉSENTEZ VOTRE TRAVAIL

**Faire du bon boulot, c'est bien... mais le faire savoir, c'est peut-être encore plus important. En apprenant par exemple à le présenter efficacement et, ce n'est pas nécessairement incompatible, joliment.**

**Au programme pour cette leçon :**

**- Devenez sélectionneur**

**- Des tableaux mis en forme sans rien faire**

**- Des cellules automatiquement mises en valeur**

**- Etc.**

# Sélectionnez

Toutes les opérations de mise en forme nécessitent auparavant de sélectionner une zone. Par défaut, Excel sélectionne l'intégralité de votre tableau, de la première cellule en haut à gauche à la dernière, en bas à droite.

Si vous voulez n'en prendre qu'une partie, il faudra réaliser une sélection. Profitons de l'occasion pour bien distinguer l'opération de sélection de celle de recopie :

TRUC

**SÉLECTIONNEZ OU RECOPIEZ**

Pour sélectionner, il faut cliquer en plein milieu de la cellule (le curseur garde sa forme d'une croix épaisse + et la zone se grise en s'entourant d'un trait épais.

Pour recopier, il faut « accrocher » la poignée de recopie (le point situé en bas à droite de la cellule ou de la sélection) ; le curseur prend alors la forme d'un viseur de jeu vidéo + et la zone de recopie s'entoure d'un liseré gris.

Dans la Figure 15, la zone A1:A2 est sélectionnée (à gauche) et la cellule A1 est recopiée sur A2 (à droite).

Figure 15 : sélectionner (à gauche) et recopier (à droite)

TRUC

**DEVENEZ SÉLECTIONNEUR EXCEL !**

Pour sélectionner :

- La feuille : CTRL + A ou cliquez dans la case à l'intersection des intitulés de lignes et de colonnes.
- Un groupe de cellules : cliquez dans la première et glissez dans la dernière, ou cliquez dans la première (en haut à gauche) et cliquez dans la dernière (en bas à droite) en maintenant MAJ enfoncée.
- Des cellules de-ci de-là : réalisez votre sélection en maintenant CTRL enfoncée.
- Une ligne ou colonne : cliquez dans la bande grise des intitulés de lignes et colonnes.
- Plusieurs lignes ou colonnes : essayez les combinaisons de MAJ et de CTRL comme ci-dessus, ça marche très bien. On peut même sélectionner des lignes ET des colonnes à la fois, c'est amusant.

# Abusez des mises en forme automatiques

Vous avez mis l'essentiel de votre énergie à construire votre feuille de travail sur le fond. Et c'est normal, c'est là que votre expertise est la plus utile et la plus attendue. Par contre, au plan de la forme, pourquoi donc vous casser la tête et tenter de réinventer le monde ? Excel dispose à ce niveau d'options très convaincantes !

TRUC

**UNE MISE EN FORME DE PRO**

L'onglet Accueil propose l'essentiel dont vous pouvez avoir besoin, notamment au plan des styles de tableaux prédéfinis (groupe Style, outil Mettre sous forme de tableau). La plupart des options méritent d'être essayées.

**→ 2003 : Connaissez-vous les mises en forme automatiques ? Il y en a moins que dans 2007, mais à leur époque c'était déjà très bien. Format > Mise en forme automatique. La Figure 16 montre le résultat obtenu avec le format automatique Effet3D1, brut de décoffrage.**

TRUC

**POUR LES NOSTALGIQUES DES MISES EN FORME AUTOMATIQUES**

La commande Mise en forme automatique a été enlevée des options de menu de 2007. Mais heureusement, elle est toujours présente dans la liste des outils disponibles pour personnaliser sa barre d'outils Accès rapide. Pensez-y (moi j'ai fait), comme ça vous retrouverez sans problème vos bons vieux formats automatiques à la sauce 2003.

| | A | B | C | D | E | F | G |
|---|---|---|---|---|---|---|---|
| 1 | Ventes des représentants | | | | | | |
| 2 | | Produit 1 | Produit 2 | Produit 3 | Produit 4 | Produit 5 | Total |
| 3 | Hélène | 234 | 4567 | 453 | 567 | 543 | 6364 |
| 4 | Josette | 456 | 7886 | 854 | 554 | 345 | 10095 |
| 5 | Total filles | 690 | 12453 | 1307 | 1121 | 888 | 16459 |
| 6 | Marc | 543 | 5678 | 432 | 491 | 543 | 7687 |
| 7 | Pierre | 656 | 654 | 654 | 197 | | 2161 |
| 8 | Total garçons | 1199 | 6332 | 1086 | 688 | 543 | 9848 |
| 9 | Total | 1889 | 18785 | 2393 | 1809 | 1431 | 26307 |

Figure 16 : un format automatique « brut »

## Peaufinez ces mises en forme automatiques

La plupart du temps, ces mises en forme conviennent parfaitement, au moins dans un premier temps. C'est d'ailleurs pour cela qu'elles ont été conçues. Mais vous voulez peut-être apporter votre patte personnelle...

Prenons par exemple les unes après les autres les améliorations que nous pourrions apporter à notre tableau de la Figure 16.

Le titre général pourrait être centré par l'outil Fusionner et centrer. Il fonctionne dans les deux sens, soit à fusionner, soit à défusionner. Si jamais il ne fonctionnait pas à la « défusion » :

TRUC

**LA BOÎTE DE DIALOGUE CELLULE**

Onglet Accueil, groupe Cellule, bouton Format > Format de cellule (Format > Cellule pour 2003).

L'option Fusionner et centrer (qui s'appelle ici Fusionner les cellules) se trouve sur l'onglet Alignement, ainsi d'ailleurs que d'autres options utiles, comme par exemple le Renvoi à la ligne automatique (pour mettre un long intitulé de cellule sur plusieurs lignes).

La hauteur de plusieurs lignes pourrait être augmentée afin de mieux mettre certains éléments en valeur. En particulier, le titre pourrait être « détaché » du tableau en lui-même.

TRUC

**SÉPAREZ LES LIGNES EN AUGMENTANT LEUR HAUTEUR**

Pour augmenter la hauteur d'une ligne, sélectionnez-la et cliquez dans la colonne des intitulés de lignes sur le trait de séparation entre la ligne sélectionnée et la suivante et élargissez votre ligne vers le bas (si vous faites ceci sur une sélection de lignes, c'est toute la sélection qui aura la nouvelle et même hauteur de ligne). Ceci marche aussi, bien sûr, pour les colonnes.

Cela fait, vous allez remarquer que le contenu des cellules de la ligne reste « collé » au plancher des dites cellules. Ceci peut se modifier :

**DÉCOLLEZ LE CONTENU D'UNE CELLULE DE SON PLANCHER**

Modifiez son alignement vertical (par exemple Centré) dans l'onglet Alignement de la boîte de dialogue Cellule.

Attachons-nous maintenant à l'apparence des nombres. Imaginons que les nombres du tableau de la Figure 16 soient exprimés en kg et que nous souhaitions le faire figurer en toutes lettres. Il est bien sûr possible de spécifier dans un coin « Unité : kg ». Mais il existe une autre option qui sera pour nous l'occasion d'apprendre quelque chose :

TRUC

**CRÉEZ DES FORMATS D'AFFICHAGE DE NOMBRES PERSONNALISÉS**

Ouvrez la boîte de dialogue Cellule, dans l'onglet Nombre. Choisissez la catégorie Personnalisée et, dans la liste déroulante des Types, à droite, choisissez le modèle de format que vous voulez personnaliser (dans l'exemple de la Figure 17, j'ai choisi le Type « # ##0 », qui signifie un format d'affichage avec 0 décimale et un séparateur de milliers). Le modèle choisi s'affiche alors dans la case blanche juste au-dessus de cette liste déroulante.

Cliquez alors dans cette case, juste après le modèle et ajoutez, entre guillemets, votre code personnalisé. La Figure 17, avec le code « # ##0" kg" », va permettre d'afficher les nombres sans décimales, avec séparateur de milliers et suivis de « kg ».

Remarquez bien L'ESPACE dans le code entre le 1er « " » et le « k » de « kg » ; cette espace sert à séparer votre libellé « kg » de vos nombres, de façon à afficher par exemple « 1 234 kg » et non « 1234kg ».

Appliqués à ce même nombre 1234, les codes « # ##0" pièces" » et « # ##0,000"µg" » afficheront respectivement « 1 234 pièces » et « 1 234,000 µg ». Remarquez également, pour ce dernier code, que l'option séparateur de milliers avec 3 décimales n'est pas disponible directement dans la liste déroulante (j'ai choisi la plus proche, « # ##0,00 », et j'ai rajouté à la main le troisième 0).

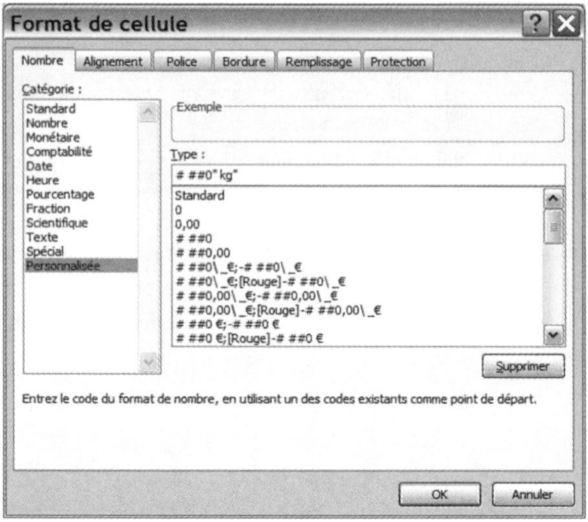


Figure 17 : un format kg personnalisé

La Figure 18 montre notre tableau de la Figure 17 remanié selon ces techniques :

- Un titre centré au milieu du tableau.
- Une ligne de titre élargie et son contenu décollé de son plancher.
- Un format de nombre « kg » personnalisé.
- Et des colonnes ajustées en largeur.

| | A | B | C | D | E | F | G |
|---|---|---|---|---|---|---|---|
| 1 | Ventes des représentants | | | | | | |
| 2 | | Produit 1 | Produit 2 | Produit 3 | Produit 4 | Produit 5 | Total |
| 3 | Hélène | 234 kg | 4 567 kg | 453 kg | 567 kg | 543 kg | 6 364 kg |
| 4 | Josette | 456 kg | 7 886 kg | 854 kg | 554 kg | 345 kg | 10 095 kg |
| 5 | Total filles | 690 kg | 12 453 kg | 1 307 kg | 1 121 kg | 888 kg | 16 459 kg |
| 6 | Marc | 543 kg | 5 678 kg | 432 kg | 491 kg | 543 kg | 7 687 kg |
| 7 | Pierre | 656 kg | 654 kg | 654 kg | 197 kg | | 2 161 kg |
| 8 | Total garçons | 1 199 kg | 6 332 kg | 1 086 kg | 688 kg | 543 kg | 9 848 kg |
| 9 | Total | 1 889 kg | 18 785 kg | 2 393 kg | 1 809 kg | 1 431 kg | 26 307 kg |

Figure 18 : un format automatique « soigné »

# Appliquez un format « en fonction de »...

Savez-vous que vous pouvez formater vos calculs en fonction de leur valeur ? Par exemple, si vous êtes professeur, vous pouvez faire apparaître en vert les élèves qui ont la moyenne et en rouge les autres...

Disons-le tout de suite, les possibilités de la version 2007 en ce domaine sont sans comparaison avec celles de 2003 qui pourtant, à leur époque, paraissaient déjà bien sympathiques. C'est dire le niveau d'Excel-lence auquel nous arrivons.

La Figure 19 détaille un carnet de notes dans deux matières avec le calcul de la moyenne (la moyenne est bien évidemment calculée ; la formule en D2 est =Moyenne(B2 :C2)) ; les 3 colonnes de notes sont formatées selon trois des options du menu obtenu par le bouton Mise en forme conditionnelle de l'onglet Accueil, groupe Style (le résultat est superbe, non ? et encore, vous n'avez pas la couleur...) :

- Le Français est formaté selon l'option Règles de mise en surbrillance des cellules > Supérieur à ; le détail du paramétrage est donné par la Figure 20.
- Les Maths sont présentées avec des Jeux d'icônes, toujours dans les options de ce bouton Mise en forme conditionnelle. ATTENTION : ces jeux indiquent en fait la position de chaque cellule par rapport aux autres valeurs de la sélection (par exemple, si tout le monde sauf Alain avait eu 0, Alain aurait été cette fois-ci crédité d'une icône « OK » et non « Pas bien ». Au royaume des aveugles...).
- La Moyenne, elle, est présentée selon les options de Barre de données.

Tout cela est fort sympathique, non ? Fini les tableaux tristounets !

| | A | B | C | D |
|---|---|---|---|---|
| 1 | | Français | Maths | Moyenne |
| 2 | Alain | 2 | 3 | 2,5 |
| 3 | Pierre | 10 | 11 | 10,5 |
| 4 | Nourad | 15 | 18 | 16,5 |
| 5 | Sophie | 8 | 14 | 11 |
| 6 | Odette | 15 | 9 | 12 |

Figure 19 : un carnet de notes dans tous ses états

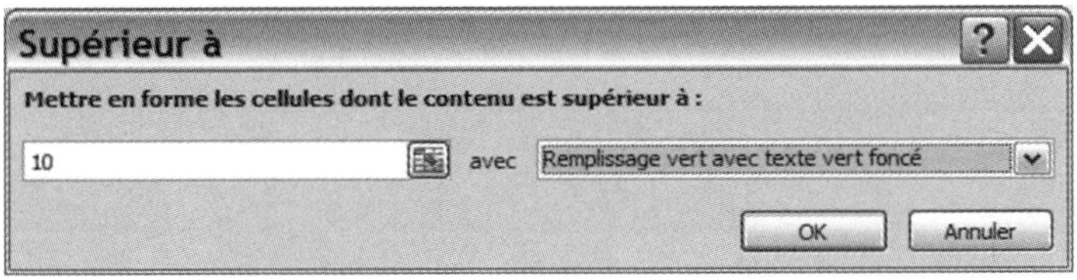


Figure 20 : en vert si on a plus de 10

**→ 2003 : Bon, pas d'icône amusante ou d'histogramme fun comme dans 2007. Tout ce que vous pouvez faire est quelque chose comme pour le « Français » de la Figure 19. Format > Mise en forme conditionnelle. Mais, pour vous consoler, vous**

**pouvez en la matière aller plus loin que 2007, en affichant par exemple en vert ceux qui ont la moyenne et en rouge ceux qui ne l'ont pas.**
**Sur la 1re note de votre carnet, entrez donc pour ceux qui ont la moyenne les paramètres de la Figure 21 (sans oublier de spécifier par le bouton Format l'affichage souhaité) puis occupez-vous de ceux qui ne l'ont pas en entrant la deuxième condition par le bouton Ajouter. Puis recopiez cette mise en forme sur l'ensemble de votre carnet de notes.**

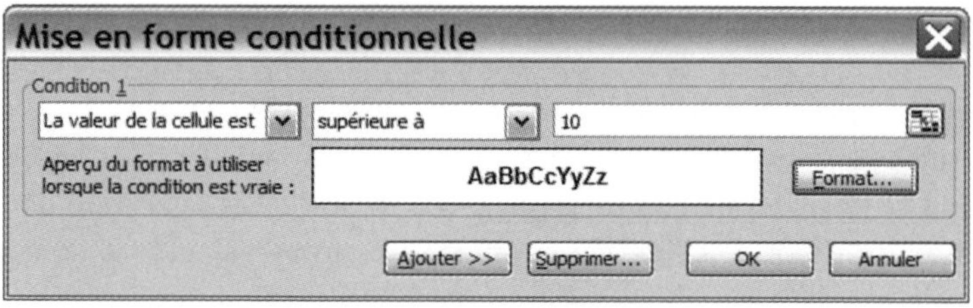


Figure 21 : les formats conditionnels à la mode 2003

# 8.

# IMPRIMEZ

Votre tableau est terminé. C'est fini ? Presque... Reste à l'imprimer (ou à préparer son impression, ce qui revient au même) :

- Des impressions automatiquement référencées
- Des tableaux immenses automatiquement découpés en feuilles normales
- Le club de libération des volets
- Etc.

Les principales options de Mise en page se trouvent, sous la version 2007, figurez-vous... sous l'onglet Mise en page, groupe Mise en page. Si avec tout cela vous ne vous en souvenez pas !

Néanmoins, et une fois n'est pas coutume, je vais vous demander de cliquer directement sur le lanceur de boîte de dialogue Mise en page. À cela deux intérêts :

- Vous aurez accès à l'intégralité des options possibles (le groupe Mise en page n'en proposant qu'une sélection).
- Vous obtiendrez ainsi exactement le même affichage que nos amis accros d'Excel 2003 (qui eux auront fait Fichier > Mise en page). Et je serai ainsi quitte à recommencer l'explication !

Cette boîte de dialogue Mise en page comporte 4 onglets. Passons-les en revue.

## Onglet Page

Vous pouvez bien sûr y régler l'Orientation du papier. Un tableau Excel étant par nature très souvent plus large que haut, l'option Paysage semble s'imposer...

Le pavé Échelle propose des options passionnantes (pour le moins) :

TRUC

**ZOOMEZ À L'IMPRESSION**

Une chose est le tableau que vous voyez à l'écran, une autre est son image papier. Par exemple, si votre tableau comporte 2 lignes et 3 colonnes et si vous tenez à l'imprimer tout seul sur une feuille, il risque de se sentir un peu perdu. Jouez donc sur le facteur de zoom d'impression en entrant une valeur supérieure à 100 % pour Réduire/agrandir à... de la taille normale. Inversement si vous voulez le réduire.

Attention : ce paramètre n'agit que sur l'impression du tableau. Son apparence à l'écran n'en sera pas modifiée d'un poil.

TRUC

**IMPRIMEZ TOUJOURS SUR UNE PAGE**

Si vous validez l'option Ajuster 1 page en largeur 1 page en hauteur, Excel va « tasser » votre tableau pour qu'il rentre sur une page. Option très intéressante (voire même à sélectionner par défaut), pour autant que votre tableau ne « dépasse » pas de trop. Dans le cas contraire, par exemple s'il comporte 250 lignes, eh bien, le résultat nécessitera une loupe pour être lu. Voyez à ce propos des gros tableaux ce que nous en disons un peu plus bas.

## Onglet Marge

Si vous voulez éviter les prises de tête, nous vous déconseillons très fortement de modifier les marges. Ça paraît simple comme ça, mais en fait pas mal d'effets pervers inopinés vont rapidement vous compliquer la vie.

Par contre, les deux options Centrer verticalement et Centrer horizontalement permettent de cadrer votre tableau pile poil au milieu de la feuille. Y en a qui apprécient, dont je suis.

## Onglet En-tête et pied de page

Un passage obligé pour tous ceux qui tiennent, et on les comprend, à référencer leurs documents de travail afin de savoir qui les a rédigés, quand et comment il s'appelle. Le principe est simple. Cette boîte de dialogue offre la possibilité d'intégrer directement des modèles tout prêts. Il suffit pour cela de sélectionner la flèche de liste déroulante des zones En-tête et Pied de page, et de faire son choix. C'est une bonne solution, rapide et efficace. Mais je préfère cliquer sur les boutons de personnalisation, d'autant que d'autres possibilités s'offrent alors à nos yeux éblouis :

**DES FEUILLES DE CALCUL DÛMENT RÉFÉRENCÉES**

Dans la boîte de dialogue obtenue en cliquant par exemple sur Pied de page personnalisé :

- Entrez par exemple vos initiales dans sa Partie gauche.
- Utilisez l'outil Insérer le chemin du fichier dans la Partie centrale.
- Utilisez l'outil Date dans la Partie droite.

La Figure 22 illustre ce paramétrage. Il suffit de valider pour disposer d'un document daté, signé et référencé.

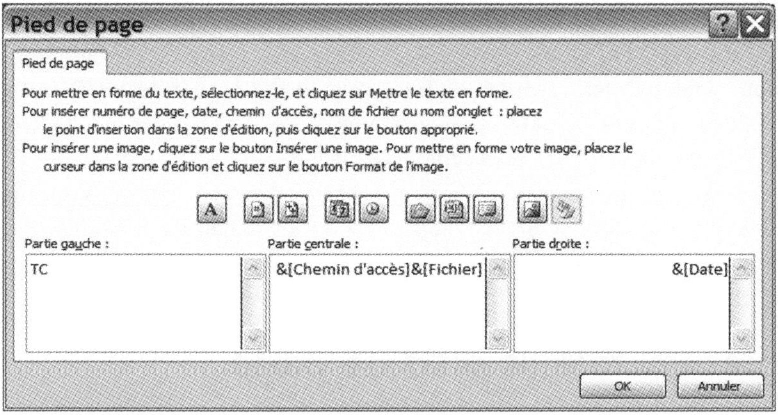


Figure 22 : un pied de page efficace

**LE NOM DU FICHIER ET DE LA FEUILLE AUTOMATIQUEMENT EN TÊTE DE PAGE**

Si vous faites partie des paresseux inventifs qui veulent éviter d'entrer le titre de leur tableau en A1, voici la solution :

Vous pouvez placer automatiquement le nom de votre fichier ainsi que celui de la feuille en cours en en-tête de votre tableau. Si par exemple vous êtes sur la feuille « Janvier » du classeur « Ventes », votre en-tête ressemblera ainsi à quelque chose comme « Ventes Janvier » ! C'est pas beau ça ?

Mode opératoire : dans la fenêtre En-tête et pied de page, cliquez sur le bouton En-tête personnalisé puis sur les outils Insérer le nom du fichier puis Insérer le nom de la feuille (en insérant manuellement un espace entre ces deux champs pour les séparer).

REMARQUE : vous pouvez très bien insérer cette modification dans le modèle Normal pour en disposer à tout jamais !

## Onglet Feuille

Cet onglet offre, en guise de gadgets, quelques options amusantes et/ou utiles, comme d'imprimer le Quadrillage des cellules ou les En-tête de lignes et colonnes. Mais le plus utile concerne surtout la possibilité d'imprimer ce que l'on veut ou d'imprimer correctement un tableau trop grand pour entrer sur une feuille :

TRUC

**IMPRIMEZ CE QUE VOUS VOULEZ**

Par défaut, Excel imprime tout ce qu'il trouve sur la feuille en cours, de la première cellule en haut à gauche à la dernière en bas à droite. Si vous ne voulez en imprimer qu'une partie, sélectionnez-la dans la Zone d'impression.

TRUC

**IMPRIMEZ UN GRAND TABLEAU**

C'est-à-dire un tableau qui tient sur plusieurs pages, soit en hauteur, soit en largeur, soit les deux. Si par exemple le tableau entre sur plusieurs pages, la mauvaise pratique (mais vous ne le saviez pas) consiste à répéter directement dans le tableau les titres des colonnes, tant bien que mal, à peu près à l'endroit où Excel effectuera le saut de page, selon le schéma suivant :

| |
|---|
| Titre du tableau |
| Début du tableau |
| Répétition du titre du tableau |
| Suite du tableau |

La bonne pratique consiste, dans l'onglet Feuille de la boîte de dialogue Mise en page, à :

- Définir comme Titres à imprimer les lignes et les colonnes à répéter.
- Définir comme Zone d'impression le corps de votre tableau, sans les lignes et les colonnes définies ci-dessus.

La Figure 23 montre le paramétrage à réaliser pour imprimer un énorme tableau qui va de A1 à Z100, avec la ligne 1 et la colonne A comme en-tête de colonne et de ligne : la ligne 1 et la colonne A sont les Titres à imprimer, et la Zone d'impression contient le corps du tableau, à l'exclusion de ces titres, donc de B2 à Z100.

Excel va dès lors automatiquement calibrer son impression pour que vous ayez toujours, en premières lignes et colonnes, les titres de votre tableau et utilisera autant de pages que nécessaire pour tout imprimer. Vous pouvez même choisir s'il imprimera d'abord en lignes ou d'abord en colonnes !

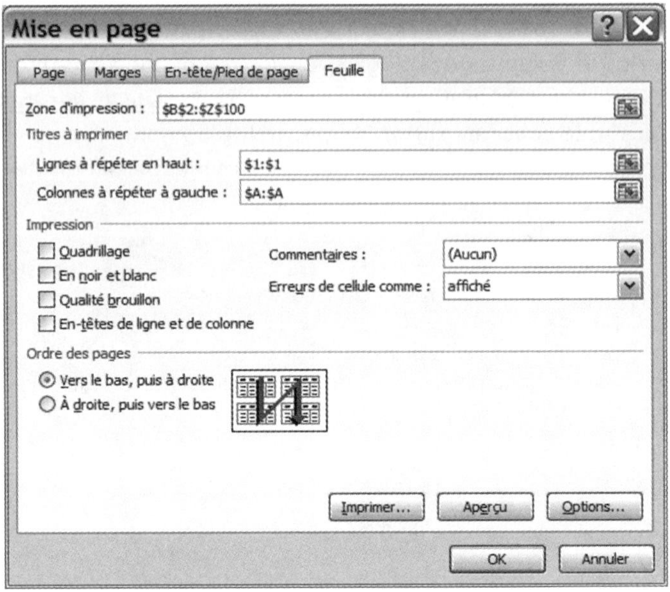


Figure 23 : l'impression d'un GRAND tableau

# Bonnes pratiques pour les grands tableaux

Selon l'application de la loi de la tartine beurrée (dite aussi loi de l'emm... maximum), un tableau Excel est toujours (ou presque) plus grand soit que l'écran, soit que la feuille de papier, soit des deux.

Dans le premier cas, connaissez-vous les volets ?

TRUC

**RETROUVEZ VOUZY (OU ZYVOU) DANS UN TRÈS GRAND TABLEAU**

Vous avez un très grand tableau, plein de lignes et de colonnes. Dès que vous vous aventurez trop à droite ou trop en bas, vous ne voyez plus les noms de vos colonnes et de vos lignes. Perdu...

Placez-vous donc en haut à gauche de votre tableau, juste en dessous des titres de vos colonnes et juste à droite de ceux de vos lignes, et cliquez sur l'outil Figer les volets du groupe Fenêtre de l'onglet Affichage (Fenêtre > Figer les volets sous 2003). Si maintenant vous vous déplacez loin vers la droite ou vers le bas, vous allez constater que vos lignes et colonnes de titres vont rester figées, votre tableau se cachant en quelque sorte sous ces titres. Et vous n'êtes plus perdu ! Ouuuuui !

La manœuvre inverse s'opère en sélectionnant Libérer les volets.

Mais ceci ne concerne que l'affichage sur l'écran. Rien n'est résolu pour notre impression pour laquelle il faudra bien trouver une solution.

TRUC

**MINIMISEZ LA LARGEUR DE VOS COLONNES**

Le principe est simple. Plus vos colonnes sont larges, moins Excel pourra en imprimer sur la feuille de papier. Plus elles sont étroites, plus Excel pourra en caser sur la même feuille. C.Q.F.D.

Voyez ce que nous disons à ce sujet p. 202.

Si maintenant il ne s'en faut que de peu que votre tableau s'imprime sur une seule feuille, utilisez le truc Imprimez toujours sur une page (voir p. 213).
Si ça ne fonctionne pas ou que le résultat est trop petit pour être lisible, il ne vous reste plus qu'à jouer sur la Zone d'impression et les Titres à imprimer comme ci-dessus.

# Dernier conseil pour la route

Si vous êtes sensible à la déforestation massive de nos belles forêts (ou simplement chatouilleux du portefeuille), lancez toujours un Aperçu avant impression pour vérifier visuellement que vous n'allez pas lancer 350 pages pour rien.

# 9.

# DE FEUILLE EN FEUILLE

Excel offre par défaut la possibilité de travailler sur trois feuilles, et vous pouvez en rajouter à volonté. Mais figurez-vous que la plupart des utilisateurs n'utilisent qu'une feuille, la première !

Quel dommage... Cette possibilité de résoudre élégamment et efficacement certains problèmes de consolidation de données est un incontournable de la productivité sur un tableur :

- Des feuilles et des couleurs
- Copie de feuilles
- Groupe de travail
- Formules de liaison interfeuille

# Paramétrez une seule feuille par classeur

Parce que la plupart de vos travaux tiennent sur une seule feuille (et qu'il est si facile d'en rajouter) ! Mais vous le saviez déjà (voir p. 176).

TRUC

**RAJOUTEZ (ET SUPPRIMEZ) DES FEUILLES**

Pour en rajouter, cliquez sur l'onglet Nouvelle feuille (ou Insertion > Feuille pour 2003).

Pour en supprimer, sélectionnez-les et Clic droit > Supprimer.

ATTENTION : la feuille supprimée est définitivement supprimée, il n'est pas possible de la récupérer par F4 .

# Des couleurs d'onglet pour s'y retrouver

Si votre travail nécessite plusieurs feuilles par classeur (soit pour regrouper dans le même fichier des informations sur le même thème, soit pour réaliser un travail de consolidation, voyez ci-dessous), ne vous privez pas. Mais, pour vous y retrouver plus facilement :

TRUC

**DES FEUILLES ET DES COULEURS**

Clic droit sur l'onglet de feuille, puis Couleur d'onglet.

# La multiplication des feuilles

Étudions ce phénomène étrange entre tous au travers d'un exercice de Consolidation (que nous allons d'ailleurs continuer au cours du paragraphe suivant).

Flash-back sur la Figure 1 (Page 170). Nous devions, rappelez-vous, suivre les statistiques de ventes d'une entreprise par *Représentant, Zone, Produit* et *Mois*. Nous allons donc créer un classeur par *Représentant*, avec 12 feuilles par classeur pour chacun des *Mois*, avec pour chaque feuille les *Produits* en colonnes et les *Zones* en lignes. Maintenant, pourquoi ne pas profiter d'Excel pour totaliser au sein du même classeur les 12 mois pour obtenir le total de l'année ? Ce serait intelligent et c'est ce qu'on appelle en terme compliqué une Consolidation.

Chaque classeur par *Représentant* va donc contenir 13 feuilles (12 pour chacun des mois plus 1 pour le total) toutes identiques, avec les *Produits* en colonnes et les *Zones* en lignes. Pour ce faire, deux façons de procéder (qui reviendront exactement au même) :

1. Soit nous créons la première feuille, et nous la copions 12 fois pour en avoir 13 identiques.
2. Soit nous partons directement de 13 feuilles vierges et nous construisons d'un coup d'un seul 13 tableaux semblables (Excel appelle cela un groupe de travail).

Voyons comment ça se passe selon les deux méthodes.

## Copiez les feuilles

Commencez par créer la première feuille de votre classeur (dans notre exemple les *Produits* en colonnes et les *Zones* en lignes). Dès que cette feuille est terminée entièrement (avec toutes ses formules, ses formatages, ses paramètres de mise en page), il suffit de la copier pour en faire une autre toute pareille :

> TRUC
>
> **COPIEZ UNE FEUILLE (ET SON CONTENU) AU SEIN DU MÊME CLASSEUR**
>
> Faites un Clic droit sur l'onglet de la feuille, puis Déplacer ou copier, sélectionnez la case Créer une copie et validez.
>
> N'oubliez pas de la renommer par un double-clic sur son onglet.

## Créez un Groupe de travail

Dans la méthode précédente, il s'agissait de créer la première feuille et ensuite de la dupliquer. La méthode du groupe de travail est exactement inverse : on crée les 13 feuilles d'emblée (vides), et ensuite on les remplit toutes ensemble. Procédez donc ainsi :

1. Créez autant de feuilles vierges que nécessaire pour votre groupe de travail (ici 13). Tant qu'à faire, nommez-les tout de suite de « Janvier » à « Décembre » et « Total ».
2. Sélectionnez toutes les feuilles selon le truc donné ci-dessous.
3. Excel affiche dans la ligne de titre, à côté du nom de fichier, Groupe de travail (ne cliquez surtout sur aucun onglet de ce groupe, vous le désélectionneriez et il faudrait recommencer). Groupe de travail signifie que vous travaillez désormais sur plusieurs feuilles à la fois.
4. Créez le tableau avec toutes les lignes, ses colonnes, ses formules, son apparence et sa mise en page.
5. Sortez du groupe de travail selon l'autre truc ci-dessous.

C'est terminé. Vous avez maintenant plusieurs feuilles exactement identiques (dans notre exercice, 13).

TRUC

**SÉLECTIONNEZ DES FEUILLES ET CRÉEZ UN GROUPE DE TRAVAIL**

Les combinaisons de touches MAJ et CTRL fonctionnent à merveille. Pour sélectionner (ou désélectionner) des feuilles à la suite, cliquez sur la première puis sur la dernière en maintenant MAJ enfoncée. Pour sélectionner (ou désélectionner) des feuilles de-ci de-là, cliquez successivement sur les feuilles concernées en maintenant CTRL enfoncée.

TRUC

**SORTEZ D'UN GROUPE DE TRAVAIL**

Si le groupe de travail comprend toutes les feuilles d'un classeur, sélectionner un quelconque onglet de feuille de ce groupe fait sortir du groupe. Si le classeur contient AU MOINS une feuille qui n'appartient pas au groupe de travail, il faut alors cliquer sur un onglet de feuille qui n'appartient pas au groupe de travail pour en sortir.

Attention : Le piège dans un Groupe de travail est, soit de croire qu'on y est alors qu'on en est sorti, soit oublier qu'on y est quand on y est toujours. Dans le premier cas, on croit travailler sur tout le groupe alors qu'on ne travaille plus que sur une seule feuille. Dans le deuxième, on travaille sur plein de feuilles alors qu'on croit ne travailler que sur celle en cours, et on met le bazar un peu partout. Ceci fait que je n'apprécie pas particulièrement les groupes de travail, et que je préfère copier les feuilles comme expliqué précédemment. Ça revient au même et il y a moins de risques de mauvaises manipulations.

# Utilisez des cellules d'autres feuilles du même classeur

Dans notre exercice de Consolidation, nous avons à additionner sur la feuille Total les 12 cellules correspondantes des feuilles mensuelles.

La façon de procéder est très simple dès qu'on a pigé le truc. Je vous explique, exercez-vous. Si vous n'y arrivez pas du premier coup, réessayez, ça devrait venir. La méthode générale est la suivante :

- Le principe général de saisie de la formule est le même que pour une formule normale.
- La seule nuance intervient quand vous voulez intégrer dans votre formule une cellule d'une autre feuille. Cliquez alors sur l'onglet de cette feuille puis sur la cellule

comme FEUIL1!B4, ce qui signifie la cellule B4 de la FEUIL1.

concernée. Observez bien l'affichage de la cellule, qui devient quelque chose comme FEUIL1!B4, ce qui signifie la cellule B4 de la FEUIL1.

- Si votre formule est terminée, validez tout de suite sans revenir sur la feuille de départ. Si votre formule continue sur une autre feuille, cliquez sur son onglet et recommencez. Si votre formule continue sur la feuille d'origine (et uniquement dans ce cas-ci), revenez sur celle-ci.

## ATTENTION

**Le piège est de revenir sur la feuille d'origine si vous n'en avez pas besoin. Si votre formule se termine sur une autre feuille que celle du départ, validez votre formule sans revenir à la feuille de départ.**

Dans notre exemple, il faut, en partant par exemple de B4 de la feuille Total :

- Taper « + » pour commencer la formule.
- Cliquer sur l'onglet Janvier, puis sur la cellule B2, puis sur « + » pour indiquer qu'il y a une autre cellule à additionner.
- Cliquer sur l'onglet Février, puis sur la cellule B2, puis sur « + » pour indiquer qu'il y a une autre cellule à additionner.
- Etc. jusqu'à Décembre. Quand vous aurez cliqué sur B4 de Décembre, NE REVENEZ SURTOUT PAS SUR LA FEUILLE TOTAL. Validez directement votre formule par [ENTRÉE].

Dans notre exercice, la formule dans la cellule B4 de la feuille TOTAL ressemblera à quelque chose comme :

+JANVIER!B4+FEVRIER!B4+MARS!B4+AVRIL!B4+MAI!B4+JUIN!B4+JUILLET!B4+AOUT!B4+SEPTEMBRE!B4+OCTOBRE!B4+NOVEMBRE!B4+DECEMBRE!B4. Ouf !

Il suffit maintenant de recopier cette formule dans le tableau. Quand je vous disais que nous n'en aurions que pour cinq minutes (enfin, quand vous serez habitué…) !

Maintenant, tout nombre entré dans une quelconque feuille mensuelle est automatiquement consolidé dans la feuille Total. C.Q.F.D. Elle est pas belle la vie ?

## INFO

**HABITUEZ-VOUS À LA SYNTAXE EXCEL POUR LES FORMULES DE LIAISON INTERFEUILLE**

Par exemple, +B3*FEUIL2!G4*TOTO!H67 multiplie la cellule B3 de la feuille en cours par G4 de la feuille FEUIL2 et par H67 de la feuille TOTO.

Par exemple toujours, +SOMME(FEUIL3!H2:FEUIL3!K22) additionne toutes les cellules comprises entre H2 de la FEUIL3 et K22 de cette même feuille.

# 10.

# TENEZ UN FICHIER DE CONSTANTES

Il est fréquent avec Excel de faire des calculs utilisant ce que je vais appeler une constante : un taux de TVA, un taux d'impôt sur le revenu, un coefficient de charges sociales, voire même un prix tarif. Par constante, il faut bien évidemment comprendre valeur qui garde pendant un certain temps la même valeur. Tout est évidemment dans le terme certain : un jour ou l'autre sa valeur changera. Et c'est là que ça va se compliquer !

Bien s'organiser pour ce genre de tâche génère des gains de temps considérables, car vous n'aurez alors qu'une seule valeur à modifier :

- Créez un classeur contenant par exemple le taux de TVA

- Modifiez en chaîne tous vos tableaux à chaque hausse de TVA

Pour gérer des calculs avec TVA, taux d'impôt sur le revenu, taux de charges sociales ou autres constantes, il y a deux façons de faire. La bonne et la mauvaise.
La mauvaise façon de procéder est la suivante. À chaque fois que vous avez à utiliser une telle constante, vous la saisissez directement dans la feuille en cours. Ce qui veut dire que vous allez au fil du temps saisir cette même constante de multiples fois dans de non moins multiples feuilles. Ce qui n'a aucun caractère de gravité, tant que la mal nommée constante ne change pas. Le jour où elle change de valeur, vous allez devoir reprendre une à une toutes les feuilles où elle intervient... Vous imaginez la perte de temps !
Autre façon de procéder (la meilleure). Vous créez un classeur, que vous appelez par exemple *Valeurs de référence*, ou *Constantes*, comme vous voulez. L'idée sera d'y saisir une fois pour toutes les dites constantes, et d'y faire systématiquement référence dans vos formules de tous vos classeurs. Le jour où la constante change, il suffit de modifier sa valeur dans le classeur de référence, et tous les calculs sont automatiquement mis à jour d'un coup d'un seul.
Inutile de souligner le temps phénoménal que vous allez gagner à travailler ainsi.

TRUC

**UTILISEZ UNE CELLULE D'UN AUTRE CLASSEUR PAR UNE FORMULE INTERCLASSEUR**

Le principe est exactement le même que précédemment pour une formule interfeuille, à la nuance qu'il faut en plus changer de classeur :
- Assurez-vous avant toute chose que tous les classeurs nécessaires sont ouverts.
- Cliquez sur la cellule devant contenir la formule et saisissez votre formule de manière classique.
- Pour chercher une cellule d'un autre classeur, affichez le classeur concerné par le menu Fenêtre ou par la Barre des tâches, puis sélectionnez l'onglet et la cellule souhaités.

La syntaxe d'une référence à une cellule d'un autre classeur est la suivante : [NOMDUCLASSEUR]NOMDELAFEUILLE!ADRESSEDELACELLULE. Par exemple, =[GROSMINET]TITI !SOMME(A1:D4) additionne toutes les cellules de A1 à D4 de la feuille TITI du classeur GROSMINET.
ATTENTION : la référence à la cellule d'un autre classeur est par défaut absolue, avec des $ !
ATTENTION : l'erreur classique, comme pour les formules de liaison interfeuille, est de revenir sur le classeur d'origine sans en avoir besoin. Si votre formule est terminée alors que vous êtes dans l'autre classeur, validez votre formule.

Dans notre exercice, la formule ressemblera à quelque chose comme +[CONSTANTES]FEUIL1!$C$4, si la valeur que nous recherchions était saisie en C4 de la FEUIL1 du classeur CONSTANTES. Remarquez les $, signifiant que la formule est absolue (voir page suivante).

# 11.

# RELATIF ET ABSOLU

Pour passer ceinture noire Excel 3e dan, la maîtrise des $ et des références absolues est obligatoire. Les possibilités offertes par ces formules sont vraiment épatantes, ne pas les connaître fait perdre un temps fou.

Investissez le temps qu'il faut pour les comprendre et pouvoir les utiliser, vous serez payé de retour au centuple :

- Pourquoi certaines recopies de formules ne fonctionnent pas ?

- Comment passer de relatif en absolu et même en semi-absolu ?

- Etc.

# Certaines recopies de formules ne fonctionnent pas...

Vous savez recopier les formules, et ça marche à tous les coups. Enfin, presque.

Observez le tableau de la Figure 24. Il contient deux tableaux. Le premier, celui du haut, est hors taxes, le deuxième, celui du bas, est toutes taxes comprises. L'idée est de remplir le deuxième à partir des valeurs du premier et du taux de TVA. La formule saisie en B8 est +B2*(1+B5), et a été recopiée sur l'ensemble du tableau TTC. Observons les résultats, muni d'une calculette :

1. En B8, là où nous avons saisi notre formule, coup de bol, ça fonctionne. 16 plus 19,6 % de TVA, ça fait bien 19,14 (à l'arrondi près). OK.
2. Par contre, sur toutes les autres cellules, c'est la cata. Il semble qu'Excel n'ait rien compris (en fait, aussi bien en C8 qu'en B9 et C9, le prix TTC est strictement égal au prix HT). Serait-ce un paradis fiscal ?

Non, bien sûr. Et notre recopie a bien fonctionné. Si si. Mais pas comme nous nous y attendions. Pourquoi ? Pour répondre à cette question, un petit détour théorique s'impose.

| | A | B | C |
|---|---|---|---|
| 1 | HT | Nord | Sud |
| 2 | Produit 1 | 16,00 € | 15,00 € |
| 3 | Produit 2 | 14,00 € | 17,00 € |
| 4 | | | |
| 5 | TVA | 19,60% | |
| 6 | | | |
| 7 | TTC | Nord | Sud |
| 8 | Produit 1 | 19,14 € | 15,00 € |
| 9 | Produit 2 | 14,00 € | 17,00 € |

Figure 24 : une formule qui manque de $

# Références relatives et absolues, késaco ?

## Référence relative

Par défaut, Excel raisonne de manière relative. Si vous ne savez pas ce que cela veut dire, prenez le temps de suivre ces quelques explications théoriques, c'est essentiel.

Dans l'exemple de la Figure 25, la formule saisie en C1 est SOMME(A1:B1). Elle est comprise en fait par Excel de la façon suivante : j'additionne les deux cellules immédiatement à gauche de là où je me trouve.

Ce qui fait que cette formule recopiée au-dessous, par exemple en C2, reste *j'additionne les deux cellules immédiatement à gauche de là où je me trouve* et devient, puisque nous nous sommes déplacés d'une ligne vers le bas, SOMME(A2:B2).

| | A | B | C |
|---|---|---|---|
| 1 | | | =SOMME(A1:B1) |
| 2 | | | =SOMME(A2:B2) |

Figure 25 : une formule standard raisonne en relatif

En fait, quand nous recopions une formule normale (relative), Excel regarde si on change de ligne ou de colonne. Observons la Figure 26, dans laquelle la formule SOMME(A1:A2) en A3 (grisée) est recopiée en A6, C3, C6 et B1 :

- Si on change de ligne, Excel modifie dans la formule de départ les numéros de lignes du nombre de lignes dont on se déplace. Par exemple, ci-contre, entre A3 d'origine et A6 de destination, on s'est décalé de 3 lignes. Excel ajoute donc 3 aux numéros de lignes et la formule devient SOMME(A4:A5).
- Si on change de colonne, le raisonnement est le même, mais en modifiant les lettres de colonnes. Dans l'exemple, en passant de A à C, on se décale de 2 colonnes, les lettres de colonnes passent donc de A à C et la formule en C3 devient SOMME(C1:C2).
- Si on change de ligne et de colonne, Excel modifie lignes et colonnes de la façon décrite ci-dessus. La formule en C6 devient SOMME(C4:C5).

Regardez maintenant ce qui se passe en B1, qui affiche un message d'erreur. Qu'est devenue la formule dans cette cellule ? On s'est déplacé de 1 colonne vers la droite (la lettre de colonne va donc augmenter de 1) et de 2 lignes vers le haut (le numéro de ligne va diminuer de 2). Que va devenir ainsi la formule d'origine SOMME(A1:A2) ?

- Les A de A1 et A2 vont augmenter de 1 et devenir B. No problemo.
- Le 1 de A1 doit diminuer de 2, et va donc devenir -1. A1 va donc devenir B-1 (qui n'existe pas, d'où le message d'erreur).
- Pareil pour le 2 de A2 qui deviendra B0 qui n'existe pas plus. Re-erreur.

| | A | B | C |
|---|---|---|---|
| 1 | | =SOMME(#REF!) | |
| 2 | | | |
| 3 | =SOMME(A1:A2) | | =SOMME(C1:C2) |
| 4 | | | |
| 5 | | | |
| 6 | =SOMME(A4:A5) | | =SOMME(C4:C5) |

Figure 26 : des recopies de la même formule relative

Si nous revenons à notre tableau HT et TTC de la Figure 24, nous comprenons maintenant ce qui se passe. La formule saisie en B8 est, rappelez-vous, +B2*(1+B5). Recopiée en B9, elle devient +B3*(1+B6). Est-ce ce que nous voulions faire ?

- B2 est devenu B3. Parfait.

- Par contre, B5, qui contient le taux de TVA, est devenu B6, dans lequel rien n'est saisi. Et la formule ne fonctionne pas comme nous le voulions. C.Q.F.D.

N'y a-t-il pas de solution ? Si, bien sûr. Il faut en fait faire comprendre à Excel que, lors de la recopie, la cellule B5 ne doit pas changer et rester B5 contre vents et marées. C'est ce qu'on appelle une référence absolue.

### Référence absolue

On transforme une Référence relative en Référence absolue dans une formule en insérant ce fameux signe \$. Et notre B5 va devenir \$B\$5 :

- le \$ devant le B signifie que le B ne doit pas changer lors de la recopie ;
- et le \$ devant le 5 signifie lui que le 5 ne doit pas changer.

## Une recopie avec des \$ qui fonctionne

Changeons donc notre formule en B8. Elle devient +B2*(1+\$B\$5). Son résultat n'est pas modifié.

Si maintenant nous recopions cette formule sur tout le tableau de B8 à C9, nous constatons que cette fois-ci ça fonctionne, et que les formules recopiées font maintenant toujours référence à la même cellule B5.

Par exemple, la formule en C9 est maintenant +C3*(1+\$B\$5) !

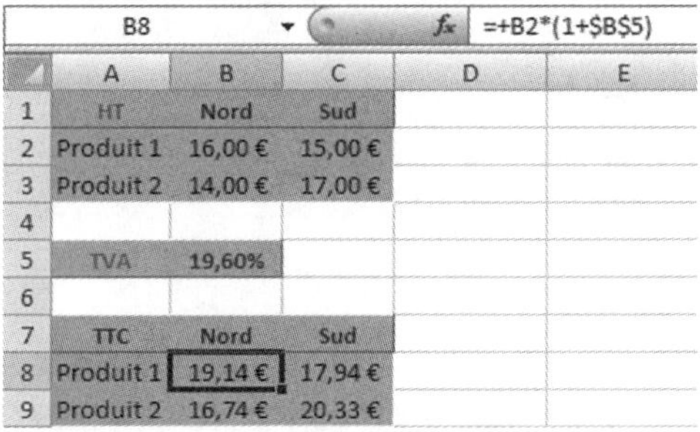


| | A | B | C | D | E |
|---|---|---|---|---|---|
| 1 | HT | Nord | Sud | | |
| 2 | Produit 1 | 16,00 € | 15,00 € | | |
| 3 | Produit 2 | 14,00 € | 17,00 € | | |
| 4 | | | | | |
| 5 | TVA | 19,60% | | | |
| 6 | | | | | |
| 7 | TTC | Nord | Sud | | |
| 8 | Produit 1 | 19,14 € | 17,94 € | | |
| 9 | Produit 2 | 16,74 € | 20,33 € | | |

Figure 27 : le tableau de la figure 24 avec maintenant une formule absolue en C9

## Quand et comment utiliser les \$ des références absolues

Bien maîtriser ce phénomène et reconnaître tout de suite quand il faut utiliser des \$ dans les formules, classe sans conteste son auteur parmi l'élite des Excellents.

INFO

**QUAND UTILISER DES $ DANS DES FORMULES ?**

À chaque fois que, lors d'une recopie, une cellule, une ligne ou une colonne (ou plusieurs, bien évidemment) doivent rester bloquées pour que le calcul puisse continuer à s'effectuer sans encombre.

Et comment saisir ces fameux $ ?

TRUC

**SAISISSEZ DES RÉFÉRENCES ABSOLUES AVEC F4**

Vous pouvez bien sûr vous amuser à saisir à la main les $, à chacun ses distractions. Mais il y a mieux : en cours de saisie de formule, appuyez sur F4, et Excel insère automatiquement les signes $.

AIDE

**RELATIF ET ABSOLU**

Prenons une autre image pour expliquer cette nuance d'importance.
Si au Monopoly vous tirez la carte « Rendez-vous rue de la Paix », c'est une référence Absolue (et en plus ça va bien avec les $). Si vous tirez « Avancez de 2 cases », c'est une référence Relative (et vous pouvez fort bien vous retrouver en prison).

# Encore plus fort : des références semi-absolues !

TRUC

**TESTEZ TOUTES LES COMBINAISONS DE $ DANS UNE FORMULE AVEC F4**

À la 1re pression sur F4, Excel transforme A1 en $A$1.
Si vous continuez à appuyer sur F4, vous allez voir défiler d'autres options :
- À la 2e pression sur F4, $A$1 devient A$1.
- À la 3e, A$1 devient $A1.
- À la 4e, $A1 redevient A1. Et la boucle est bouclée.

Vous découvrez ainsi deux autres options :

- Avec le $ uniquement devant <u>le numéro de ligne</u>, qui signifie que seul ce numéro sera bloqué lors de la recopie, la lettre des colonnes restant libre.
- Avec le $ uniquement devant <u>la lettre de colonne</u>, qui signifie que seule cette lettre sera bloquée lors de la recopie, le numéro de ligne restant libre.

J'entends d'ici vos questions : *à quoi ça sert ? C'est déjà assez compliqué avec les $ sans en rajouter, non ?*

Pas tout à fait !

Imaginons le carnet de notes de la Figure 28. La partie du haut donne les notes sur 20. Celle du bas donne les mêmes notes après l'utilisation de coefficients par matière, saisis dans la zone de B10 à D10. Le tableau du dessous est entièrement calculé à partir de ces coefficients et de celui du haut.

La formule de départ en B11 pourrait être +B3*$B$10. Cette formule se recopiera au-dessous (car B10 sera bloqué) et les notes de Paul et de Jacques seront ainsi correctement coefficientées. Par contre, cette formule recopiée en C11 deviendra +C3*$B$10 (car B10 sera toujours bloqué), ce qui veut dire que le coefficient des Maths sera encore utilisé pour le Français. Et là, ce sera faux.

Réfléchissons donc. En fait, pour pouvoir recopier la formule saisie en B11, il faudrait que seul le <u>numéro de ligne</u> (le 10) soit bloqué pour que le calcul s'effectue toujours par rapport à cette ligne. Et par contre que l'indicateur de colonne, lui, puisse se modifier normalement pour passer de matière en matière.

C'est ce qu'on appelle une <u>référence semi-absolue</u> (ou semi-relative, c'est comme vous voulez). La formule en B11 doit être +B3*B$10 :

- En la recopiant dans les lignes au-dessous, le $ devant le 10 de B$10 va bloquer l'indicateur de ligne et obliger Excel à toujours effectuer les calculs par rapport à la ligne de coefficients.
- Par contre, l'absence de $ devant le B de B$10 va laisser libre l'indicateur de colonne et Excel pourra changer de coefficient en fonction de la colonne.

Et cette formule va pouvoir se recopier sur tout le 2e tableau. Gain de temps énorme, surtout si vous avez 50 matières et 300 élèves !

| | A | B | C | D | E |
|---|---|---|---|---|---|
| 1 | **Notes sur 20** | | | | |
| 2 | | Maths | Français | Histoire | ... |
| 3 | Pierre | 12 | 13 | 14 | ... |
| 4 | Paul | 14 | 10 | 12 | ... |
| 5 | Jacques | 20 | 20 | 20 | ... |
| 6 | ... | ... | ... | ... | ... |
| 7 | | | | | |
| 8 | **Notes coefficientées** | | | | |
| 9 | | Maths | Français | Histoire | ... |
| 10 | **Coefficient** | 2 | 3 | 1 | |
| 11 | **Pierre** | 24 | 39 | 14 | ... |
| 12 | **Paul** | 28 | 30 | 12 | ... |
| 13 | **Jacques** | 40 | 60 | 20 | ... |
| 14 | ... | ... | ... | ... | ... |

Figure 28 : de l'utilisation des références semi-absolues

TRUC

**QUAND ET OÙ METTRE DES $ ?**

Il suffit en saisissant la formule de se poser la question : *qu'est-ce que je dois bloquer ?*

- Si je dois bloquer la cellule, j'appuie 1 fois sur F4 pour obtenir par exemple $A$1.
- Si je ne dois bloquer que la *ligne*, j'appuie 2 fois sur F4 pour obtenir A$1.
- Si je ne dois bloquer que la *colonne*, j'appuie 3 fois sur F4 pour obtenir $A1.
- Si je me trompe, j'appuie encore sur F4 pour faire un tour complet et recommencer.

Les références absolues recèlent encore bien d'autres astuces. Les paresseux sauront en tirer la quintessence. En effet, elles ne servent qu'à permettre de recopier des formules dans les cas les plus tordus. Pour moins se fatiguer à saisir et modifier des formules. À bon entendeur salut.

# 12.

# DANS LE DÉDALE DES FONCTIONS INTÉGRÉES

Que serait Excel sans ses fonctions intégrées... une quatre-saisons sans cœur d'artichaut, un opéra sans diva rebondie, Castor sans Pollux... Plus sérieusement, Excel dispose d'un tas de fonctions pour aller plus loin que les simples sommes et autres opérations bêtement arithmétiques. Certaines indispensables, d'autres utiles, d'autres très spécialisées et enfin quelques gadgets inénarrables à la sauce Microsoft. C'est à une visite guidée de ces fonctions que je vous convie :

- Accédez aux fonctions intégrées
- Trouvez celle qui vous intéresse
- Faites-la fonctionner
- Et enfin un « best of » de mes préférées

# Où trouver les fonctions d'Excel ?

Onglet Formules, groupe Bibliothèque de fonctions.

Toutes les fonctions sont classées par Catégories accessibles directement par un bouton dédié (Financier, Texte, Date et heure, Recherche et matrices...).

Le bouton Insérer une fonction fx permet d'accéder à la boîte de dialogue Insérer une fonction (Figure 29), organisée selon les mêmes catégories. Nous allons détailler son fonctionnement (2003 : Insérer > Fonction ou bouton Insérer une fonction fx).

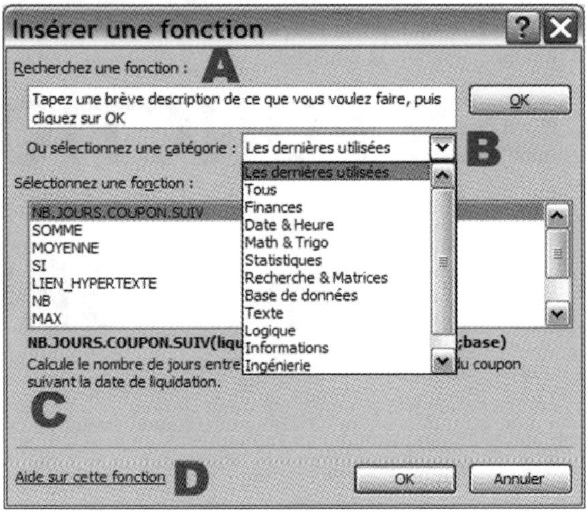


Figure 29 : la boîte de dialogue Insérer une fonction

# L'assistant « Insérer une fonction »

## Trouvez la fonction qu'il vous faut

L'assistant Insérer une fonction (Figure 29) nous propose de l'aide à l'accès aux fonctions, prenons le temps de le décortiquer :

- Zone Rechercher une fonction (repère A). Vous pouvez y expliquer à Excel ce que vous souhaitez faire, il trouvera la fonction ad hoc (je n'ai jamais constaté que ça fonctionnait, mais essayez quand même).
- Zone Sélectionnez une catégorie (repère B). La première catégorie présente les dernières fonctions que vous avez utilisées (ou celles qu'il considère comme les plus utilisées).
- Zone d'explication (repère C). Excel vous y présente un exposé succinct de ce que réalise la fonction sélectionnée.

- Aide (repère D). Indispensable.

Bon, malgré tout, chercher une fonction ressemble souvent à un jeu de piste mal fléché :
- Parce qu'il y a beaucoup de fonctions.
- Parce qu'on ne sait pas en général comment s'appelle celle qu'on recherche.
- Parce qu'on ne sait même pas forcément qu'elle existe...

TRUC

**PRENEZ LE TEMPS DE PARCOURIR LES FONCTIONS D'EXCEL**

Par catégorie, baladez-vous dans les fonctions intégrées. Souvent le nom en sera suffisamment parlant pour que vous puissiez vous faire une idée de ce qu'elle fait, sinon lisez le commentaire. En fonction de vos préoccupations, vous allez peut-être trouver LA fonction dont vous ignoriez l'existence et qui va résoudre un problème qui vous titille depuis quelque temps.

Sinon faites un tour dans le BEST OF en fin de chapitre.

## Comment faire fonctionner sa fonction

Ça y est, vous avez trouvé votre bonheur...

Enfin presque : vous n'avez pas son mode d'emploi.

Excel vous propose bien une aide. Mais, très honnêtement, on n'arrive à comprendre les explications que si on sait déjà comment ça marche... Par contre, je vous recommande vivement de suivre les deux trucs suivants :

TRUC

**REGARDEZ LES EXEMPLES FOURNIS DANS L'AIDE DES FONCTIONS**

Tout au bas de la fenêtre d'aide, vous allez toujours trouver des EXEMPLES CONCRETS D'UTILISATION de la fonction. C'est très utile. Bien sûr, ça reste un peu compliqué, mais c'est à mon avis la meilleure façon de comprendre comment ça fonctionne.

**CLIQUEZ SUR L'AIDE DES FONCTIONS**

Ce lien est disponible juste au-dessous du nom de la fonction dans la fenêtre d'aide des fonctions. Il va vous diriger vers des fonctions connexes, ça peut être très utile également pour vous dépatouiller, voire pour vous donner des idées.

## Mon « best of » de fonctions intégrées

Difficile de faire son choix parmi tout ce qu'Excel propose. Mais j'ai personnellement mes préférées et, comme je suis partageur, je vous en fais part :

## « BEST OF » DE FONCTIONS INTÉGRÉES (LES CELLULES GRISÉES SIGNALENT LES INDISPENSABLES)

| CATÉGORIE DE LA FONCTION | NOM DE LA FONCTION | À QUOI ELLE SERT |
| --- | --- | --- |
| Finances | TRI() | Calculer le taux de rentabilité d'un investissement (voir *Gestion mode d'emploi* par Thierry Capron, Marabout, coll. Vie professionnelle, merci pour lui). |
| | VPM() | Calculer les montants des mensualités de remboursement d'un emprunt. Pour vérifier les calculs de votre banquier. |
| Date et heure | AUJOURD'HUI() et MAINTENANT() | Renvoie soit la date, soit la date et l'heure de l'ordinateur. |
| | DATE() et DATEVAL() | Transforme un nombre en date et inversement. |
| | JOUR(), MOIS() et ANNÉE() | Renvoie le jour, le mois et l'année d'un nombre (voir le chapitre consacré aux dates). |
| Maths et trigo | ALÉA() | Génère un nombre aléatoire entre 0 et 1. Pour organiser la loterie du club de foot. |
| | ARRONDI() | Arrondit au nombre de décimales désirées. |
| | ROMAIN() | Convertit un nombre en nombre romain. Si vous allez en vacances à Laudanum, Babaorum ou Petibonum... |
| Statistiques | ÉCARTYPE() et VAR() | Calcule écart-type et variance d'une série. |
| | MAX() et MIN() | Renvoie le plus grand et le plus petit nombre d'une série. |
| | MOYENNE() | Calcule la moyenne arithmétique. |
| | KURTOSIS() | Renvoie le Kurtosis d'une série. Hyper-utile ! C'est une blague, je ne sais même pas ce que c'est. C'est juste pour vous dire que les statisticiens purs et durs vont se régaler avec Excel. |

| | | |
|---|---|---|
| Recherche et matrices | RECHERCHEV() et RECHERCHEH() | Recherche un élément dans un tableau, soit verticalement, soit horizontalement. Très pratique pour rechercher un prix dans un tarif, par exemple. |
| Base de données | ? | Certains sont fans de ce type de fonctions. Je ne partage pas leur avis, je les trouve lourdes et compliquées. Access fait bien mieux. |
| Texte | CONCATENER() | Crée la chaîne de caractères *Thierry Capron* à partir de *Thierry* et de *Capron*. Pratique pour des mailings de pro. |
| | MAJUSCULE() et MINUSCULE() | Convertit une chaîne en majuscules ou l'inverse. Cf. ci-dessus. |
| | GAUCHE() et DROITE() | Extrait les x caractères de gauche ou de droite d'un texte. |
| Logique | SI() | Exécute un test logique. Un must parmi les must, voyez le chapitre suivant. |
| | ET() et OU() | Gère les ET et les OU dans un test SI(). |
| Informations | ? | Pour experts uniquement (et encore). |

Maintenant, je réitère mon conseil. Prenez le temps de parcourir les fonctions disponibles. Cela ne vous prendra pas beaucoup de temps, et vous allez sûrement trouver des fonctions de derrière les fagots qui vous rendront de fieffés services, coquin de sort !

# 13.

# ÉVITER LES #DIV/0! PAR UN SI()

Un tableau avec des #DIV/0!, même si c'est mathématiquement exact, ça fait un peu désordre, d'autant qu'une astuce très simple permet de les éviter. Et ainsi plus personne ne vous fera de remarques désagréables !

Et cela nous donnera l'occasion de découvrir une fonction intégrée Excel des plus utiles, la fonction Si() :

- La fonction SI()

- Son utilisation pour éviter les affichages #DIV/0!

# La fonction SI()

Elle permet de donner des ordres du style : *s'il se passe ceci, tu fais ça et sinon ça*. On appelle ça une logique booléenne. Toc. Ses applications sont multiples, s'il n'y en a qu'une à retenir c'est bien celle-ci.

Ses arguments (éléments de référence dont toute fonction Excel a impérativement besoin) sont en l'occurrence :

- le test logique à effectuer ;
- la valeur que doit prendre la fonction si le résultat du test est vrai (cette valeur peut bien évidemment être une formule, un nombre ou un alphanumérique, auquel cas il faudra le mettre entre guillemets) ;
- la valeur qu'elle doit prendre s'il est faux.

# Évitez les #DIV/0! avec un SI()

L'affichage maudit #DIV/0! apparaît dans une division quand le diviseur (le nombre qui divise) est égal à zéro.

Nous allons donc utiliser le SI() pour l'éviter :

- Si le diviseur est égal à zéro, nous afficherons par exemple « NA » (pour Non Applicable).
- Sinon, nous effectuerons normalement la division.

Si par exemple nous voulons diviser A2 par B2 en C2, la fonction à entrer en C2 est décrite par la Figure 30.

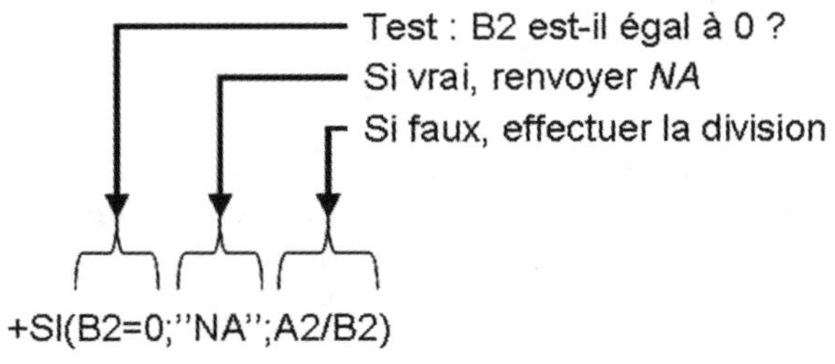


Figure 30 : la logique de la fonction SI()

L'idéal pour saisir cette fonction est bien évidemment d'utiliser l'assistant de saisie obtenu en sélectionnant la fonction SI() par Insérer une fonction. Remarquez (Figure 31) qu'Excel alimente la valeur des différents arguments et même donne le résultat de la fonction (ici, A2 est égal à 1 et B2 à 9 ; B2 est donc différent de 0 et le test B2=0 est faux, et le résultat est égal à 1/9 soit 0,22222...).

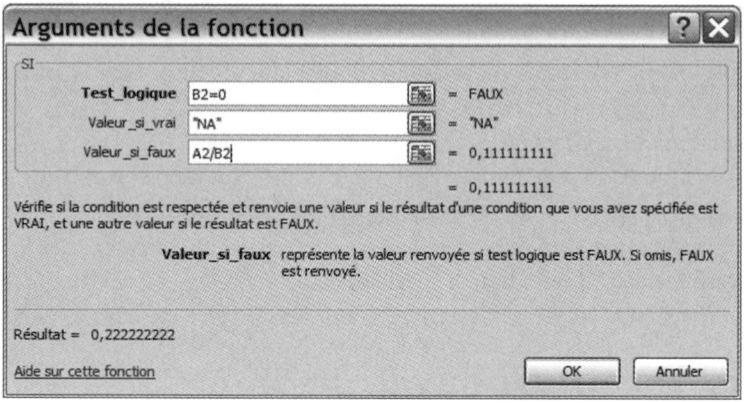


Figure 31 : la saisie de la fonction SI() par l'assistant

Si maintenant vous préférez la saisir à la main, libre à vous. Ce n'est guère plus compliqué, en fait. Vous vous apercevrez qu'avec l'habitude, ça va même parfois plus vite. Si évidemment vous suivez ce conseil :

TRUC

**RESPECTEZ À LA LETTRE LA SYNTAXE LORS DE LA SAISIE D'UNE FONCTION AU CLAVIER**

Excel a mauvais caractère et est particulièrement sourcilleux. Les règles obligatoires pour saisir directement au clavier une fonction sont les suivantes :

- N'insérez aucun espace, tout doit être collé.
- Séparez les Arguments de la fonction par des « ; » exclusivement.
- Veillez bien à fermer autant de parenthèses « ) » que vous en ouvrez « ( ».
- Pour saisir un *nombre* comme argument, il suffit de le saisir.
- Pour saisir une *formule* comme argument, saisissez-la normalement, sans le « + » ou le « = » avant.
- Pour saisir une *chaîne de caractères* comme argument, encadrez-la de guillemets (les doubles, ceux qui sont sur la touche [3] du clavier alphabétique).

Si maintenant vous trouvez que ce serait mieux si Excel n'affichait rien du tout au lieu du « NA » pas forcément très parlant :

TRUC

**N'AFFICHEZ RIEN PAR UNE FORMULE**

Il suffit de saisir comme argument DEUX GUILLEMETS DOUBLES CONSÉCUTIFS (ceux de la touche [3] du clavier alpha) sans rien entre.

# 14.

# DES SI() DANS DES SI()

Figurez-vous qu'un SI() peut en contenir un autre ! Incroyable ! Ça permet d'effectuer plusieurs tests simultanés, et ça permet de résoudre des cas complexes. Trop fort Excel.

Maintenant, il faut avouer que ce n'est pas vraiment simple. Faites l'effort de suivre cette démonstration, même si elle vous semble ardue, car ses applications sont nombreuses et efficaces.

Il est possible que vous décrochiez. Rassurez-vous, dans ce cas, vous ne serez ni le premier, ni le dernier. Moi-même je n'y suis pas arrivé du premier coup...

- Pourquoi imbriquer plusieurs tests conditionnels SI() ?

- Et comment le faire ?

# Pourquoi réaliser plusieurs SI() à la fois ?

Imaginons que nous ayons à calculer les commissions de nos représentants de commerce.

Les règles sont les suivantes :

- Pour un CA de moins de 10 000 € par mois, ils n'ont droit à aucune commission.
- Pour un CA compris entre 10 000 et 20 000 €, ils ont droit à 1 % de commission.
- Et 2 % au-delà.

Faisons un schéma :

10 000 € — 20 000 € — CA

0 % de commission — 1 % de commission — 2 % de commission

Notre SI() avec son test à deux résultats, vrai ou faux, n'est pas capable de répondre seul au problème.

La solution ? Intégrer un SI() dans un autre SI(). Le principe est le suivant :

• Nous allons par un premier test tester si le CA est inférieur à 10 000 €, auquel cas nous n'accorderons aucune commission.

• Sinon nous allons enchaîner par le deuxième test, qui testera, lui, si le CA est inférieur à 20 000 € :

- si oui, c'est donc qu'il est compris entre 10 000 et 20 000 €, et nous accorderons généreusement 1 % de commission ;
- si non, c'est qu'il est supérieur à 20 000 €. Le représentant aura droit à 2 % de commission, heureux homme.

Compris ? Alors on y va.

# Le SI() dans un SI() : mode d'emploi

## Écrivez d'abord la fonction sur un papier

Comme elle n'est pas vraiment simple (délicat euphémisme), je l'ai rédigée pour vous (Figure 32) ; j'ai mis pour être plus clair des ( ) et des [ ] pour être plus lisible ; il ne faut en vrai utiliser que des ().

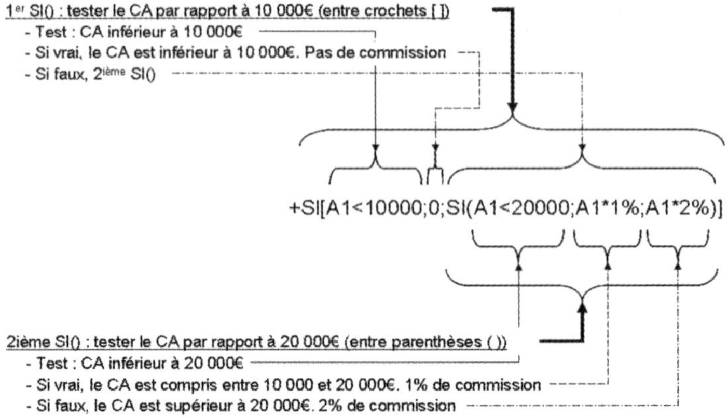


Figure 32 : un exemple de SI() imbriqués

Bon, vous voyez, comme promis, ce n'est pas vraiment simple… Oui, mais il n'y a guère de moyen de le simplifier. Je le répète, si vous êtes perdu, vous n'êtes pas le premier, et il y en aura d'autres après vous. Reprenez les explications à tête reposée demain si vous faites partie des têtus. Sinon, ma foi, ce n'est pas faillir que de reconnaître ses limites, chacun en a, moi le premier.

TRUC

**INFÉRIEUR OU ÉGAL**

Inférieur ou égal s'indique à Excel par <= et supérieur ou égal par >=, sans espace (ni soulignement, évidemment).

## Saisissez les SI()

Eh oui, ce n'est pas fini… Il reste encore à saisir la fonction. Tout à l'heure, nous avions saisi notre SI() en passant par l'assistant. C'était assez commode.

Ici, l'assistant ne fonctionnera pas. Ce sera plus facile au clavier. Enfin, facile, il faudra quand même vous concentrer.

TRUC

**LES PIÈGES QUAND ON SAISIT UNE FONCTION AU CLAVIER SANS L'ASSISTANT**

Les erreurs les plus fréquentes sont les suivantes :
- Vous n'avez pas respecté l'orthographe du nom de la fonction.
- Vous avez saisi des espaces.
- Vous avez mal séparé vos arguments, soit par des « , » ou des « : » ou pas séparé du tout.
- Vous avez carrément oublié un argument.
- Vous vous êtes mélangé les crayons avec les parenthèses (cas le plus fréquent, pour moi en tout cas).

Seule solution : y aller calmement. Zen.

Allez, une dernière pour la route :

INFO

**JUSQU'À 7 SI() IMBRIQUÉS AU MAXIMUM**

Vous pouvez imbriquer jusqu'à 7 tests SI(). Ça ne vous semble pas beaucoup ? Amusez-vous déjà à en gérer 4 ou 5, et vous m'en direz des nouvelles, prévoyez de l'aspirine...

# 15.

# DES COLLAGES TRÈS SPÉCIAUX

Si ce n'est pas bien de copier, en revanche coller c'est très recommandé.

D'autant qu'il est possible de sortir des sentiers battus et de découvrir des collages inédits qui rangent définitivement les gommettes du CP au placard :

- Collez les formats
- Collez les valeurs
- Collez en effectuant une opération
- Changez les lignes en colonnes
- Etc.

# La fenêtre Collage spécial

À partir du moment où vous avez copié (ou coupé) une sélection, vous avez accès aux options de la Figure 33 :

Figure 33 : les collages très spéciaux

Il suffit de cliquer sur la liste déroulante sous l'outil Coller (ou sur Édition > Collage spécial avec 2003).

Vous pouvez ainsi choisir différentes options, dont voici une sélection très arbitraire :

# Ne collez que le format

C'est l'équivalent du célébrissime Pinceau, mais avec des possibilités inédites (copier tout sauf la bordure, copier la largeur de colonne...).

À propos du pinceau, connaissez-vous le truc suivant :

TRUC

**COPIEZ LA MISE EN FORME PLUSIEURS FOIS**

Quand vous cliquez sur l'outil de Recopie de la mise en forme, son effet n'est valable qu'une seule fois.

Pour effectuer cette opération plusieurs fois, faites un double-clic sur cet outil. Vous allez alors effectuer la recopie de la mise en forme d'origine autant de fois que vous le souhaitez à la suite (tant que vous n'appuierez pas sur ECHAP ).

# Ne collez que la valeur

Cette opération n'a d'intérêt que lors de la recopie d'une formule.

Prenons un exemple. A3 contient la formule SOMME(A1:A2). Son résultat est de 3.

Recopiée normalement (par CTRL + C par exemple) en B3, la formule devient SOMME(B1:B2), et son résultat est maintenant de 0 (si B1 et B2 sont à 0). Normal.

Recopions maintenant cette même formule en C3 par Collage spécial, option Valeur. C3 contient maintenant non plus la transposition de la formule mais sa valeur d'origine (ici 3).

Cette option est très utile quand vous vous voulez « figer » le résultat d'une formule.

# Et encore...

Par défaut, le collage annule et remplace le contenu d'origine par ce qu'on y recopie. Sauf si...

TRUC

**COLLEZ EN EFFECTUANT UNE OPÉRATION**

Avec les options Addition, Soustraction, Multiplication et Division de Collage spécial. Par l'option Division, par exemple, vous allez diviser le contenu de la cellule cible (celle où vous effectuez le collage spécial) par celui de la cellule source (celle que vous avez préalablement copiée).

Cela ne fonctionne, bien évidemment, qu'avec des cellules qui contiennent des nombres, et non des formules.

# Les lignes en colonnes et inversement

Vous souhaitez inverser les lignes et les colonnes d'un tableau ? Excel a pensé à vous !

TRUC

**LES LIGNES EN COLONNES ET INVERSEMENT**

Sélectionnez le tableau, copiez-le et sélectionnez l'option Transposé de Collage spécial, et le tour est joué : ce qui était en ligne est maintenant en colonne et lycée de Versailles.

ATTENTION : vérifiez attentivement les formules, vous ne croyiez pas quand même que tout le travail serait mâché...

# 16.

# VALEUR CIBLE

Terminé ! Vous venez de terminer le budget de votre entreprise. Sacré boulot... Avec plein de formules compliquées, vous êtes arrivé à déterminer que le bénéfice de votre entreprise (la différence entre ses ventes et ses achats) s'élèvera selon vos hypothèses à 5 000 €. Mais si vous vous en satisfaites, parions que votre patron se montrera beaucoup plus exigeant et vous renverra dans vos cordes en disant quelque chose comme « 5 000 ? C'est tout à fait insuffisant. Il faut au moins 15 000 ! Reprenez-moi tout ça, et au trot ! »

Et vous repartez dans votre bureau, en vous demandant bien comment faire, car vous connaissez les calculs et leur complexité.

Heureusement, il y a les valeurs cibles...

# C'est quoi, le principe de la valeur cible ?

D'ordinaire, une feuille de calcul fonctionne sur le mode descendant, c'est-à-dire qu'une cellule permet d'en calculer une autre, qui permet à son tour d'en calculer une autre, qui permet à son tour d'en calculer une autre, et ainsi de suite, à l'infini. L'image est celle d'une cascade de calculs qui suivent le sens normal du courant, c'est-à-dire vers le bas. L'idée de la valeur cible est de renverser le sens du calcul et, comme un saumon, de remonter le courant pour répondre à la question suivante : *quelle devrait être la valeur de cette cellule-là (en « haut » des calculs) pour que cette cellule-ci (en « bas » des calculs) atteigne cette valeur ?*

Prenons un exemple, juste assez compliqué (mais pas trop) pour vous faire comprendre l'intérêt de la manœuvre.

Vous venez de terminer le budget de votre micro-entreprise. Vous vendez des pizzas (4 fromages, ma préférée). Le prix de vente de chaque pizza est de 8 €, et coûte à fabriquer (ingrédients et emballage) 3 €. De plus, le salaire du pizzaïolo coûte sur l'année 18 000 €. Enfin, vous prévoyez de vendre 6 000 pizzas.

La feuille de calcul (Figure 34) détaille le calcul du résultat prévisionnel de votre entreprise :

- Le tableau du haut détaille le calcul du chiffre d'affaires (le CA est égal au nombre de pizzas multiplié par le prix unitaire).
- Celui du milieu, le coût de production (il est égal au nombre de pizzas multiplié par le coût de production unitaire).
- Celui du bas, le calcul du résultat (qui est égal au CA, moins le coût de production et moins le salaire du pizzaïolo).

| | A | B | C | D |
|---|---|---|---|---|
| 1 | Calcul du Chiffre d'affaires (CA) | | | |
| 2 | Nbre de Pizzas | Prix de vente unitaire | CA | |
| 3 | 6 000 | 8,00 € | 48 000,00 € | A |
| 4 | | | | |
| 5 | Calcul du Coût de production (CP) | | | |
| 6 | Nbre de pizzas | Coût unitaire | CP | |
| 7 | 6 000 | 3,00 € | 18 000,00 € | B |
| 8 | | | | |
| 9 | Calcul du résultat | | | |
| 10 | Chiffre d'affaires | | 48 000,00 € | C=A |
| 11 | Coût de production | | - 18 000,00 € | D=B |
| 12 | Salaire du pizzaïolo | | - 25 000,00 € | E |
| 13 | Résultat | | 5 000,00 € | F=C+D+E |

Figure 34 : un budget d'entreprise

Ce résultat s'établit, en fonction de ces hypothèses, à 5 000 €. C'est largement insuffisant ! Votre patron exige 15 000 €. Et de vous poser la question : combien faudra-t-il vendre de pizzas pour y arriver ?

Bon, à calculer comme ça, ce n'est pas si simple : il va falloir essayer différentes valeurs de pizzas vendues dans la cellule A3 et voir l'impact que ces changements auront en C13, et procéder ainsi par tâtonnements (on parle en fait pour être poli d'approximations successives). Ça peut être assez long.

Sauf que. C'est sans compter la Valeur cible. Elle est justement faite pour résoudre ce type de questionnement : *quelle doit être la valeur de la cellule A3 (le nombre de pizzas) pour que le résultat de la cellule C13 soit de 15 000 € (et non de 5 000 € comme actuellement)* ?

# Utilisez la Valeur cible

Sous l'onglet Données, dans le groupe Outils de données, cliquez sur Analyse de scénarios, puis sur Valeur cible (Outils > Valeur cible pour nos amis nostalgiques).

Alimentons ensemble les arguments de la fenêtre Valeur cible (Figure 35) :

- La Cellule à définir est celle dont on veut redéfinir la valeur (le résultat), qui est C13.
- La Valeur à atteindre est le montant du résultat souhaité, à savoir 15 000 €.
- La Cellule à modifier est celle qu'Excel doit recalculer pour que la Cellule à définir (le résultat) atteigne la Valeur à atteindre, c'est-à-dire 15 000 €. C'est donc la cellule qui contient le nombre de pizzas, A3.

Notez qu'Excel affiche les cellules sous forme absolue, ça n'a aucune importance et ne change en rien les calculs.

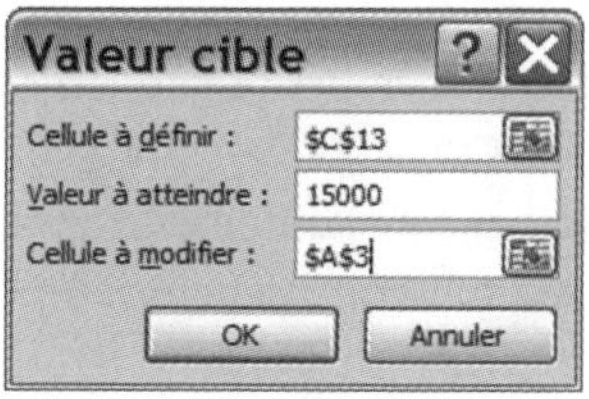


Figure 35 : la saisie des paramètres de Valeur cible

Il suffit de faire OK, pour qu'Excel confirme qu'il a trouvé une solution (Figure 36) ; la cellule C13 (le résultat) est bien de 15 000 € parce que le nombre de pizzas en A3 est passé à 8 000 (c'est le nombre que nous cherchions).

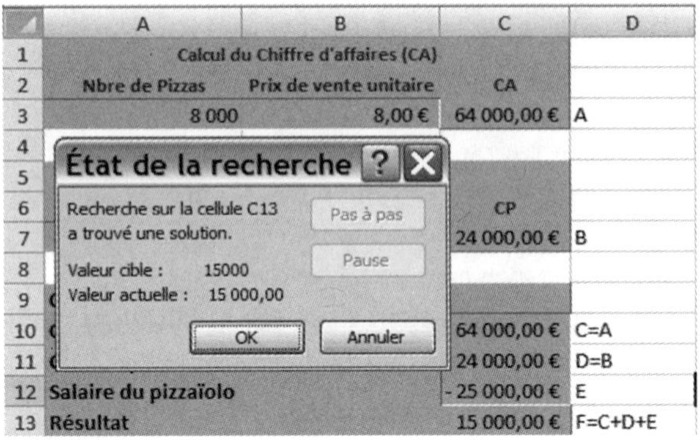


Figure 36 : la solution trouvée par Valeur cible

# La recherche d'une autre solution

Dans l'exemple ci-dessus, Excel s'est contenté, ce n'est déjà pas si mal, de trouver une solution arithmétiquement correcte. Rien n'indique évidemment qu'elle soit réalisable !

Passer de 6 000 à 8 000 pizzas ne nous paraît pas réaliste sur un marché aussi encombré. Nous estimons qu'au mieux nous ne pourrons vendre que 6 500 pizzas, et que cela représente déjà un challenge considérable.

Mais il faut absolument arriver aux 15 000 € de résultat. Comment faire ? Eh bien, augmenter le prix de vente, par exemple.

Nous allons donc utiliser la Valeur cible pour répondre à la question suivante : *à quel niveau fixer le prix de vente de la pizza pour qu'en en vendant 6 500, on obtienne malgré tout un résultat de 15 000 € ?*

Nous saisissons donc nos nouvelles ventes (6 500) en A3 et relançons la Valeur cible :

- La Cellule à définir est toujours C13 et la Valeur à atteindre 15 000 €.
- Par contre, la Cellule à modifier est maintenant B3 (le prix de vente de la pizza).

Excel confirme qu'il a trouvé la solution : le nouveau prix de vente en B3 est de 9,15 € (Figure 37).

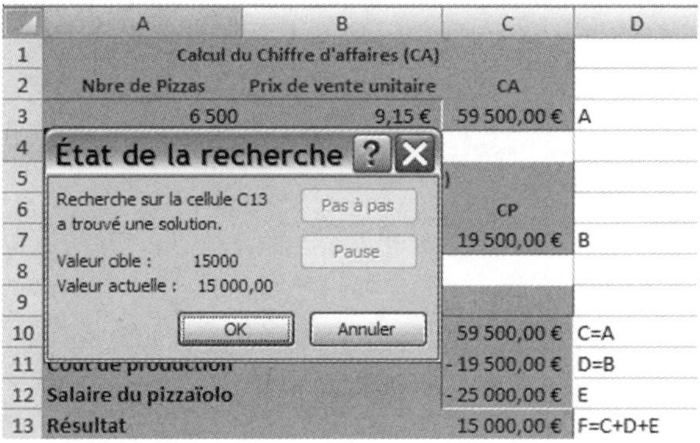


Figure 37 : une nouvelle Valeur cible

Vous imaginez bien toutes les autres variations que vous allez pouvoir effectuer autour de ce thème. Et à chaque fois, Valeur cible va vous apporter une réelle aide.

TRUC

**ET QUAND VALEUR CIBLE NE FONCTIONNE PAS...**

Il arrive que Valeur cible ne fonctionne pas. C'est très souvent un indice que la chaîne de calcul est rompue à un moment quelconque. En effet, pour qu'Excel trouve une solution à une Valeur cible, il faut qu'il existe un lien de dépendance de la Cellule à modifier vers la Cellule à définir.

# 17.

# LES LISTES DE DONNÉES : TEASER

Je serais impardonnable de parler de trucs Excel sans évoquer les fonctionnalités FORMIDABLES (et encore je pèse mes mots) offertes par les Listes de données.

Très peu de gens les connaissent, et pourtant elles pourront vous faire gagner fiabilité, temps et qualité dans des proportions que vous n'imaginez même pas.

Mais la matière est copieuse, trop peut-être pour ce volume. Aussi me contenterai-je de lever le voile sur quelques-uns de ses aspects les plus étonnants ! Charge à vous ensuite, si le jeu vous en dit, de vous documenter plus.

# Quelques états épatants

Prenons un exemple.

Nous devons suivre les statistiques de ventes des représentants d'une société de distribution de matériel d'alpinisme dans différentes zones géographiques. La Figure 38 montre la structure du tableau tout simple qui nous permettra d'accéder à ces fonctions épatantes (le tableau réel comporte en fait beaucoup plus de lignes que celles de la Figure 38).

| | A | B | C | D | E |
|---|---|---|---|---|---|
| 1 | Représentant | Date | Zone | Produit | Ventes |
| 2 | Hélène | 01/01/2006 | Nord | Cordes | 4 054,96 € |
| 3 | Pierre | 01/01/2006 | Nord | Sangles | 19 565,85 € |
| 4 | Hélène | 01/01/2006 | Nord | Mousquetons | 12 581,37 € |
| 5 | Hélène | 04/01/2006 | Sud | Cordes | 52 117,42 € |
| 6 | Hélène | 04/01/2006 | Sud | Sangles | 8 676,27 € |
| 7 | Hélène | 04/01/2006 | Sud | Mousquetons | 15 455,26 € |
| 8 | Jean | 08/01/2006 | RP | Cordes | 86 289,09 € |
| 9 | Jean | 08/01/2006 | RP | Sangles | 14 329,09 € |
| 10 | Sylvie | 08/01/2006 | RP | Mousquetons | 4 225,80 € |
| 11 | Sylvie | 11/01/2006 | RP | Cordes | 19 279,82 € |
| 12 | Sylvie | 11/01/2006 | RP | Sangles | 12 486,97 € |
| 13 | Sylvie | 11/01/2006 | RP | Mousquetons | 2 806,64 € |
| 14 | Jean | 15/01/2006 | RP | Cordes | 89 759,95 € |
| 15 | Jean | 15/01/2006 | RP | Sangles | 22 825,54 € |
| 16 | Pierre | 15/01/2006 | RP | Mousquetons | 2 966,21 € |
| 17 | Pierre | 19/01/2006 | RP | Cordes | 34 694,39 € |
| 18 | Pierre | 19/01/2006 | RP | Sangles | 42 377,67 € |
| 19 | Jean | 19/01/2006 | RP | Mousquetons | 5 127,89 € |
| 20 | Jean | 22/01/2006 | Sud | Cordes | 57 341,84 € |
| 21 | Jean | 22/01/2006 | Sud | Sangles | 58 345,46 € |
| 22 | Jean | 22/01/2006 | Sud | Mousquetons | 11 325,70 € |
| 23 | Jean | 26/01/2006 | RP | Cordes | 7 391,94 € |
| 24 | Jean | 26/01/2006 | RP | Sangles | 61 859,99 € |
| 25 | Jean | 26/01/2006 | RP | Mousquetons | 18 812,64 € |
| 26 | Pierre | 30/01/2006 | RP | Cordes | 41 199,44 € |

Feuil1 Feuil2 Feuil3 Feuil4 Feuil5 Feuil6 **Feuil7**

Figure 38 : une Liste de données

À partir de ce tableau, il ne m'a pas fallu plus de deux minutes, montre en main, pour créer tous les états suivants :

| | A | B | C | D | E |
|---|---|---|---|---|---|
| 1 | Représentant | Date | Zone | Produit | Ventes |
| 139 | Hélène | 13/06/2006 | Paris | Mousquetons | 7 478,53 € |
| 142 | Hélène | 17/06/2006 | Nord | Mousquetons | 5 617,36 € |
| 145 | Hélène | 21/06/2006 | Paris | Mousquetons | 14 101,72 € |
| 148 | Hélène | 24/06/2006 | Paris | Mousquetons | 7 525,75 € |
| 151 | Hélène | 28/06/2006 | Paris | Mousquetons | 13 500,29 € |

Figure 39 : le détail des ventes de Mousquetons par Hélène en Juin 2006

| | A | B | C | D | E |
|---|---|---|---|---|---|
| 1 | Somme de Ventes | Étiquettes de colonnes | | | |
| 2 | Étiquettes de lignes | Cordes | Mousquetons | Sangles | Total général |
| 3 | Hélène | 1 432 801,40 € | 265 541,56 € | 774 471,20 € | 2 472 814,16 € |
| 4 | Jean | 1 547 863,02 € | 290 474,85 € | 1 373 695,83 € | 3 212 033,70 € |
| 5 | Pierre | 1 060 050,51 € | 246 279,24 € | 830 544,18 € | 2 136 873,93 € |
| 6 | Sylvie | 971 346,62 € | 160 114,54 € | 533 483,49 € | 1 664 944,65 € |
| 7 | Total général | 5 012 061,55 € | 962 410,19 € | 3 512 194,70 € | 9 486 666,44 € |

Figure 40 : les ventes par Représentant et Produit

| | A | B | C | D | E |
|---|---|---|---|---|---|
| 1 | Somme de Ventes | Étiquettes de colonnes | | | |
| 2 | Étiquettes de lignes | Nord | Paris | Sud | Total général |
| 3 | **⊟Hélène** | **633 329,73 €** | **1 584 697,51 €** | **254 786,92 €** | **2 472 814,16 €** |
| 4 | Cordes | 374 722,09 € | 991 637,89 € | 66 441,42 € | 1 432 801,40 € |
| 5 | Mousquetons | 87 530,21 € | 150 981,28 € | 27 030,07 € | 265 541,56 € |
| 6 | Sangles | 171 077,43 € | 442 078,34 € | 161 315,43 € | 774 471,20 € |
| 7 | **⊟Jean** | **732 537,43 €** | **1 732 404,85 €** | **747 091,42 €** | **3 212 033,70 €** |
| 8 | Cordes | 366 311,49 € | 902 876,88 € | 278 674,65 € | 1 547 863,02 € |
| 9 | Mousquetons | 76 074,52 € | 151 801,19 € | 62 599,14 € | 290 474,85 € |
| 10 | Sangles | 290 151,42 € | 677 726,78 € | 405 817,63 € | 1 373 695,83 € |
| 11 | **⊟Pierre** | **349 590,96 €** | **1 321 028,90 €** | **466 254,07 €** | **2 136 873,93 €** |
| 12 | Cordes | 180 389,35 € | 610 713,94 € | 268 947,22 € | 1 060 050,51 € |
| 13 | Mousquetons | 57 118,36 € | 154 610,25 € | 34 550,63 € | 246 279,24 € |
| 14 | Sangles | 112 083,25 € | 555 704,71 € | 162 756,22 € | 830 544,18 € |
| 15 | **⊟Sylvie** | **273 053,56 €** | **685 456,61 €** | **706 434,48 €** | **1 664 944,65 €** |
| 16 | Cordes | 120 068,57 € | 355 833,41 € | 495 444,64 € | 971 346,62 € |
| 17 | Mousquetons | 31 577,32 € | 70 304,33 € | 58 232,89 € | 160 114,54 € |
| 18 | Sangles | 121 407,67 € | 259 318,87 € | 152 756,95 € | 533 483,49 € |
| 19 | **Total général** | **1 988 511,68 €** | **5 323 587,87 €** | **2 174 566,89 €** | **9 486 666,44 €** |

Figure 41 : les ventes par Représentant, Produit et Zone

# Frustré ?

Il y a encore beaucoup à découvrir dans ce domaine.

Si cela vous intéresse, je ne saurai trop vous recommander de vous procurer chez Eyrolles éditeur mon ouvrage sur les bases de données Excel et Access, à paraître courant 2007.

# UN OUTLOOK D'ENFER

**Bien géré, le courrier électronique favorise la communication et rend d'incomparables services au quotidien : instantanéité, suivi, quasi-gratuité, transmission très aisée de documents...**

**Mal compris, il est au contraire une source d'improductivité majeure : virus et pertes de sécurité, diffusion d'informations inexactes ou inutiles, courrier non sollicité, perte de temps...**

**Adoptons ensemble l'Outlook attitude au travers de :**

**- La revue de bonnes pratiques (section Méthodes)**

**- La personnalisation d'Outlook (section Personnaliser)**

**- La Boîte à outils (section Techniques)**

# I.

# SÉCURITÉ, VIRUS ET ASSIMILÉS

La toile est dangereuse. Demandez donc au moustique qui vient de se faire dévorer par cette jolie araignée toute pleine de poils et de pattes.

Maintenant, à moins de vivre sur une île déserte, il va bien falloir prendre son envol. Mais pas n'importe comment. En prenant des précautions de bon sens, un peu comme votre maman qui vous répétait de ne pas ouvrir à n'importe qui (elle avait raison) :

- Virus : être prudent et protégé
- Spams : être malin
- Hoaxes : agir avec discernement

# Virus

C'est la 8e plaie du Net. Pour vous en prémunir :

- Équipez-vous d'une suite antivirus et effectuez les mises à jour.
- Ne visitez pas les bas-fonds d'Internet.
- N'ouvrez JAMAIS des pièces jointes douteuses (voir p. 265 et suivantes) pas plus que vous n'installerez des programmes véreux.

Pour en éviter les conséquences fâcheuses :

- Maintenez un jeu complet de sauvegarde de vos données (voir p. 24 et suivantes).

Pour guérir définitivement en cas d'infestation :

- Nettoyez le disque dur de l'ordinateur, récupérez la configuration d'origine et réinstallez vos programmes et fichiers (voir p. 36 et suivantes).

# Spams

Les Spams sont une des tares du courrier électronique. Ils consistent en l'équivalent high-tech des catalogues de bricolage et de supermarchés qui inondent votre boîte aux lettres en votre absence (et qui la signalent immanquablement aux cambrioleurs potentiels, à croire que c'est eux qui les ont inventés).

Vous pouvez vous procurer un logiciel de filtre spécifique. Mais il y a d'autres solutions gratuites et pas forcément moins efficaces.

## Évitez les pièges grossiers

- Ne communiquez vos adresses qu'à des personnes sûres.
- Supprimez immédiatement tout message non sollicité, sans le lire ni, bien évidemment, y répondre.
- Évitez les sites Web douteux, soyez très prudent en remplissant un formulaire sur Internet, évitez au maximum de fournir votre adresse e-mail sur Internet (utilisez systématiquement dans ce cas une adresse POUBELLE, voir le TRUC suivant).
- Et, de manière générale et particulière, soyez prudent et attentif. Et suivez les conseils de votre maman.

## Utilisez plusieurs adresses e-mail

Même le plus précautionneux des internautes laissera des traces çà et là de son passage, et toute boîte aux lettres est vouée à plus ou moins longue échéance à être inondée de Spams. Dès que cela commence, ça va de plus en plus vite, et il n'y a en fait pas grand-chose à faire, si ce n'est d'arrêter de la consulter. Solution radicale et efficace, mais qui pose problème quand il s'agit d'informer tout le monde de votre changement d'adresse.

TRUC

**AYEZ PLUSIEURS ADRESSES E-MAIL POUR ÉVITER LES SPAMS**

Par exemple, une PROFESSIONNELLE, une PERSONNELLE et une « POUBELLE » :
Avec la PERSONNELLE et la PROFESSIONNELLE, soyez très précautionneux. Ne la communiquez qu'à des personnes dignes de confiance et triées sur le volet. Ne vous en servez jamais pour autre chose que communiquer avec ces destinataires, et jamais pour quoi que ce soit d'autre, et surtout pas sur Internet pour faire du shopping.
Utilisez l'adresse POUBELLE pour votre shopping et plus généralement à chaque fois qu'un site vous demandera une adresse (tout en restant vigilant).
Si vous suivez cette discipline, vos adresses PERSONNELLE et PROFESSIONNELLE devraient résister un certain temps. Quant à l'adresse POUBELLE, dès qu'elle vous occasionne des soucis, ne la consultez plus et changez-en.

## Désinscrivez-vous d'une liste de mailing

Les sociétés se revendent allègrement entre elles des fichiers d'adresses e-mail. Ce qui veut dire que vous pouvez très bien, sans trop savoir pourquoi, recevoir des pubs pour tout et n'importe quoi (en fait, plus précisément pour n'importe quoi) sans avoir rien demandé. Je n'ai jamais compris si c'était bien légal, mais c'est un fait. Toute société sérieuse se livrant à ces pratiques doit par contre, ça c'est sûr, vous laisser la possibilité de vous Désinscrire. Si ce n'est pas le cas, vous pouvez toujours signaler l'abus à la Commission nationale informatique et libertés, elle est là pour ça. **www.cnil.fr.**

## Bloquez certains expéditeurs

Sélectionnez le message, Clic droit > Courrier indésirable > Ajouter à la liste des expéditeurs bloqués.

## Ne téléchargez que les en-têtes des messages

Avec cette technique, vous allez pouvoir ne télécharger QUE les en-têtes des messages, libre à vous ensuite de les lire intégralement ou de les supprimer sans autre forme de procès.

Sélectionnez le menu Outils > Envoyer/recevoir > Paramètres d'envoi/réception > Définir les groupes d'envoi/réception, sélectionnez si ce n'est déjà fait Tous les comptes et cliquez sur Modifier. Pour chacun des comptes que vous possédez (ici le compte « Pop.Tiscali.fr »), réglez les paramètres souhaités. Vous pouvez demander (Figure 1) :

- Que seuls les en-têtes soient téléchargés (recommandé).

- Ou que tous les messages soient téléchargés normalement, sauf ceux qui sont accompagnés de pièces jointes supérieures à une certaine taille.

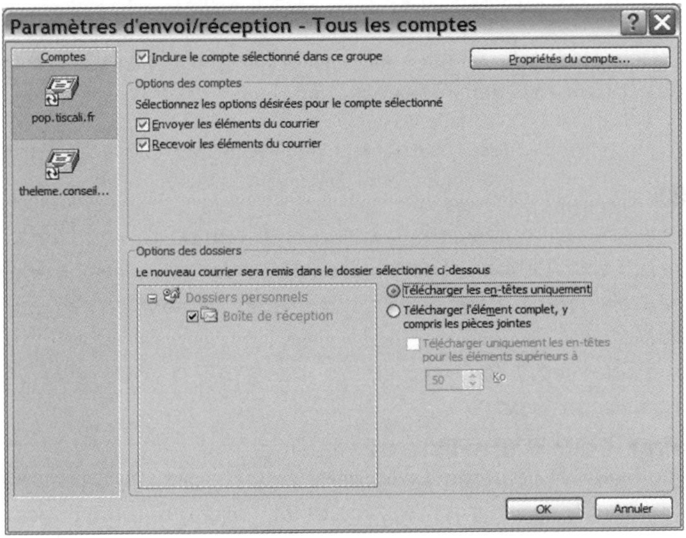


Figure 1 : ne télécharger que les en-têtes des messages

Ce paramétrage effectué, vous ne téléchargez maintenant plus que les en-têtes des messages. Il ne vous reste plus qu'à parcourir votre Boîte de réception message par message :

- Pour télécharger intégralement celui qui vous intéresse, Clic droit > Marquer pour télécharger le message.
- Pour les autres, Clic droit > Supprimer ou SUPPR directement.

## Limitez vos courriers reçus à vos seuls Contacts

Une des options les plus radicales en matière de Spams consiste à n'accepter que les courriers en provenance des personnes que vous connaissez, c'est-à-dire de vos contacts Outlook.

Outils > Options, onglet Préférences, option Courrier indésirable, onglet Options. Choisissez l'option Listes approuvées uniquement. Dans l'onglet Expéditeurs approuvés, vérifiez bien que l'option Approuver également les courriers en provenance de mes contacts est cochée.

### ATTENTION

Sous ce paramétrage, seul le courrier en provenance de vos Contacts sera transféré dans votre boîte de réception ! Tout le courrier reçu d'expéditeurs absents de ces Contacts sera transféré sans autre forme de procès dans Courrier indésirable ! Prenez donc le temps de lire de temps à autre ce dossier, des fois qu'une riche, belle mais inconnue héritière vous demande en mariage...

## Hoaxes

*« En français, rumeurs, canulars ou arnaques de tout poil...*
*Des milliers d'e-mails relatant de fausses informations circulent sur le réseau.*
*La plupart du temps alarmants, ces messages ne sont en fait que des hoaxes (canulars).*
*Avec votre aide, nous allons nous efforcer de rétablir la vérité et de lutter contre ces mensonges électroniques. »*

**http://www.hoaxbuster.com/**

*« Perte de temps et de productivité, perte de messages utiles, compromission de la sécurité, ridicule et perte de crédibilité, insensibilisation des internautes, encombrement des réseaux locaux, abandon d'adresse électronique et évasion de données personnelles sont les principaux dangers que représentent les hoaxes pour les internautes et les entreprises. »*

**http://www.hoaxkiller.fr/**

Vous voilà averti. Faites donc un tour sur ces excellents sites qui vont tout vous dire sur ces drôles de pratiques et la conduite à tenir à leur encontre.

# 2.

# PIÈCES JOINTES

Un des énormes avantages du courrier électronique est de pouvoir envoyer et recevoir des pièces jointes, simplifiant à l'extrême la communication et la transmission d'informations. Si on sait s'en servir !

Un des énormes désavantages du courrier électronique est de pouvoir envoyer et recevoir des pièces jointes, compliquant à l'extrême la communication et la transmission d'informations. Si on ne sait pas s'en servir...

- Vigilance !

- Compressez vos pièces jointes

- Enregistrez vos pièces jointes

Les pièces jointes, ça s'envoie et ça se reçoit...

# Bonnes pratiques pour envoyer une pièce jointe

## Compressez vos pièces jointes

Pour trois raisons :

- D'abord parce que c'est plus pratique à manipuler (le même dossier compressé peut contenir plusieurs fichiers ou dossiers).
- Ensuite parce que ça va plus vite à envoyer (et à recevoir).
- Enfin parce que ça permet de contourner une règle de sécurité d'Outlook assez très énervante :

INFO

**OUTLOOK BLOQUE CERTAINS FORMATS DE PIÈCES JOINTES**

Pour éviter la propagation de virus par les pièces jointes, les géniteurs d'Outlook ont trouvé astucieux de carrément interdire de recevoir certains types de pièces jointes. Comme beaucoup de mauvaises idées, ça part d'un bon sentiment. Mais on a un peu de mal à comprendre pourquoi certains formats sont bloqués et d'autres pas (d'autant que ça change à chaque version d'Outlook).

La solution la plus simple, qui fonctionne à tous les coups, consiste à compresser vos pièces jointes. Elles seront toujours lisibles par votre destinataire, car Outlook ne bloque pas ce type de fichier.

TRUC

**COMPRESSEZ VOS PIÈCES JOINTES**

Pour être certain que vos pièces jointes sont lisibles par votre destinataire (et qu'elles prennent moins de place), compressez-les. Il suffit pour cela de les sélectionner dans l'explorateur, puis Clic droit > Envoyer vers > Dossier compressé.

### Envoyez un dossier et son contenu

Cliquez sur le dossier, puis Clic droit > Envoyer vers > Destinataire. Et vous pouvez l'envoyer !

### Attention aux volumes

Tout le monde n'a pas encore forcément le haut débit. Alors, soyez sympa, avant d'envoyer des mégas et des mégas à quiconque (surtout s'il n'a rien demandé), demandez-lui si ça l'intéresse.

### Attention à être compris

Vous viendrait-il à l'idée de parler serbo-croate à un inconnu dans la rue ? Non, évidemment, il aura peu de chances de comprendre. Le b.a.-ba de la communication est de s'adresser à l'autre dans une langue qu'il connaît.
Faites pareil avec vos pièces jointes. Évitez de transmettre des fichiers créés avec la toute dernière version du logiciel MachinChouette (vérifiez avant que votre destinataire en dispose, ou vérifiez que la compatibilité est assurée entre votre version et la sienne). Sinon enregistrez votre fichier sous une version antérieure.

TRUC

**CONNAÎTRE LA VERSION INSTALLÉE DE SON LOGICIEL**

Soit par les boutons Office, Options, Ressources, À propos de (Office 2007) ou par le menu ? > À propos de ... (Office 2003).

## Bonnes pratiques pour recevoir une pièce jointe

### Pièces jointes attendues

Si vous êtes certain de l'origine d'une pièce jointe, c'est-à-dire venant de quelqu'un en qui vous avez confiance, vous pouvez bien sûr l'ouvrir directement.
Mais nous vous conseillons plutôt de l'enregistrer sur votre disque dur, elle sera classée où vous voulez et vous la retrouverez plus rapidement.

TRUC

**ENREGISTREZ VOS PIÈCES JOINTES REÇUES DANS MES DOCUMENTS**

Les courriers reçus ne sont absolument pas stockés au même endroit que vos documents. Il est sage dans ces conditions d'enregistrer vos pièces jointes reçues dans Mes documents (les vôtres, pas les miens), vous saurez ainsi où elles sont.

Procédure : double-cliquez sur la pièce, puis, au lieu de faire Ouvrir, faites Enregistrer comme indiqué sur la Figure 2 (ou clic droit sur la pièce jointe, Enregistrer Sous).

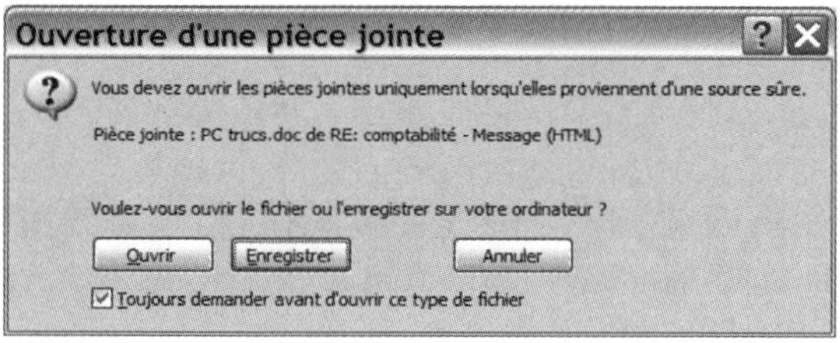


Figure 2 : enregistrez vos pièces jointes

## Pièces jointes inconnues

Considérez toute pièce jointe reçue d'un inconnu comme un colis qu'on dépose furtivement devant votre porte et qui fait tic tac : détruisez-la immédiatement, sans surtout l'ouvrir, avec le message correspondant. Directement à la poubelle, couic, pas de quartier !

# 3.

# BONNES PRATIQUES POUR LE COURRIER

**Du temps d'Astérix, il fallait graver une plaque de marbre pour écrire à son cousin du petit village gaulois qui résistait encore et toujours à l'envahisseur... ça limitait le volume !**

**Aujourd'hui le Net permet d'arroser la terre entière de messages totalement inutiles (quand ce n'est pas pire) sans fatigue et sans que cela ne coûte le moindre kopeck.**

**Autant dire qu'une discipline de fer s'impose pour ne pas contribuer à l'inflation de messages !**

## Soyez bref et sélectif

**Bref**, ça veut dire qu'on n'attend pas de vous du Proust. Allez à l'essentiel. Notamment en rédigeant des Objets de message clairs, nets et précis : la plupart des gens décident à la lecture de cet objet s'ils vont lire ce message ou directement le supprimer !

**Sélectif**, c'est-à-dire qu'il ne faut pas nécessairement informer la terre entière de ce qui se passe chez vous ! Ne mettez en Destinataires que des personnes qui sont concernées de très près par ce message, et utilisez Copie pour tous les autres. Mais de grâce ne mettez pas systématiquement tout le monde en copie de n'importe quoi !

## Est-ce vraiment urgent ?

Si tout le monde déclare que tout est urgent, plus rien ne l'est... Réfléchissez donc avant de décréter que tel ou tel message est vraiment urgent. Et, si c'est véritablement le cas, spécifiez-le en tapant URGENT en majuscules dans l'objet du message.

## Ne répondez pas aux messages en copie

Si vous recevez des messages en copie, c'est juste pour vous informer. Ce n'est pas nécessairement indispensable de répondre.

## Ne lisez votre courrier qu'une ou deux fois par jour

Certains passent leur temps à consulter leur messagerie. De manière compulsive. Ils feraient certainement mieux de consulter, car c'est une cause d'improductivité majeure. Allez-vous voir dix fois dans la journée si le facteur est passé ?

Non, lisez plutôt vos messages une ou deux fois par jour, par exemple à midi et le soir (ou le matin et le soir si vous correspondez avec des étrangers). Ça sera largement assez. Et comme ça, vous pourrez bosser !

# 4.

# UN PARAMÉTRAGE AU POIL

**Comme d'hab, un petit tour du côté de chez Paramètres va nous simplifier grandement la vie !**

**- Signez automatiquement vos messages**

**- Ajoutez des jours fériés**

**- Etc.**

# Outlook aujourd'hui

C'est à mon avis le mode d'affichage le plus simple et le plus visuel (Figure 3) pour aborder Outlook. Il suffit de cliquer dans le volet de navigation (colonne de gauche) sur Dossiers personnels. Cliquez sur Personnaliser Outlook aujourd'hui en bas à droite de cet écran pour l'assaisonner à votre goût.

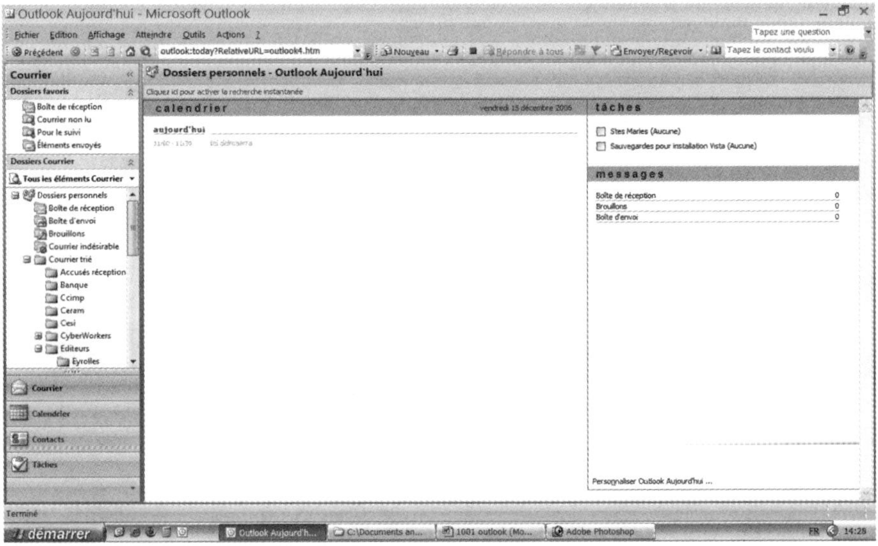


Figure 3 : Outlook aujourd'hui, l'affichage idéal

# Paramétrez une adresse e-mail

Pour pouvoir lire le courrier que vous allez y recevoir (Outlook appelle cela un Compte de messagerie). Vous pouvez en avoir autant que vous le souhaitez, et donc gérer plusieurs adresses e-mail en parallèle.

Munissez-vous des paramètres que votre fournisseur d'accès vous a communiqués (adresse e-mail, mot de passe, etc.) et faites Outils > Paramètres du compte, bouton Nouveau. Après avoir spécifié que votre compte est de type Microsoft Exchange, POP3, IMAP ou http (dans 99,99 % des cas), il vous suffit alors de saisir les données nécessaires. Si l'assistant n'arrive pas à créer votre compte, sélectionnez l'option Configurer manuellement les paramètres du serveur (Figure 4). Entrez les informations demandées et validez.

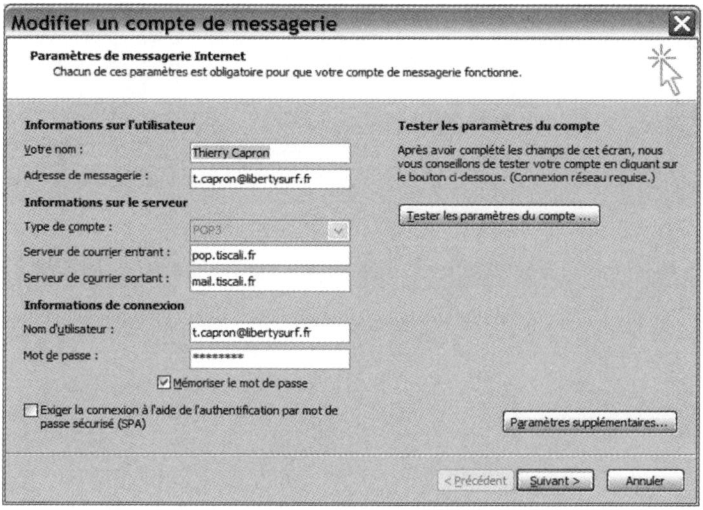


Figure 4 : paramétrer les paramètres d'un compte Outlook

**→ OUTLOOK 2003 : vous êtes obligé de passer par un paramétrage manuel. Faites Outils > Compte de messagerie, option Ajouter un nouveau compte. Spécifiez que votre compte sera de type Pop3, et un écran quasiment identique à la Figure 4 apparaît.**

# Signez automatiquement vos messages

Outils > Options, onglet Format du courrier, bouton Signatures. Cliquez sur le bouton Nouveau pour créer une nouvelle signature.

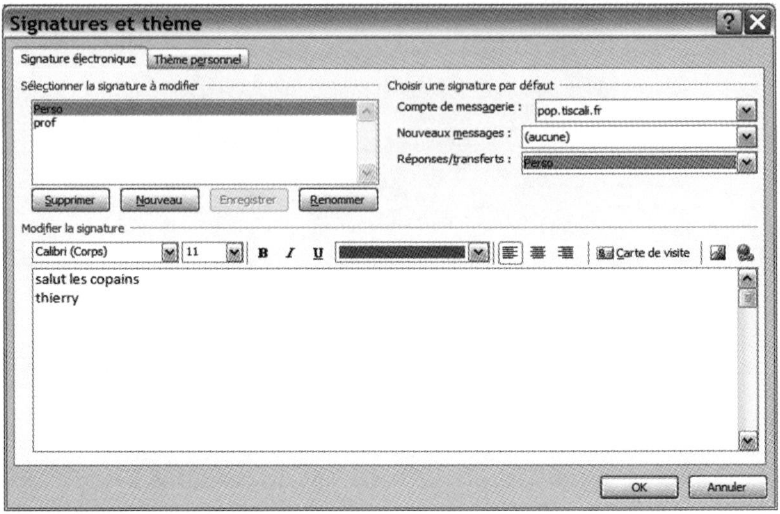


Figure 5 : créez vos signatures

Sur la Figure 5, j'ai créé deux signatures, « Perso » et « prof ». « Perso » est utilisée pour les réponses et les transferts. Pour tous mes nouveaux messages, je peux choisir la signature que je préfère (Figure 6).

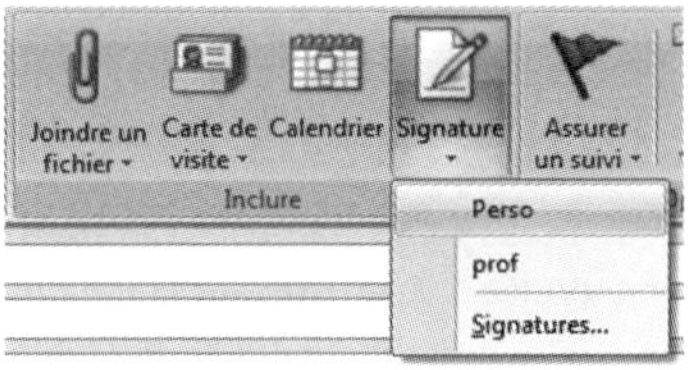


Figure 6 : signez en 1 clic

**→ OUTLOOK 2003 : il faut faire Insertion > Signature.**

# Décidez vous-même comment vos messages sont décrétés « lus »

Outils > Options, onglet Autre, bouton Volet de lecture (pavé Volets Outlook). Paramétrez à cet endroit (Figure 7) comment Outlook va marquer vos messages comme lus (ou non).

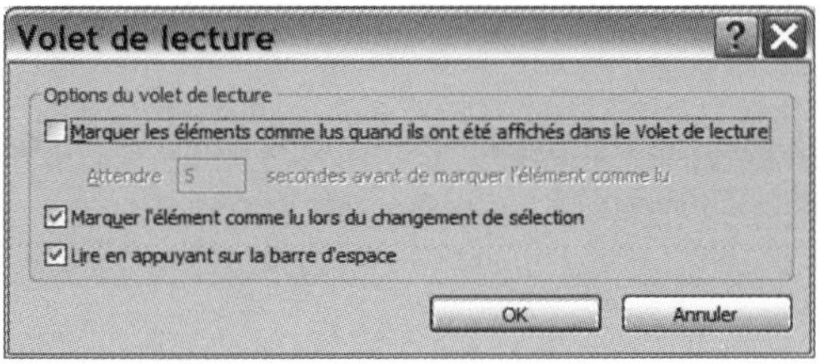


Figure 7 : décidez comment un message est lu

# Et encore...

Les interfaces Office 2007 et Office 2003 sont identiques. La plupart des paramétrages par défaut conviennent. Quelques modifications peuvent néanmoins être apportées (en plus de celles que nous avons déjà vues ou que nous verrons plus loin dans la section Techniques). On y accède par Outils > Options :

## Onglet Préférences

**Options de la messagerie :**

- Gérer le contenu d'un transfert ou d'une réponse (au bas de l'onglet).
- Comment être averti de l'arrivée d'un message (bouton Options avancées de la messagerie).

**Options du calendrier :**

- Modifier le contenu d'une semaine (avec ou sans les Samedi Dimanche), ajouter des jours fériés, afficher les numéros des semaines.

**Options des contacts :**

- Afficher les contacts comme « Thierry Capron » ou « Capron, Thierry ».

## Onglet Messagerie

Vous pouvez Envoyer immédiatement une fois connecté (pavé Envoyer/recevoir) ou Raccrocher à la fin d'une opération manuelle d'envoi ou de réception (pavé Connexion à distance).

## Onglet Format du courrier

Il y a là tout un choix de formats prédéfinis de messages (police, arrière-plan, mise en page) : bouton Papier à lettres et polices.

## Onglet Orthographe

Les pointilleux (dont je ne suis pas) vont cocher Toujours vérifier l'orthographe avant l'envoi.

### Onglet Autre

Paramétrez les options d'Archivage automatique à votre goût.

Mais vous pouvez fort bien explorer les options dans leur intégralité, ce ne sera pas très long, vous allez peut-être y trouver votre bonheur !

# 5.

# CLASSEZ VOTRE COURRIER

Pour retrouver simplement tout le courrier qu'on a échangé avec quelqu'un, ce n'est pas toujours très facile. Même en triant sa Boîte de réception par noms d'expéditeurs. Tenez, par exemple, pour notre vieil ami Paul qui nous écrit un coup sous paulot@coconut.com et un autre sous bouligrin@blurp.net (sans compter que de toute façon tout le courrier que nous lui adresserons sera toujours dans les Éléments envoyés, donc encore à un autre endroit).

Nous allons voir ici comment nous organiser pour avoir en un seul dossier tous les courriers échangés avec un quelconque contact. C'est très simple et très efficace.

- Des boîtes aux lettres dédiées

- Des règles pour y classer son courrier automatiquement

Nous allons procéder en deux phases :
- Créer des dossiers organisés à notre goût pour classer nos courriers.
- Créer des règles pour y trier automatiquement nos courriers envoyés et reçus.

# Créez vos dossiers de courrier Outlook

Dans le volet de navigation, sélectionnez un dossier (par exemple Dossiers personnels), puis Clic droit > Nouveau dossier. Entrez le nom souhaité et validez par OK. Pour créer des dossiers thématiques dans le dossier que vous venez de créer, recommencez la procédure ci-dessus en commençant par sélectionner le dernier dossier créé. La Figure 8 montre un exemple d'arborescence idéale, la mienne, hum :

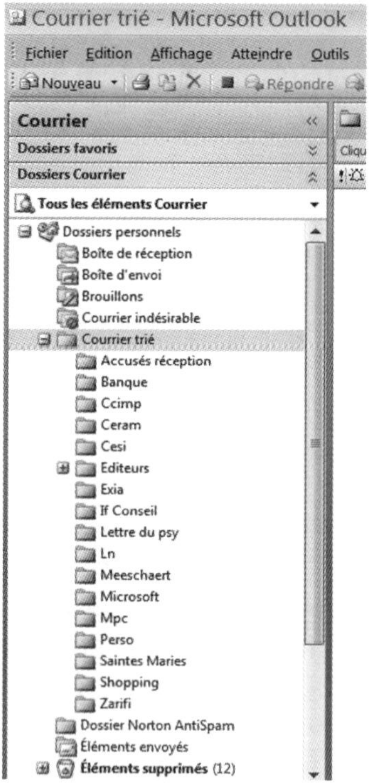


Figure 8 : mieux qu'à la Poste

Créons maintenant des Règles pour y classer automatiquement tous nos courriers, qu'ils soient entrants ou sortants.

# Créez vos règles

Prenons d'abord le cas d'une règle pour trier un courrier REÇU.

- Sélectionnez un courrier reçu dans la Boîte de réception.
- Clic droit > Créer une règle. Renseignez comme vous le souhaitez la boîte de dialogue obtenue. L'exemple (Figure 9) va classer tout message reçu de « Karine Bailly » dans le dossier « Leduc » en émettant un signal d'alerte.
- Validez. Vous aurez dans l'écran suivant la possibilité d'exécuter la règle sur les éléments déjà reçus.

Figure 9 : classer son courrier avec une Règle

Pour un courrier ENVOYÉ, la procédure est exactement la même que précédemment, sauf qu'il faut commencer par sélectionner un courrier dans les Éléments envoyés, et qu'il faut ensuite sélectionner le destinataire du courrier.

# Exécutez et gérez vos règles

L'exécution est normalement automatique. En cas de défaillance, les règles sont toutes accessibles, modifiables, supprimables et exécutables dans Outils > Règles et alertes.

## ATTENTION

**Les règles ne sont pas sauvegardées quand vous exécutez la procédure décrite plus bas. Réalisez-la par Outils > Règles et alertes > Options > Exporter.**

# 6.

# SUIVEZ VOTRE COURRIER

Le courrier électronique a d'énormes avantages, sauf qu'on ne sait jamais si son courrier a été reçu, et encore moins lu. Quant à être compris...

Il existe tout de même quelques pistes d'amélioration en matière de suivi de votre courrier. Explorons-les ensemble.

- Accusés de réception

- Lire un courrier plus tard

- Etc.

# Suivez vos envois

Pour accéder à la gestion de ces paramètres, faites Outils > Options, puis, dans l'onglet Préférences sélectionnez le bouton Options de la messagerie puis Options de suivi. La Figure 10 détaille les réglages conseillés :

- Accusé de réception : vous êtes ainsi informé que le courrier a été accepté par le serveur destinataire.
- Confirmation de lecture : vous informe que le destinataire a visualisé le mail.
- Ne jamais envoyer de réponse (pavé du bas) : vous ne répondez ainsi à aucune demande de confirmation de lecture que les autres ont demandée (et ainsi vous pourrez toujours dire, tout bronzé, *je t'assure, je n'ai pas reçu le message de convocation à cette réunion de vendredi soir, quel dommage).*

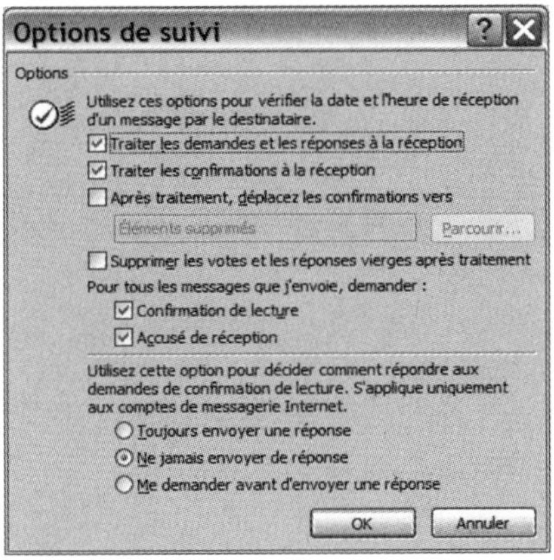


Figure 10 : suivre son courrier envoyé

# Suivez vos réceptions

Vu la masse des messages que vous recevez, quelques techniques simples peuvent vous simplifier la vie. Dans votre Boîte de réception, ou dans n'importe quel dossier de courrier personnalisé créé comme recommandé précédemment, faites donc un Clic droit sur un message pour accéder à son Menu contextuel (Figure 11) :

- Assurer un suivi > Ajouter un rappel : pour spécifier quand Outlook devra vous rappeler de vous occuper de ce message.
- Classer : pour affecter de jolies couleurs selon le type de message (Office 2003 : non disponible, choisir l'option la plus proche, Catégories).

- Marquer comme non lu : pour remettre le message dans le paquet de messages non lus, et donc à lire...

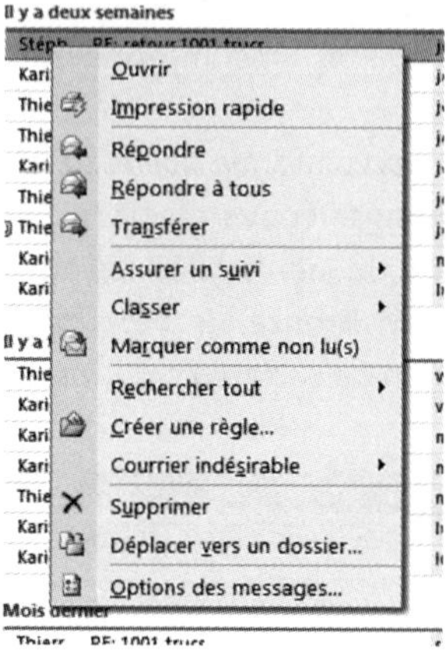


Figure 11 : tout ce qu'on peut faire avec un clic droit sur un message

# 7.

# SAUVEGARDEZ (ET TRANSFÉREZ) VOS PARAMÈTRES OUTLOOK

Si vous travaillez sous Vista, ce chapitre ne vous concerne normalement pas. Je dis bien normalement car les voies de Microsoft sont souvent impénétrables.

Par contre, sous XP, ne perdez pas une miette de ce qui va suivre ! Sinon vous risquez de perdre à tout jamais vos courriers, contacts et autres paramètres vitaux d'Outlook.

Petit rappel. Même si vous respectez à la lettre la consigne de stocker l'ensemble de vos fichiers dans Mes documents, Windows stocke de toute façon d'autres informations vous concernant directement ailleurs, à vrai dire personne ne sait bien où.

Si vous disposez de Vista, l'utilitaire Transfert de fichiers et de paramètres (voir p. 26) permet de tout sauvegarder d'un coup d'un seul.
Sous XP, ce même utilitaire oublie les données Outlook. Ça c'est ballot. Heureusement, l'assistant Outlook 2003 Importer et exporter permet de réaliser cette opération. Indispensable donc.

## Exportez vos données personnelles Outlook 2003

L'assistant décrit ci-dessous va créer un fichier de type « Mes données personnelles.pst », que vous pourrez stocker où vous voulez (disque dur, CD, DVD ou clé USB) à des fins de sauvegarde et que vous pourrez importer sur votre nouvel ordinateur ou sur le même si vous réalisez une réinstallation complète du système (voir p. 36 et suivantes).
Lancez l'assistant par Fichier > Importer et exporter > Exporter des données vers un fichier. Suivez ensuite les instructions ci-dessous qui correspondent aux différents écrans qui vont apparaître :
1. Spécifiez que vous voulez créer un Fichier de données personnelles (.pst).
2. L'écran suivant vous propose de choisir le dossier que vous voulez exporter. J'ai réduit sur la Figure 12 les dossiers à exporter (il y en a deux dans mon cas, « Dossiers personnels » et « Dossiers d'archivage », ce qui signifie que j'aurai à effectuer deux fois cette opération d'exportation, une fois pour chaque dossier).

## ⚠ ATTENTION

**sur cet écran, N'OUBLIEZ SURTOUT PAS DE COCHER LA CASE en bas d'écran Inclure les sous-dossiers.**

3. Il vous est demandé ensuite de nommer le fichier et d'en spécifier le dossier (ne changez aucune option par ailleurs).
4. Validez directement l'écran suivant et c'est fini.
Vous disposez maintenant d'un fichier de type « .pst » (allez quand même vérifier) ; vous allez pouvoir mettre en lieu sûr à titre de sauvegarde ou importer grâce à la procédure inverse décrite ci-dessous.

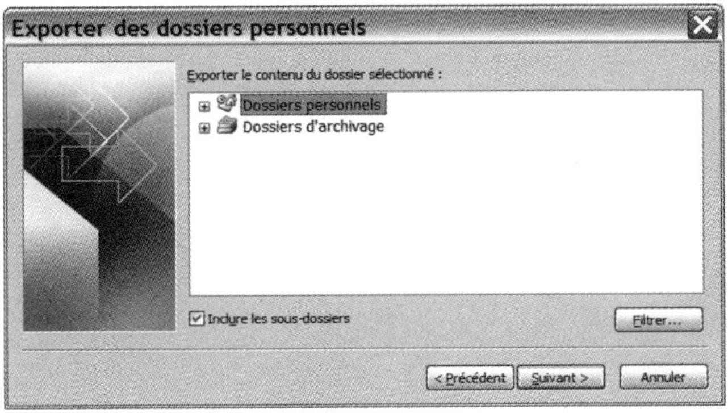


Figure 12 : les choix du dossier à exporter

ATTENTION : si à l'étape 2 de la procédure ci-dessus, plusieurs dossiers apparaissent, réexécutez intégralement cette procédure pour chacun des dossiers (en donnant bien évidemment un nom différent à chacun des fichiers en résultant).

# Importez vos Données personnelles

C'est la procédure inverse de celle décrite précédemment. Lancez-la par Fichier > Importer et exporter > Importer à partir d'un autre programme ou fichier > Fichier de données personnelles (.pst). Suivez ensuite les instructions qui vont vous être transmises. Et le tour est joué. Hop !

# TABLE DES TRUCS

## WINDOWS

### 1 La computer-attitude



### 2 Organisez vos fichiers et dossiers



### 3 Vos données en lieu sûr

## APPRIVOISER OFFICE 2007

### 1 L'interface Office 2007



### 2 Personnalisez votre accès rapide



## WORD

### 1 Commencez par le bon bout



### 2 Un paramétrage aux petits oignons



### 3 Raccourcis, les indispensables Word



### 4 Manipulations de base

## EXCEL

# TABLE DES MATIÈRES

Achevé d'imprimer en mars 2007
sur les presses de la Nouvelle Imprimerie Laballery
58500 Clamecy
Dépôt légal : mars 2007
Numéro d'impression : 702154

*Imprimé en France*